Daniel N. Stern und
Nadia Bruschweiler-Stern
mit Alison Freeland

Geburt einer Mutter

DANIEL N. STERN UND
NADIA BRUSCHWEILER-STERN
MIT ALISON FREELAND

Geburt einer Mutter

Die Erfahrung, die das Leben einer Frau
für immer verändert

Aus dem Amerikanischen von
Angelika Hildebrandt

Piper
München Zürich

Die Originalausgabe erschien 1998 unter dem Titel
»The Birth of a Mother« bei BasicBooks
(A Subsidiary of Perseus Books, L.L.C.), New York.

Redaktion: Ingrid Veblé-Weigel

Für Adrien und Alice

ISBN 3-492-03663-5

Gesetzt aus der Garamond-Antiqua
Satz: Satz für Satz. Barbara Reischmann, Leutkirch
Druck und Bindung:
Graphischer Großbetrieb Pößneck GmbH
Printed in Germany

INHALT

EINLEITUNG

Der Aufbau der mütterlichen Erfahrungswelt

Dieses Buch handelt von der inneren, oft sehr intimen Erfahrung des Mutterwerdens. In gewissem Sinne muß eine Mutter psychisch geboren werden, so wie ihr Baby physisch geboren wird. Nur gebiert eine Frau in ihrem Denken und Fühlen kein neues menschliches Wesen, sondern eine neue Identität: das Gefühl, Mutter zu sein. Wie entsteht diese Identität in jeder einzelnen Frau, und wie erlebt sie diese Entwicklung? Es gibt zahlreiche Bücher über die physiologischen und praktischen Aspekte der Mutterschaft, doch über die geistige Welt, in der die neue Identität der Mutter geformt wird, ist weit weniger geschrieben worden. Die mütterliche Identität entsteht durch die Arbeit einer Frau in der inneren Landschaft ihres Denkens und Fühlens. Aus dieser Arbeit entsteht eine ganz bestimmte Art des Denkens und Fühlens, eine komplexe und sehr persönliche Erfahrungswelt.

Diese mütterliche Erfahrungswelt entsteht nicht mit dem Augenblick, in dem das Baby seinen ersten Schrei tut. Zur Mutter wird man nicht in einem einzigen dramatischen und entscheidenden Augenblick geboren: Mutter wird eine Frau erst ganz allmählich im Verlauf der vielen Monate vor und nach der eigentlichen Geburt des Babys.

Was löst diese Entwicklung aus? Inwiefern ist sie bei jeder Frau einzigartig und doch allen Müttern gemeinsam? Welche

Stadien durchläuft sie? Wie erkennt man die Wege durch dieses erstaunliche neue innere Reich, und wie lernt man, in seinen Gewässern sicher zu navigieren? Dies ist das Thema unseres Buches.

Wir beginnen ganz von vorn: Was genau ist eine Mutter, und unterscheiden sich Mütter per se von anderen Frauen? Diese Frage mag einfach klingen, tatsächlich aber rührt sie an die gängigen Grundannahmen, mit denen in Psychologie und Therapie gearbeitet wird.

Als Psychiater habe ich mein ganzes Berufsleben lang Eltern und Babys behandelt. Über fast dreißig Jahre hinweg habe ich die psychologische Entwicklung von Säuglingen und Kleinkindern erforscht, die Mutter-Kind-Beziehung klinisch untersucht und mit Müttern und Kleinkindern gearbeitet, deren Beziehung gestört war. Lange Zeit war ich der Meinung, eine Mutter sei eine Frau mit einer zusätzlichen Verantwortung, die neue Handlungsweisen und Reaktionen von ihr verlangt. Natürlich mußte eine Frau, wenn sie ein Baby hat, ein neues Repertoire an Gefühlen und Verhaltensweisen entwickeln; doch ich war überzeugt, daß sie im Grunde ihres Wesens eigentlich die Frau bleibt, die sie auch schon vor der Geburt ihres Babys gewesen ist.

Weibliche wie männliche Psychologen verlassen sich in ihrer Arbeit mit Müttern traditionell auf allgemein anerkannte Theorien. Die meisten psychologischen Theorien stützen sich auf einige Grundannahmen, die für eine große Bandbreite von Menschen und auf ihre psychischen Funktionen zutreffen. Auf der Suche nach allgemeinen Grundmustern ist die Psychotherapie zu der Überzeugung gelangt, daß alle Menschen über elementare psychische Organisationsformen, das heißt über grundlegende Muster des Denkens und Fühlens verfügen, eine seelische Grundausstattung, die ihr Verhalten erklärt. Man geht davon aus, daß diese psychische Grundstruktur über das ganze Leben hinweg erhalten bleibt.

Unsere psychische Grundstruktur hilft uns, unser Seelenleben zu organisieren. Sie bestimmt, was uns besonders wichtig ist, was uns am meisten berührt und was wir in einer bestimmten Situation wahrnehmen. Sie gibt vor, was wir als angenehm oder interessant, beängstigend oder langweilig erleben. Sie steuert die Entscheidungen, die wir treffen, und unsere Neigung, eher in der einen als in der anderen Weise zu reagieren. Sie organisiert unser Seelenleben, was uns zu den individuellen Persönlichkeiten macht, die wir sind.

Je nach ihrer theoretischen Ausrichtung und den therapeutischen Zielen sprechen die verschiedenen psychologischen Schulen mal vom Ödipuskomplex, von einer gefestigten oder ungefestigten Persönlichkeit, einem selbständigen oder unselbständigen Charakter, wenn sie jemandem helfen wollen, sein Denken und Fühlen zu begreifen. Doch egal, welcher Richtung sie sich verschrieben haben: Für alle diese Theorien ist die Mutterschaft nur mit einer geringfügigen Variation der vorherigen psychischen Struktur verbunden. Keine hätte angenommen, daß das Seelenleben einer Frau sich mit der Geburt eines Babys von Grund auf ändert.

Auch ich glaubte das viele Jahre, bis dann meine Mitautorin (die zugleich meine Frau ist) mir zu der Erkenntnis verhalf, daß die traditionellen psychologischen Modelle den Einfluß der Mutterschaft auf die seelische Struktur einer Frau nicht erfassen. Diese Erkenntnis war ganz einfach, und doch hat sie tiefgreifende Folgen sowohl für den Berufsstand der Psychologen als auch für jede einzelne Frau, die in die Welt der Mutterschaft eintritt. Mir wurde bewußt, daß eine Frau auf dem Weg zur Mutterschaft ein grundsätzlich anderes Denken und Fühlen entwickelt und in eine Erfahrungswelt eintritt, die andere Frauen nie erleben. Unabhängig von ihren vorherigen Motiven, Verletzlichkeiten und emotionalen Reaktionen wird sie, wenn sie Mutter wird, eine Zeitlang emotional wie rational ganz anders funktionieren. Dieses mütterliche Denken und Fühlen wird ihre bisherigen Einstellungen und Verhaltensweisen beiseite schieben und wird zum Zentrum ihres inneren Erlebens werden, das dadurch völlig anders organisiert wird.

Für mich war die Einzigartigkeit der seelischen Organisation in der Mutterschaft eine Offenbarung, auch wenn sie mir inzwischen in vielerlei Hinsicht ganz selbstverständlich erscheint. Schließlich ist die Vorbereitung auf die Mutterschaft eine Erfahrung, die keiner anderen Erfahrung in Ihrem Leben gleicht. Wenn Sie ein Baby haben, wird es eine Zeitlang bestimmen, woran Sie denken, was Sie befürchten oder erhoffen und wovon Sie träumen. Es wird Ihre Gefühle und Ihr Verhalten beeinflussen und sogar Ihre sinnliche Wahrnehmung und die Art Ihrer Informationsverarbeitung intensivieren. Mit einem Kind werden sich Ihre Vorlieben und Vergnügen und wahrscheinlich auch einige Ihrer Wertvorstellungen ändern. In einer ganz verblüffenden Weise wird es alle Ihre früheren Beziehungen beeinflussen und Sie veranlassen, Ihre engsten Freundschaften zu überdenken und Ihre Rolle in der Geschichte Ihrer eigenen Familie neu zu bestimmen.

Als Mutter werden Sie zwangsläufig auch die seelische Wahrnehmungswelt einer Mutter gebären, die Ihnen eine Zeitlang wie der Polarstern die Richtung durch das Leben weist. Dies ist nicht nur eine bloße Umbildung Ihres Seelenlebens, sondern es entwickelt sich eine ganz neue Struktur des Denkens und Fühlens, die neben ihrer früheren existiert (und sie wahrscheinlich auch beeinflußt). All das ist eine innere Entwicklung, die abläuft, während Sie äußerlich ebenfalls lernen, mit einer Reihe neuartiger Aufgaben fertig zu werden, wenn Sie dieses neugeborene menschliche Wesen füttern, es pflegen, mit ihm spielen, es zu Bett bringen und lernen, es zu lieben. Kein Wunder, daß die innere Landschaft einer Mutter kaum erforscht und erklärt wurde: Schließlich hat sie selbst kaum Zeit, sie zu erkennen!

Wenn Sie das als Mutter zum ersten Mal hören, fragen Sie vielleicht: »Wird diese Wahrnehmungswelt mein ganzes Leben lang erhalten bleiben?« Meine klinische Erfahrung zeigt, daß es tatsächlich so ist, daß diese Organisation des Denkens und Fühlens aber nicht immer das Zentrum besetzt. Nach der Geburt eines Babys wird die mütterliche Organisation der Wahrnehmung Ihr Erleben bestimmen und Ihre Gedanken und Ihr Verhalten unmittelbar beeinflussen. Ihre vorherige psychische Organisation wird einfach in den Hintergrund gedrängt – für wie lange das so ist, hängt von der einzelnen Frau ab. Es kann Wochen, Monate oder Jahre andauern. Sehr oft bestimmen praktische und finanzielle Realitäten, wie beispielsweise die Notwendigkeit, in den Beruf zurückzukehren, wie lange diese Wahrnehmungswelt das Zentrum des Erlebens bildet.

Wenn die praktischen Realitäten des Lebens Ihre Aufmerksamkeit wieder vermehrt einfordern, wird die mütterliche Organisation der Wahrnehmung wieder in den Hintergrund treten. Das heißt keineswegs, daß sie ganz verschwindet, vielmehr wartet sie in den Kulissen der seelischen Bühne, bereit, im Bedarfsfall sofort wieder zu erscheinen, wenn Ihr Kind beispielsweise krank ist, Probleme hat oder in Gefahr ist. Wenn Ihr Kind Sie braucht, werden Sie als Mutter reagieren, egal, wie alt Ihr Kind ist.

In einem Fernseh-Spot, der jahrelang jeden Abend um zehn von einem New Yorker Sender ausgestrahlt wurde, hieß es schlicht: »Es ist zehn Uhr. Wissen Sie, wo Ihre Kinder sind?« Ich bin überzeugt, daß in diesem Augenblick praktisch jede Mutter, die diese Worte hörte, an ihre Kinder dachte, egal, ob sie vierzig Wochen oder vierzig Jahre alt waren. In diesem Augenblick sprang die mütterliche Wahrnehmung aus den Kulissen, um ihren Platz mitten auf der Bühne zu beanspruchen und nötigenfalls in Aktion zu treten.

Die mit der Mutterschaft verbundene ganz besondere seelische Organisation wird also zu einem neuen, überdauernden und tief verankerten Teil Ihrer selbst, der zunächst eine zentrale Rolle spielt und dann nur noch zu bestimmten Zeiten in

Erscheinung tritt. Doch das ständige Vorhandensein dieser Art des Denkens und Fühlens, ob im Vordergrund oder im Hintergrund, macht Sie als Mutter in einer Weise zu einem einzigartigen menschlichen Wesen, wie es die gängigen psychologischen Theorien bisher nicht beschrieben haben. Sie werden nie mehr genau derselbe Mensch sein, der Sie vor dem Baby waren. Diese Veränderung ist kein Grund zur Sorge, doch sie sollte auch nicht auf die leichte Schulter genommen werden. Betrachten wir einmal die einschneidendsten Veränderungen.

Die Verwandlung von der Tochter zur Mutter

Sie sind immer die Tochter Ihrer Mutter, und unabhängig davon, ob diese Beziehung gut oder schlecht ist, ist sie doch immer ein wesentlicher Teil Ihrer Identität. Wenn Sie nun selbst ein Kind haben, fangen Sie an, sich primär als Mutter und nicht mehr als Tochter zu definieren. Ihr Leben als Tochter wird zur Vergangenheit, während Ihre Zukunft als Mutter mit all ihren großartigen Möglichkeiten beginnt.

Diese grundlegende Veränderung, die sich innerhalb einer kurzen Zeit vollzieht, erleben Sie vielleicht als tiefgreifenden Verlust und zugleich als wunderbaren Gewinn. Die Zeit, in der Sie einfach eine Tochter waren, ist jedenfalls endgültig vorbei. Diese Verwandlung Ihrer Identität ist mit verantwortlich für den Gefühlswirrwarr, den die meisten Frauen nach der Geburt eines Babys erleben, und sie ist der Grund dafür, daß man zugleich glücklich und traurig sein kann – glücklich über das Kind, und traurig über das, was man hinter sich läßt.

Hinwendung zu anderen Müttern

Nach der Geburt Ihres Babys wundern Sie sich vielleicht, wie Sie die Menschen in Ihrer Umgebung wahrnehmen. Vielleicht stellen Sie fest, daß Sie sich mehr für Frauen im allgemeinen interessieren als früher. Tatsächlich wenden sich viele junge Mütter von den Männern insgesamt eher ab. Die meisten beispielsweise interessieren sich nun mehr für ihre Mutter als für ihren Vater. Dabei wollen sie nicht so sehr wissen, wie ihre Mutter gegenwärtig als Ehefrau oder als Frau an sich ist, sondern wie sie sich vor vielen Jahren als ihre Mutter gefühlt und verhalten hat.

Die meisten gängigen psychologischen Theorien betrachten die Beziehungen einer Frau zu anderen Frauen, einschließlich ihrer Mutter, im Licht ihrer Beziehung zu Männern. So sehen beispielsweise viele Psychologen die Interaktion zwischen zwei Frauen als zwei Punkte eines Dreiecks, wobei der dritte, sichtbare oder unsichtbare Punkt ein Mann ist. Auch diese allgemein anerkannte Theorie muß verändert werden. Wenn eine Frau ein Baby zur Welt bringt, ist es richtiger, ihre Beziehungen zu anderen Frauen unabhängig von ihren Beziehungen zu Männern zu sehen.

Ein neuer Blick auf Ihren Ehemann

Wo nun in dieser neuen Gemeinschaft von Frauen ist der Platz Ihres Mannes? Sie werden Ihren Mann tatsächlich anders wahrnehmen, und Ihr Interesse wird eher dem Vater Ihres Babys als Ihrem Ehemann gelten. Auch im Tierreich wurde das wissenschaftlich nachgewiesen. Ein Pavian-Weibchen mit einem Baby beispielsweise wird ein Männchen erst dann in seine Nähe lassen, wenn das Männchen sich fürsorglich um den Nachwuchs kümmert. Auch Sie werden, ob bewußt oder unbewußt, die väterlichen Qualitäten Ihres Mannes als Schlüsselelement seiner Attraktivität bewerten.

Für Männer ist diese Verwandlung oft nur schwer nachvollziehbar, insbesondere weil die frischgebackene Mutter oft gleichzeitig ein geringeres Bedürfnis nach Sexualität zeigt. Verletzte Gefühle und ein angeschlagenes Ego lassen sich vermeiden, wenn der Ehemann sich bemüht, die Sprache und die Empfindungen zu erlernen, die mit der mütterlichen Wahrnehmung verbunden sind. Er muß begreifen, daß er Zeuge einer natürlichen und nahezu zwangsläufigen Veränderung ist, die die meisten jungen Mütter erleben und die in den Monaten nach der Geburt am deutlichsten ausgeprägt ist.

Zumindest eine Zeitlang verlagern sich die Gewichte. Das bis dahin übliche Zusammenspiel von Sexualität, Aggression, Konkurrenz und Dominanz tritt eher in den Hintergrund, und Fürsorge, Kooperation, Pflege und Kreativität werden wichtiger.

Neue Dreiecke entstehen

Schon lange gilt als gesichert, daß das Dreieck Mutter, Vater und Kind für die Formung unserer Persönlichkeit von entscheidender Bedeutung ist. Jeder von uns ist das Produkt eines solchen Dreiecks, und mit der Geburt unseres eigenen Kindes verschiebt sich dieses Dreieck um eine Generation. Meines Erachtens gewinnt an diesem Punkt allerdings ein anderes und ebenso wichtiges psychologisches Dreieck Priorität. Dieses neue Kraftfeld ist das Dreieck, das Sie, Ihr Baby und Ihre eigene Mutter bilden. Bei der Entwicklung Ihres mütterlichen Denkens und Fühlens spielt die Geschichte Ihrer eigenen Erziehung eine entscheidende Rolle. Sie werden sich Fragen über Ihre eigene Mutter oder über andere Mutterfiguren in Ihrem Leben stellen und überlegen, wie sehr oder wie wenig sie sich als Vorbild für Ihre neue Mutterrolle eignen.

Das Überleben Ihres Babys sichern

Die meisten jungen Mütter erschrecken angesichts der Erkenntnis, daß sie nun plötzlich die letztendliche Verantwortung für das Leben eines Menschen haben. Diese Situation ist für jeden Menschen außergewöhnlich und hochgradig emotional besetzt, besonders, wenn eine Frau zum ersten Mal Mutter wird. Auch wenn Sie sich bis dahin für einen verantwortungsvollen Menschen gehalten haben, besitzt diese absolute Verantwortlichkeit eine ganz andere Dimension. Sie müssen ja nicht nur dafür sorgen, daß Ihr Baby überlebt, sondern auch dafür, daß es wächst und gedeiht. Die Art von Selbstvertrauen und Sicherheit, die Sie dafür benötigen, entwickelt sich allmählich, wenn Sie Tag für Tag mit ansehen, wie Ihr Baby gedeiht. Dieser sichtbare Erfolg gibt Ihnen die ruhige und tiefe Gewißheit, daß Sie in der Lage sind, Ihrem Kind zu geben, was es braucht, daß sie also tatsächlich Mutter sind.

Bestätigung suchen

Alle Mütter streben nach einer Anerkennung ihrer neuen Identität und schaffen sich deshalb oft ein spezielles Netzwerk an Unterstützern in der Familie und im Freundeskreis, die entweder in ihrer Nähe leben oder telefonisch erreichbar sind. Entscheidend ist bei diesem Netzwerk, daß es sich aus Personen zusammensetzt, die in Vergangenheit oder Gegenwart möglichst viele Erfahrungen mit der Betreuung eines Babys sammeln konnten, und so wird es sich meistens aus einem engen Kreis anderer Mütter zusammensetzen. Ein solches Netzwerk bietet Ihnen die Möglichkeit, ungefährdet über Ihre Ängste zu sprechen und Ihre mütterlichen Instinkte und Aufgaben nach und nach zu erkennen. Das Bedürfnis, ein solches Netzwerk aufzubauen, ist Teil der mütterlichen Organisation der Wahrnehmung.

Lieben und geliebt werden

Wie Sie Ihr Baby lieben, wird ihm später einmal ermöglichen, selbst zu lieben und geliebt zu werden. Selbst wenn Sie während der Schwangerschaft das Gefühl hatten, Ihr Baby bereits kennenzulernen, wird Ihnen das Neugeborene ein Rätsel sein. Zugleich aber werden Sie sich unwiderstehlich zu dem kleinen fremden Wesen hingezogen fühlen. Die junge Mutter lernt zuzulassen, daß ihr Baby sie liebt. Auch emotional die sich immer weiter entwickelnden Bindungen aus Liebe und Zuneigung nicht aus dem Blickfeld zu verlieren, ist ein Teil der mütterlichen Organisation der Wahrnehmung.

Eine neue Sensibilität entwickeln

Als junge Mutter verändern sich Ihre Reaktionen auf die äußere Umwelt, und Sie entwickeln eine vollkommen neue Sensibilität im Hinblick auf das, was Sie wahrnehmen, hören und riechen. Eine Mutter beschrieb das so:

> Bald nach der Geburt meines Babys stellte ich bei mir selbst eine Reihe neuer Reaktionen fest. Es begann mit einer Nachrichtensendung im Fernsehen, in der von einem furchtbaren Sturm berichtet wurde. Sie zeigten eine Mutter, die auf ein Haus zu rannte, in dem sich ihr Baby befand. Ich hatte Tränen in den Augen, noch bevor mir überhaupt bewußt war, daß ich reagierte, und mir wurde plötzlich übel. Von da an konnte ich Geschichten, in denen vom Tod oder von der Krankheit eines Kindes die Rede war, kaum mehr aushalten. Ich sah keine Nachrichten mehr an und mußte mich lange Zeit vor Zeitungs- und Zeitschriftenartikeln hüten, in denen davon berichtet wurde, daß Kindern etwas zugestoßen

war. Es war, als würde ich mich plötzlich mit den Müttern der ganzen Welt identifizieren.

Viele Frauen, mit denen ich gesprochen habe, beschreiben solche Reaktionen. Sie wundern sich, wie unterschiedlich sie Situationen, über die sie sich früher kaum Gedanken gemacht haben, aus dem Blickwinkel einer Mutter wahrnehmen.

Akzeptieren Sie Ihre Intuition

Wenn Sie ein Baby haben, werden Sie immer wieder feststellen, daß Sie oft gar nicht groß überlegen, bevor Sie handeln. Sie werden sich auf Ihre mütterlichen Instinkte verlassen und intuitiv wissen, wie Sie Ihr Baby am besten halten und berühren, oder welche Laute die Beziehung zwischen Ihnen und Ihrem Baby fördern. Es dauert nicht lange, bis Sie es als Teil Ihrer neuen Wahrnehmung ansehen, daß Sie über ein unerwartet großes Reservoir an intuitiven Reaktionen und Verhaltensweisen verfügen, die Ihnen zuvor nicht zugänglich waren.

Bevor das Baby kam, haben Sie sich vielleicht bemüht, Ihr Leben straff und rational durchzuplanen. Vielleicht erforderte Ihr Beruf vorhersagbare Reaktionen, oder er erlegte Ihnen eine klar erkennbare alltägliche Routine auf. Mit einem Baby hingegen werden Sie oft spontan handeln müssen und genötigt sein, blind in Ihren Sack voller Intuitionen zu greifen und ad hoc eine passende Reaktion hervorzuzaubern. Manche Frauen passen sich einer solchen Lebensweise mühelos an, während andere sich schwerer tun mit einer Welt, in der die Regeln sich ständig ändern und sie noch nicht einmal wissen, welches Spiel sie eigentlich spielen. Doch selbst wenn Sie anfänglich Schwierigkeiten haben, werden solche spontanen Reaktionen zu einem Teil Ihrer neuen Identität.

Baby und Beruf

Für jede Frau ist die Verbindung von Baby und Beruf im besten Falle kompliziert. In der Regel hat das Baby Vorrang, dennoch beginnt mit seiner Geburt in den meisten Fällen eine lange Reihe von mehr oder weniger heiklen Kompromissen für Eltern und Kind. Die Entscheidungen, die jeder Mutter aufgezwungen werden, und die Lösungen, zu denen sie sich entschließt, bestimmen nicht nur darüber, wie ihre Zeit eingeteilt ist, sondern sie fügen ihrer Identität als Mutter eine weitere Schicht hinzu.

Ein neuer Platz in der Gesellschaft

Vielleicht fällt es Ihnen erst auf, wenn Sie zum ersten Mal mit Ihrem Baby spazierengehen – die Gesellschaft schreibt der Mutterschaft eine öffentliche Rolle zu, die mit ganz bestimmten Erwartungen verbunden ist. Gegen diese Rolle können Sie sich wehren oder aber sie mit Vergnügen annehmen, ganz entkommen können Sie ihr jedenfalls nicht. Sie sind nicht mehr vollkommen frei in Ihren Handlungen und nicht mehr nur sich selbst verantwortlich. Ihre neuen Pflichten als Mutter sind unumstößlich. Was immer Sie empfinden oder denken mögen, in den Augen der Welt sind Sie nun Mutter.

Eine Frau erinnerte sich daran so:

> Ich nahm mein Baby mit in die Stadt, in der ich so oft als unverheiratete und dann als verheiratete Frau unterwegs gewesen war. Bis dahin war mir meine Attraktivität als Individuum und als Frau immer bewußt gewesen. Und nun plötzlich, mit dem Baby im Arm, war ich nicht mehr dieselbe Frau. In den Augen der Passanten konnte ich lesen, daß sie wußten, daß ich Mutter bin, und daß sie mich und mein Baby als eine Einheit ansahen. Was für ein Schock.

Eine neue Rolle in der Familie

Ihr neues Bild in der Gesellschaft spielt eine große Rolle, aber noch einschneidender kann es für Sie sein, wie Sie und Ihr Baby in der Familie wahrgenommen werden. Mit der Geburt Ihres Kindes übernehmen Sie eine neue Rolle in Ihrer Herkunftsfamilie und einen entscheidenden Part in der Generationenfolge. Plötzlich spielen Sie mit in der großen Entfaltung der Menschheitsgeschichte. In der Familie weiß man das, doch man spricht nicht darüber, und manche Mütter erleben dieses Gefühl der Verantwortung als Schock. Wie sollte man das jemandem erklären können, bevor er es nicht selbst erlebt hat? Auch in dieser Hinsicht verändert sich Ihre Identität sowohl in den Augen der anderen als schließlich auch in Ihrer eigenen Sicht.

Eine neue Zeitrechnung

Der Tag, an dem Ihr Baby geboren wurde, wird zum Gründungsereignis Ihres neuen, persönlichen Kalenders werden, zum Beginn einer neuen Ära. Wenn Sie Jahre später gefragt werden, wann Sie zum letzten Mal Ihren Bruder in Kalifornien besucht haben, werden Sie sagen: »Mal überlegen, der Kleine fing gerade an zu laufen. Ich weiß noch, wie er im Flugzeug im Gang stand, das muß vier Jahre her sein. Also war es 1996.« Sie werden zwei verschiedene Zeitrechnungen aufmachen; die eine entspricht dem Kalender, den alle benutzen, die andere Ihrem privaten Kalender, der sich am Alter Ihres Kindes und an den Meilensteinen seiner Entwicklung orientiert.

Verantwortlich zeichnen

Wahrscheinlich haben Sie auch schon gehört, daß Mütter sagen, sie seien täglich vierundzwanzig Stunden im Dienst, aber Sie haben sicher nie überlegt, was das wirklich heißt. Der alte Spruch »einer muß den Kopf hinhalten« gewinnt für Mütter eine ganz neue Bedeutung. Vierundzwanzig Stunden täglich treffen Sie im Leben Ihres Babys alle endgültigen Entscheidungen. Aus dieser letztendlichen Verantwortung sind Sie niemals entlassen, selbst wenn Sie die eigentliche Arbeit jemand anderem überlassen.

Eine solche Art der Verantwortlichkeit bezeichnen wir als federführend. Sie allein sind verantwortlich, das heißt, alle Erfolge und Mißerfolge, auch wenn sie von jemand anderem verursacht sind, werden letztendlich Ihnen zugeschrieben. Selbst wenn Sie sich die Arbeit mit Ihrem Partner teilen, was sicher der Fall ist, sind in den Augen der Gesellschaft Sie selbst die eigentlich Verantwortliche.

Praktisch bedeutet dies, daß sie in Bruchteilen von Sekunden Entscheidungen treffen müssen, auch wenn Sie nicht genau wissen, was am besten zu tun ist, und Sie noch nie in einer ähnlichen Situation waren. Ihre Lage ist vergleichbar mit der eines Hauptgeschäftsführers, eines Polizisten im Dienst oder eines Arztes in Rufbereitschaft. Alle Blicke richten sich auf den Verantwortlichen und erwarten, daß er weiß was zu tun ist. Wenn das Baby mitten in der Nacht anfängt zu schreien oder wenn es einen Ausschlag bekommt oder sein Essen erbricht, werden sich aller Augen auf Sie richten.

Neben all den Entscheidungen, die Sie auf diesem Neuland treffen müssen, erwartet man von Ihnen auch, daß Sie automatisch Ihr Baby lieben, dafür sorgen, daß es gedeiht, und ihm die Grundlagen einer eigenen Identität vermitteln. Dabei wird vorausgesetzt, daß Sie auch ohne Ausbildung irgendwie für den Job qualifiziert sind. Eine Mutter beschrieb das folgendermaßen:

> Als ich mit meinem neugeborenen Baby auf dem Heimweg vom Krankenhaus war, saß ich im Fond des Wagens. Ich schaute die Kleine unverwandt an, als sie plötzlich anfing, kleine, schrille Schreie auszustoßen. Da war niemand, an den ich mich um Hilfe hätte wenden können, keine Krankenschwestern, keine Freunde, keine anderen Mütter. Entsetzt begriff ich, daß ich diejenige war, die helfen mußte. Das war mein Baby, und nun sollte ich wissen, was mit ihr zu tun war. Ich versuchte sie zu beruhigen, aber irgendwie lief mir auch ein Schauder über den Rücken.

Alle bisher beschriebenen Aspekte tragen zur Entwicklung der mütterlichen Organisation der Wahrnehmung bei. Doch jenseits der Veränderungen in Ihrer inneren Landschaft werden Sie als junge Mutter auch mit den Gegebenheiten unserer Gesellschaft und unserer Zeit fertig werden müssen, die ebenfalls Ihre Entwicklung als Mutter beeinflussen.

Mutterschaft und Gesellschaft

Eigentlich könnte man vermuten, daß die Frauenbewegung in den letzten dreißig Jahren den Weg zur Untersuchung der inneren Welt von Müttern geebnet hätte. Die Frauenbewegung trug entscheidend dazu bei, daß das Recht der Frauen, selbst zu entscheiden, wann sie schwanger werden, und die Rechte der Mütter am Arbeitsplatz als zentrale Fragen im Kampf für die Gleichberechtigung erkannt wurden. Doch aus strategischen Gründen richtete sie ihre Aufmerksamkeit vor allem auf diejenigen Bereiche, in denen die Notwendigkeit der Gleichberechtigung am deutlichsten und dringendsten erschien – nämlich Arbeitsplatz, Sport und Politik –, und nicht so sehr auf den problematischeren Bereich von Schwangerschaft, Geburt und Mutterschaft.

Mich hat nicht nur dieses Stillschweigen überrascht, sondern auch die Tatsache, daß das emotionale Erleben von Müttern nur selten von Frauen untersucht wird, die selbst diesen Prozeß durchlaufen haben. Ich habe den Eindruck, alle Mütter wissen intuitiv, daß sie jeden Tag heftige und neue, alles überwältigende Gefühle erleben – leidenschaftliche Liebe, schmerzliche Fürsorge, das drängende Bedürfnis, ein neues Leben zu hegen und zu pflegen –, daß sie aber kaum wissen, wie sie sich selbst oder gar anderen diese Gefühle erklären sollen.

Auch medizinische Fachkreise oder die Gesamtgesellschaft haben diese intime psychologische Erfahrung bisher wenig beachtet. Allgemein ist die Rede von morgendlicher Übelkeit, von wunden Brustwarzen und von der Erschöpfung nach der Geburt. Wir diskutieren öffentlich über die Vorteile des Stillens und der Ernährung mit dem Fläschchen, und wir analysieren in allen Einzelheiten die schwierige Frage, ob und wann eine Mutter wieder in ihren Beruf zurückkehren soll. Auf der politischen Ebene kämpfen wir für eine bessere medizinische Versorgung und für Erziehungsurlaub, doch was die dramatischen und oft überwältigenden Veränderungen im inneren Erleben einer Mutter angeht, sind wir oft seltsam sprachlos.

Aber leben Mütter nicht eigentlich in diesem inneren Reich – in dem sie mit völlig unbekannten Wellen der Angst, der Bedürfnisse und der Ungewißheit konfrontiert sind, die sie an jedem Tag mit ihrem Neugeborenen überrollen? Ich habe festgestellt, daß Mütter im allgemeinen gar nicht wissen, wie sehr ihre Erfahrungen den Erfahrungen aller anderen Mütter gleichen, und daß sie deshalb auch nicht wissen, wie sie darüber sprechen sollen. Junge Mütter fragen sich oft, ob andere Mütter denselben emotionalen Umbruch erleben, und wenn sie dann eine andere junge Mutter kennenlernen, verbringen sie oft die meiste Zeit damit, ihre Erfahrungen auszutauschen und ihre Gefühle wenigstens annähernd in Worte zu fassen.

Mit diesem Buch beabsichtige ich unter anderem, Sie auf die

einschneidenden Veränderungen vorzubereiten, mit denen Sie in Ihrem inneren Erleben konfrontiert sein werden. Wenn Sie sich einige der mentalen Aufgaben und Verantwortlichkeiten bewußter machen können, die mit fast allen Erfahrungen der Mutterschaft einhergehen, werden Sie sich dann, wenn Sie in Ihrem eigenen Leben damit konfrontiert sind, weniger verloren und unsicher fühlen. Das innere Erleben der Mutterschaft scheint ein universales Phänomen zu sein. In meinen eigenen Forschungsarbeiten habe ich festgestellt, daß diese Erfahrungen sich über die Kulturen, die Altersgruppen und die sozialen Schichten hinweg gleichen.

An dieser Stelle mögen Sie sich fragen, wie ein Mann dazu kommt, über das innere Erleben einer Mutter zu schreiben. Die Tatsache, daß ich ein Mann bin, schließt natürlich aus, daß ich jemals selbst die Erfahrungen mache, die eine Frau vor und bei der Geburt eines Kindes erlebt. Doch als Kliniker kann ich diese Erfahrungen verfolgen und quantifizieren, die ich über vier Jahrzehnte hinweg bei der Beobachtung und Befragung junger Mütter gewonnen habe.

Bei der Auswertung des Materials habe ich mit zwei Frauen zusammengearbeitet, die sowohl Mütter als auch Fachfrauen sind. Meine Frau Nadia Bruschweiler-Stern ist Kinderärztin und Kinderpsychiaterin, und Alison Freeland befaßt sich als Journalistin schon seit langem mit Fragen der Elternschaft.

Sowohl meine Frau als auch ich selbst haben als Therapeuten mit Frauen gearbeitet, die schwanger waren und dabei waren, in die Welt der Mutterschaft einzutreten. Zahlreiche Erfahrungen haben wir auch in der Arbeit mit Müttern gesammelt, bei denen die Mutter-Kind-Beziehung gestört war. Nadia praktiziert in einem pädiatrischen Umfeld, in dem sowohl gesunde als auch schwerkranke und behinderte Kinder versorgt werden. Ich habe Hunderte von Müttern befragt und beobachtet, die sich freiwillig an verschiedenen Studien beteiligten, in denen das erste Sehen, Hören, Erinnern und emotionale Reagieren von Babys untersucht wurde, und an noch mehr Studien, die sich ganz speziell mit der Frage befaßten, wie Mütter und Babys in den alltäglichen Aktivitäten des Fütterns und Spielens interagieren.

Wann wird eine Frau zur Mutter?

Als ich entdeckte, daß Mütter überall auf der Welt ähnlich denken und fühlen, stellte ich ihnen auch die Frage, wann sie angefangen hatten, sich wirklich als Mutter zu fühlen. Ich vermutete, sie würden antworten: »Natürlich von der Geburt an.«

Tatsächlich aber erfuhr ich aus ihren Antworten, daß die meisten Mütter über Monate hinweg wieder und wieder und mit wachsender Gewißheit »Mutter werden.« Ihre neue Identität keimt an irgendeinem Punkt der Schwangerschaft, entfaltet sich nach der Geburt des Babys und entwickelt sich zur vollen Blüte, wenn sie mehrere Monate lang ihr Baby zu Hause betreuen und sich selbst in ihrer eigenen Wahrnehmung als Mutter erkennen. Jeder Schritt dieser Bewußtwerdung ist wichtig, und doch kommt mit jedem Schritt etwas Neues zu ihrer Identität als Mutter hinzu.

Der Entwicklungsprozeß des mütterlichen Denkens und Fühlens vollzieht sich also in verschiedenen Phasen. Ihre neue Identität als Mutter setzt voraus, daß Sie sich zunächst gedanklich auf die anstehende Veränderung vorbereiten, daß Sie dann in einer gewaltigen emotionalen Anstrengung die neuen Aspekte Ihres Selbst gebären, und daß Sie schließlich hart daran arbeiten, diese Veränderungen in Ihr bisheriges Leben zu integrieren. All dies geschieht, während Sie sich um ein Baby kümmern, das Ihre alltäglichen Gewohnheiten aufbricht, Sie nachts wach hält und Ihre ganze Aufmerksamkeit erfordert. Doch wenn Sie später einmal auf Ihr Leben zurückblicken, werden Sie das Mutterwerden als eines der größten Abenteuer Ihres Lebens betrachten.

Mutter werden – ein Prozeß in drei Phasen

Ich habe dieses Buch in drei Teile unterteilt, die den drei Phasen des Mutterwerdens entsprechen.

Teil I, »Vorbereitung auf das Muttersein«, beginnt mit der neunmonatigen Schwangerschaft, in der die Frau den Großteil der geistigen Vorbereitung auf ihr neues Dasein als Mutter bewältigt. Während in ihrem Körper der Fötus heranwächst, bereitet ihr Geist aktiv den Weg für ihre neue Identität.

Vielleicht meinen Sie, so wie ich früher, daß die Geburt Ihres Babys Sie zur Mutter macht. Doch es sieht im Gegenteil so aus, als sei die Geburtserfahrung selbst noch ein Teil der Vorbereitungsphase, bei der Sie zwar physisch, aber noch nicht psychisch Mutter werden. In Kapitel 1 spreche ich über die Schwangerschaft als Vorbereitung und Versuchsgelände. In diesen neun Monaten sind die Gedanken einer Frau beherrscht von ihren Hoffnungen, Träumen, Befürchtungen und Vorstellungen dazu, wer ihr Baby wohl sein wird, was für eine Mutter sie selbst und was für ein Vater ihr Mann sein wird. All das weiß sie noch nicht, und so kann sie alle Arten von Vorstellungen dazu projizieren, wie das Leben wohl sein wird, wenn ihr Baby erst da ist. Diese Vorbereitung auf das Leben als Mutter ist unabdingbar.

Kapitel 2 beschreibt, welche Rolle die Geburt des Babys schon während der Schwangerschaft für die psychische Geburt der Frau als Mutter spielt. Kapitel 3 befaßt sich mit Gedanken und Gefühlen, die nach der Geburt entstehen, in deren Mittelpunkt das reale Baby steht, und die oft zu sich selbst erfüllenden Prophezeiungen werden. Sämtliche drei Kapitel beschreiben die Vorbereitungsphase.

Teil II, »Eine Mutter wird geboren«, handelt von den Monaten nach der Geburt des Babys. Erst wenn eine Mutter wieder zu Hause ist und ihr Baby füttert, pflegt und betreut, gewinnt ihr mütterliches Denken und Fühlen seine endgültige Form. Kapitel 4 beschreibt diejenige Aufgabe der Mutterschaft, die zuallererst kommt, nämlich die Sorge dafür, daß das Baby überlebt, und die Ängste und Fragen, die im Zusammenhang mit dieser elementarsten Verantwortung einer Mutter entstehen.

Kapitel 5 behandelt die zweite Aufgabe, die Sie als junge Mutter lösen müssen, indem Sie eine enge Beziehung zu Ihrem Baby aufbauen. Hier spielt mit herein, wie Sie selbst in Ihrem bisherigen Leben Beziehungen erfahren haben und wie Sie selbst Nähe erleben. Grundlegende Fragen schießen Ihnen durch den Kopf: Werde ich dieses Baby lieben? Wird es mich lieben? Kann ich beurteilen, ob wir eine gute Beziehung zueinander haben? Kann ich die Signale verstehen, die mir mein Baby gibt, und auf seine Bedürfnisse richtig reagieren? Wie liebe ich dieses kleine Wesen?

Kapitel 6 befaßt sich mit dem dritten grundlegenden Schritt der Mutterschaft, Ihrem Bedürfnis nach Anerkennung und Ermutigung durch andere Mütter. Vielleicht müssen Sie sich auch mit der Beziehung zu Ihrer eigenen Mutter auseinandersetzen und überlegen, wieviel davon Sie übernehmen wollen und wieviel Sie ablehnen, wenn Sie die Beziehung zu Ihrem eigenen Baby aufbauen. Wahrscheinlich fragen Sie sich: Werde ich wie meine eigene Mutter sein, und was heißt das?

Kapitel 7 enthält den persönlichen Erfahrungsbericht einer Mutter, die beschreibt, wie sie sich bemühte, diese elementaren Aufgaben des Mutterwerdens zu bewältigen, aus denen ihre neue Identität entstand. Gail und ihr Sohn Nikolai zeigen beispielhaft, welchen Einfluß die jeweilige persönliche Geschichte darauf hat, wie man die ersten Herausforderungen des Mutterseins angeht.

Kapitel 8 ist eine Fortschreibung meines Buches *Tagebuch eines Babys*. In diesem Buch konnte ich mich auf meine jahrelange klinische Erfahrung stützen, als ich beschrieb, was Babys wissen und wann sie anfangen, es zu wissen. Ich versuchte in diesem Tagebuch, die verschiedenen Welterfahrungen des

Babys aus seiner Sicht darzustellen: die Liebe seiner Mutter, das Füttern, das Licht, die Bewegung, das Spiel und so weiter. Ich zeige, wie sich ein Ereignis in der Wahrnehmung des Babys Sekunde um Sekunde entwickelt, und ich verwebe gleichzeitig die Erfahrungen der Mutter mit denen des Babys, um zu zeigen, wie die beiden interagieren.

Nach Ihren ersten Erfahrungen mit der Pflege und Fürsorge für ein Baby haben Sie Ihre neue Identität als Mutter geboren. In den ersten Monaten, in denen Sie sich um Ihr Neugeborenes kümmern, ist diese Identität in gewisser Weise vor der Außenwelt geschützt. Teil III, »Eine Mutter paßt sich an«, beschreibt, wie Sie Ihre neue Identität als Mutter in Ihr übriges Leben integrieren.

Kapitel 9 stellt dar, mit welchen Schwierigkeiten Mütter von Frühgeborenen und behinderten Kindern zu kämpfen haben. Diese Frauen stehen nicht nur bei der Entwicklung des mütterlichen Denkens und Fühlens, sondern auch bei seiner Integration in ihr übriges Leben vor ganz besonderen Schwierigkeiten. Viele der Situationen, die sie erleben, sind im wesentlichen gleich wie bei anderen Müttern, werden aber intensiver erlebt und dauern länger an.

Kapitel 10 befaßt sich mit der unvermeidlichen Frage, ob und wann eine Frau nach der Geburt ihres Babys in den Beruf zurückkehren sollte. Wie läßt sich die Identität als Mutter mit der Identität einer Karrierefrau vereinbaren?

In Kapitel 11 schließlich spielen Väter die Hauptrolle. So wie es eine Welt der Mutterschaft gibt, gibt es auch eine Welt der Vaterschaft. Ein entscheidender Aspekt dieser Welt ist die noch junge Entwicklung der gleichberechtigten Verteilung der Aufgaben im Haushalt, die mit einschließt, daß Eltern die Aufgaben und die Verantwortung für ein Baby gemeinsam übernehmen. In diesem Kapitel werden einige der Veränderungen dargestellt, die für die Entwicklung eines Mannes vom Ehemann zum Vater erforderlich sind.

Der Weg zu diesem Buch

Der Weg zu diesem Buch tat sich auf nach jahrelangen Untersuchungen und nachdem ich verschiedene an Fachkreise gerichtete Bücher verfaßt hatte. 1977 schrieb ich ein Buch mit dem Titel *Mutter und Kind – die erste Beziehung*. Es beschreibt die winzigen Verhaltenseinheiten, die musikalischen Noten, aus denen die Symphonie der Mutter-Kind-Beziehung entsteht. Ich unternahm in diesem Buch den Versuch, die komplizierte Choreographie zwischen Mutter und Kind beim Spielen, beim Zubettbringen und beim Füttern darzustellen.

Die Forschungsarbeiten zu diesem Buch führte ich in einer Zeit durch, in der Videokameras so preiswert wurden, daß wir sie zur Beobachtung einsetzen konnten. So hatte ich die Möglichkeit, eine Videoaufnahme von Mutter und Kind immer wieder anzusehen, sie in Zeitlupe oder mit einer höheren Geschwindigkeit laufen zu lassen oder das Bild anzuhalten. Es war, als hätte ich plötzlich ein Mikroskop, mit dem ich beobachten konnte, wie sich auch noch die kleinsten Verhaltensseqenzen zwischen Mutter und Kind entwickeln.

Aus dieser Arbeit gewann unser ganzer Berufsstand zahlreiche Erkenntnisse dazu, wie viel Babys wissen und wie hoch ihre soziale Kompetenz schon in den ersten Lebensmonaten ist. Ebenso beeindruckend waren die komplexen intuitiven Verhaltensweisen der Mütter, die meistens reagierten, ohne vorher groß nachgedacht zu haben. Bestimmt war dieses Buch für andere Wissenschaftler, die sich mit der Entwicklung von Säuglingen befassen, und für Mütter, doch es wandte sich vor allem an meine Kollegen.

Nachdem ich nun eine komplexere Vorstellung davon hatte, wie Säuglinge mit ihren Müttern interagieren, und wußte, was Mütter instinktiv tun können, um diese Interaktion aufrechtzuerhalten, versuchte ich, mir vorzustellen, wie ein Baby die Welt sieht, in der es mit seinen Eltern lebt. Mir war klar, daß unsere neu gewonnenen Erkenntnisse uns zwangen, einige unserer klinischen Theorien und Vorgehensweisen zu ändern. Das Ergebnis dieser Überlegungen war ein zweites Buch, *Die Lebenserfahrung des Säuglings*, das 1985 in den USA (deutsche Ausgabe 1992) veröffentlicht wurde und sich ebenfalls an klinische Fachkreise richtete.

In einem nächsten Schritt konzentrierte ich mein Interesse noch mehr auf das innere Erleben von Babys. Babys können einem natürlich nicht sagen, was sie beschäftigt – oder woran sie denken –, doch ich versuchte wenigstens, ihre Welt zu beschreiben, indem ich mir einen Überblick über die zahlreichen Studien verschaffte, die inzwischen zur Entwicklung von Säuglingen vorliegen. In den letzten Jahrzehnten gab es einen explosionsartigen Anstieg an Forschungsarbeiten und Erkenntnissen über die ersten Lebensjahre: über das, was Babys sehen, was sie hören, was sie fühlen, was sie wahrscheinlich denken, und was sie tatsächlich lernen und tun können. Es heißt, man wisse inzwischen mehr über das erste Lebensjahr als über irgendein anderes Jahr.

Gestützt auf diesen breiten Wissensfundus entwarf ich ein imaginäres Baby, Joey, und formulierte dessen wahrscheinliche Gedanken, Gefühle und Wahrnehmungen im Hinblick auf die alltäglichen Ereignisse in seinem Leben. Auf der Grundlage einer soliden wissenschaftlichen Basis unternahm meine Phantasie gewaltige Sprünge, und ich schrieb *Tagebuch eines Babys*, ein Buch, das vor allem Eltern die Möglichkeit geben sollte, einen Blick auf die Erfahrungswelt ihres Babys zu werfen.

Mit zunehmender klinischer Erfahrung interessierte ich mich immer mehr für die Mütter und ihre jeweilige Geschichte. Am meisten fiel mir auf, wie sehr die ganz persönlichen Hoffnungen, Ängste und Vorstellungen einer Mutter die Beziehung zu ihrem neugeborenen Baby prägen. Es zeigte sich, daß die Erfahrungen, die eine Mutter in ihrer Herkunftsfamilie gemacht hat, ganz entscheidend die Art ihres Umgangs mit ihrem Baby bestimmen.

Diese Beobachtung veranlaßte mich, *Die Mutterschaftskonstellation* (deutsche Ausgabe 1998) zu schreiben, wiederum ein Buch, das sich an meine klinischen Fachkollegen richtete.

Meine Arbeit an diesem letzten Buch bewog mich, die innere Welt von Müttern genauer zu erforschen. Das war leichter, als die innere Erfahrungswelt von Babys zu erkunden, weil Mütter über ihre inneren Erfahrungen sprechen können, während ich bei den Babys darauf angewiesen war, aus meinen Beobachtungen auf ihr inneres Erleben zu schließen.

Je länger meine Kollegen und ich uns anhörten, was die Mütter erzählten, desto überzeugter waren wir, daß es die innere Erfahrungswelt der Mutter ist, die ihre Interaktionen mit dem Baby beim Füttern, Spielen oder Betreuen bestimmt. Wir erkennen inzwischen, daß die Mutter-Kind-Beziehung ebenso wie die künftige Entwicklung des Kindes weitgehend davon abhängt, was eine Mutter denkt und fühlt, und daß dieses Denken und Fühlen in ihrer eigenen Geschichte gründet.

Dieses Buch bildet den Abschluß einer Reise. Ich begann damit, die Interaktion zwischen Mutter und Kind zu erforschen, beschäftigte mich dann eingehender mit dem Erleben des Babys und vertiefe mich nun in die innere Welt der Mutter. *Geburt einer Mutter* beschreibt die innere Erfahrungswelt von Müttern und wird damit zum Begleitbuch von *Tagebuch eines Babys*, das die innere Erfahrungswelt von Babys beschreibt. Gemeinsam stellen sie ein Gesamtbild von zwei Innenwelten dar, die in denselben Ereignissen konvergieren.

Da Nadia und ich in den vergangenen Jahren weitere Untersuchungen durchgeführt haben und ich zahlreiche Vorträge zu diesem Themenkreis halte, haben wir immer wieder dieselben Einwände gehört. Da heißt es dann beispielsweise: »Na ja, Dr. Stern, was Sie da über die mütterliche Wahrnehmungswelt sagen, erscheint mir beim Zuhören ganz plausibel. Aber irgendwie habe ich das Gefühl, daß meine Großmutter mir das auch hätte sagen können.«

Und genau darum geht es: Ihre Großmutter hätte es Ihnen auch sagen können, aber sie hat es nicht getan. Ebenso wenig wie Ihr Geburtshelfer oder Ihre ältere Schwester oder Ihre Mutter. Daß es eine mütterliche Organisation des Seelenlebens gibt, mag noch so offensichtlich sein, doch in unserer Gesellschaft wird kaum darüber gesprochen.

Von Müttern hören wir auch oft: »Sie haben meine Erfahrungen ganz genau beschrieben, aber bevor ich Ihnen zuhörte, wußte ich einfach nicht, was das war. Ich konnte meine Erfahrungen nie in Worte fassen.«

Eine andere Reaktion erleben wir bei Frauen, die im Bereich der psychologischen Beratung tätig sind. Ihnen wurde in ihrer Ausbildung vermittelt, daß Mütter keine Gruppe mit ganz spezifischen psychologischen Merkmalen seien. Und nun gewinnen sie in ihrer täglichen Praxis dieselben widersprüchlichen Erkenntnisse, die auch mich dazu bewogen, dieses Buch zu schreiben. Sie sagen dann oft: »Als Frau und Mutter weiß ich, daß Ihre Beschreibungen zutreffen, aber sie widersprechen meinen klinischen Theorien. Was sollen wir tun, sollen wir uns von unserem instinktiven Wissen leiten lassen, oder sollen wir uns an das halten, was man uns beigebracht hat? Ich weiß nicht, soll ich Ihnen dankbar sein oder soll ich wünschen, ich hätte all das nie gehört?«

Tatsächlich hoffen wir auch, daß dieses Buch dazu beiträgt, einige gängige therapeutische Methoden in der Behandlung gestörter Mutter-Kind-Beziehungen zu verändern.

Unsere vorrangige Aufgabe ist es daher, ein Bild des mütterlichen Denkens und Fühlens zu entwerfen, diese innere Welt zu beleuchten und sie aus dem Verborgenen zu holen, indem wir sie beschreiben und ihr ihre eigene Sprache geben. Dies trägt hoffentlich dazu bei, daß Mütter ihre eigenen Erfahrungen höher bewerten und Worte für etwas finden, das sie intuitiv bereits wissen. Vielleicht kann dieses Buch auch der Einsamkeit und Isolation die Spitze nehmen, die so viele Frauen erleben, wenn sie mit den dramatischen Veränderungen ihrer inneren Landschaft konfrontiert sind und nicht wissen, ob sie die einzige sind, der es jemals so ergangen ist.

Dieses Buch soll außerdem dazu beitragen, daß Mütter ihr Handwerk meistern. Dieses Handwerk erlernt man natürlich am ehesten durch Erfahrung und Übung und nicht durch formalen Unterricht. Eigentlich wird es vor allem vermittelt, wenn Mütter gemeinsam mit anderen Müttern im Park spazierengehen und gemeinsam in einer Warteschlange stehen, oder wenn sie sich noch erinnern, wie ihre eigene Mutter oder Großmutter sich verhalten hat.

Daß dieses Buch auf den Aussagen so vieler Mütter beruht, macht es zu einer Art Lehrbuch, das zeigen kann, wie es ist, die Erfahrung des Mutterwerdens zu durchleben, und das die Veränderungen beschreibt, die mit der Geburt Ihres Babys eintreten.

Andererseits hat dieses Buch auch eine präventive Aufgabe. Das Leben mit einem Baby ist normalerweise eine innerhalb weniger Stunden wiederkehrende Abfolge von Interaktionen, in denen Sie Ihr Baby zu Bett bringen (oder es zumindest versuchen), es füttern, es wickeln, mit ihm spielen, sein Aktivitätsniveau steuern, ihm Grenzen setzen und ihm Erkenntnisse über die Welt vermitteln. Von den Tausenden von Aufgaben, bei denen Sie in solchen kurzen zeitlichen Abfolgen mit Ihrem Baby zu tun haben, werden Sie die meisten nicht reibungslos erledigen oder ihren Ablauf vorhersagen können. Tatsächlich geht es in den ersten Jahren der Mutterschaft weitgehend darum, sich durch solche Interaktionen durchzukämpfen. Und genau diese Aktivitäten werden oft für Baby und Eltern gleichermaßen problematisch.

In diesen Aktivitäten kommen die Hoffnungen, Ängste und Vorstellungen der Mutter ebenso zum Tragen wie ihre eigenen Kindheitserinnerungen, und sie beeinflussen nun die Entwicklung ihres neugeborenen Babys. Wenn eine Mutter mit ihrem eigenen inneren Erleben vertraut wird und sich bewußt macht, wie es sich auf das Baby auswirken kann, kann sie auch leichter erkennen, wann sie in eine problematische Situation gerät, und leichter eine für ihre Situation passende Lösung finden.

Wenn Sie das Denken und Fühlen von Müttern und die Phasen seiner Entwicklung besser verstehen, kann dies schließlich auch dazu beitragen, einen Teil jener neuen Welt, in die Sie eingetreten sind, zu entmystifizieren; Sie werden mehr Selbstvertrauen erlangen und mehr Freude an der neuen Identität gewinnen, die Sie psychologisch geboren haben.

TEIL I

Vorbereitung auf das Muttersein

KAPITEL 1

Schwangerschaft: Vorbereitung auf Ihre neue Identität

Im Alter von zweieinhalb Jahren, das ist wissenschaftlich nachgewiesen, haben Kinder ihre Geschlechtsidentität ausgebildet. Sie fangen also schon als ganz kleines Mädchen an, sich ansatzweise ein Bild davon zu machen, wie es sein wird, wenn Sie später einmal Mutter sind. Im weiteren Verlauf der Kindheit und erst recht in der Adoleszenz werden diese vagen Vorstellungen davon, was es heißt, Mutter zu sein, detaillierter. Eine vollkommen neue Bedeutung erhalten sie, wenn Sie sich verlieben und sich für einen Partner entscheiden. Aber dieser Prozeß kommt erst so richtig in Gang, wenn Sie feststellen, daß Sie schwanger sind, und beginnen, sich ernsthaft auf das Muttersein vorzubereiten.

Während Ihr Körper dann in der Schwangerschaft die physische Entwicklung eines Fötus übernimmt, entwickelt die Seele eine Vorstellung von der Mutter, die Sie werden könnten. Zugleich beginnen Sie sich ein geistiges Bild davon zu machen, wie Ihr Baby sein könnte. So erleben Sie gewissermaßen drei Schwangerschaften gleichzeitig: In Ihrem Leib wächst der Fötus heran, in Ihrer Psyche entwickelt sich das mütterliche Denken und Fühlen, und in Ihrer Vorstellung nimmt Ihr Baby Gestalt an.

In dieser Zeit werden Sie sich in Ihren Gedanken immer wieder mit Wünschen, Ängsten und Phantasievorstellungen beschäftigen, die sich in unserer Kultur allesamt um einige offen formulierbare Fragen drehen: Wer ist dieses Baby? Wie werde ich als Mutter sein? Wie ändert sich meine Selbstwahrnehmung und meine Einschätzung des Lebens, das ich bisher geführt habe? Was ist mit meiner Ehe? Meiner Karriere? Meinen Beziehungen zu Familie und Freunden? Und vor allem, wie wird die Geburt verlaufen? Wird mein Baby gesund geboren werden? All diese Überlegungen sind das Rohmaterial, mit dem Sie arbeiten, wenn Sie Ihre Identität als Mutter vorbereiten.

Kaum eine Schwangere befaßt sich planmäßig mit diesen Fragen. Die meisten setzen sich in den vielen Tagen der Schwangerschaft immer mal wieder damit auseinander. Für einige ist es ein schrittweise sich vollziehender Prozeß, andere erleben dramatische Momente der Neubewertung und Neudefinition. Die wichtigen Themen werden oft unterschwellig bearbeitet, sie fädeln sich ein in Tagträume, Nachtträume, Alpträume und beginnende Gefühle. Ihre Vorstellungskraft arbeitet auf vollen Touren, um dem Leben eine Form zu geben, das Sie zukünftig führen werden und das Sie bis jetzt noch kaum begreifen können.

Sie spielen imaginäre Szenarien mit imaginären Charakteren durch – mit einem imaginären Baby, einem imaginären Mutter-Selbst, einem imaginären zukünftigen Vater und imaginären Großeltern. Alle diese noch unfertigen Rollen werden viele Male und von immer wieder unterschiedlichen Standpunkten aus von Ihnen erschaffen, wieder aufgelöst und neu zusammengesetzt. In der Zeit der Schwangerschaft ist die Seele eine Werkstatt, in der Sie die Zukunft zusammenbauen und wie eine in der Entwicklung befindliche Erfindung immer wieder überarbeiten.

Diesen Prozeß des Imaginierens kann ich am besten erklären, indem ich die Geschichte von den Kinderkrankenschwestern und den wirklichen Neugeborenen erzähle. Der Kinderpsychiater Stephen Bennett hörte sich die Gespräche an, die Kinderkrankenschwestern in der Neugeborenen-Abteilung einer Klinik bei der Verrichtung ihrer alltäglichen Arbeit führten. Er verbrachte in dieser Abteilung so viel Zeit, daß die Schwestern sich schließlich völlig unbefangen unterhielten, ganz so, als sei er gar nicht anwesend. Bennetts Untersuchung zeigt, daß jeder, der ständig mit einem Baby zusammen ist (so wie die Mutter schon während der Schwangerschaft und dann mit ihrem Neugeborenen), bestimmte Persönlichkeitsmerkmale auf dieses Baby projiziert. Erwachsene schöpfen recht schnell aus einem Repertoire von Persönlichkeitsmerkmalen, die sie aus ihrer Lebenserfahrung kennen, und schreiben sie dem Baby zu.

Sämtliche Kinderkrankenschwestern folgten diesem Verhaltensmuster. Eine beispielsweise nannte eines der kleinen Mädchen die »Prinzessin«. Das Baby war sehr zierlich und hatte zarte Gesichtszüge und ein freundliches Wesen. Ein anderes Baby nannte sie den »Unwiderstehlichen«. Dieses Baby war ein lebhafter, immer aufmerksamer Junge mit einem ansteckenden Lächeln, der wahrscheinlich später einmal mit seinem Charme und seinem guten Aussehen die Frauen reihenweise betören würde. In derselben kleinen Neugeborenen-Abteilung könnte es auch einen »Quälgeist«, eine »königliche Hoheit« und einen »Professor« geben.

Die Kinderkrankenschwestern nahmen diese Zuordnung zu bestimmten Charaktertypen ziemlich schnell vor. Schließlich blieben die Babys nur wenige Tage bei ihnen. Welche Charakterrolle die Schwestern den Babys gaben, hing von der einzelnen Schwester und von den äußeren Merkmalen und dem Temperament des einzelnen Babys ab. Natürlich hatte jede Schwester eine etwas andere Auswahl an Spitznamen für die Babys. Doch es gab ein paar kulturspezifische Favoriten, die immer wieder auftauchten, wie beispielsweise die »Prinzessin« und der »Unwiderstehliche« – auch wenn diese Titel alle paar Tage, wenn sich die Belegung der Station änderte, an neue Babys weitergereicht wurden.

Auch Sie als werdende Mutter werden vor und nach der Geburt Ihre Phantasie spielen lassen. Ihre Gedanken werden geleitet sein von Ihren Hoffnungen und Befürchtungen und von Ihren eigenen vergangenen Erfahrungen, und sie werden eine Menge darüber verraten, was für Sie vorrangig und wichtig ist. Ihre Phantasievorstellungen davon, zu was für einem Menschen Ihr Baby heranwachsen wird, verraten, worum Sie sich sorgen. Alle Mütter entwickeln eine Vorstellung von dem Baby ihrer Hoffnungen und Träume und auch ihrer Ängste. Sie stellen sich vor, wie es mit einem Jahr, als Schulkind und als Erwachsener sein wird. Dabei entsteht oft ein widersprüchliches und sogar amüsantes Flickwerk von Persönlichkeitsmerkmalen. So erzählte mir einmal eine Mutter, in ihren Träumereien sei ihr Sohn eine unwahrscheinliche Mischung aus Mel Gibson und Albert Einstein. Warum auch nicht? Ihre Tagträume kreisten um die Persönlichkeitsmerkmale, die ihr wichtig waren, und sie sagte damit, daß sie gern einen Sohn hätte, der intellektuell brillant und zugleich sexy ist.

Manche Mütter behaupten, sie würden sich in ihrer Phantasie kein Baby erschaffen, doch selbst mit der Wahl des Namens verraten sie, daß sie sich eben doch ein ganz bestimmtes Kind wünschen. Ein Name kann darauf hinweisen, daß man sich seiner Familie und seinem ethnischen Hintergrund gegenüber loyal verhalten will oder aber, daß man sich von ihm abgrenzen will. Er zeigt, welche Art von Persönlichkeit man bewundert und insgeheim auch bei seinem Baby erhofft.

Lange Zeit meinten Psychologen und Psychiater, solche Phantasiebabys seien selten und ein Hinweis darauf, daß die Mutter Probleme habe. Doch unsere umfangreiche klinische Erfahrung zeigt inzwischen, daß dieser geistige Prozeß in allen Müttern gleichbleibend vor sich geht. Er scheint kein Glasperlenspiel zu sein, sondern eine sinnvolle und kreative Möglichkeit, sich auf die Situationen vorzubereiten, in denen sich die zukünftige Mutter tatsächlich bald befindet.

Doch nicht nur zukünftige Mütter, sondern die meisten von uns erschaffen in ihrem Alltag imaginäre Welten. Eine solche imaginäre Welt ist wie eine geistige Bühne, auf der wir uns verschiedene Ergebnisse und Lösungen für die Situationen ausdenken und durchspielen können, in die wir geraten. Sie helfen uns zu überleben. Wenn Ihnen Ihre Rolle und Ihre Verantwortung als Mutter bewußter werden, helfen diese Szenarien auch Ihnen und Ihrem Baby zu überleben. Die Geschichte Ihres imaginierten Babys und Ihr vollständiger Eintritt in die Welt der Mutterschaft sind unauflösbar miteinander verbunden.

Aus Interviews mit vielen Müttern und zukünftigen Müttern wissen wir, daß es in diesen Vorstellungen gemeinsame Muster gibt. Das häufigste Muster besteht darin, daß eine Frau, bevor sie nicht sicher ist, daß ihre Schwangerschaft auch bestehen bleibt (im allgemeinen bis zur zwölften Woche), meist nicht zuläßt, daß sie allzu viel über das Baby nachdenkt, das sie bekommen wird. Dies gilt insbesondere dann, wenn sie zuvor schon eine Fehlgeburt hatte oder glaubt, ihre Schwangerschaft sei aus irgendeinem Grund eine Risikoschwangerschaft. (Wenn Sie schon eine Fehlgeburt hinter sich haben, werden Sie wissen, daß man vor allem um das trauert, was man sich vorgestellt und erhofft hat.)

Ich kenne eine Mutter von zwei Jungen, die nach einer Fehlgeburt am Boden zerstört war, weil sie fest davon überzeugt gewesen war, daß sie nun endlich ein Mädchen bekommen würde. Sie bekam später noch zwei Jungen, sehnte sich aber ihr ganzes Leben lang nach der Tochter ihrer Phantasievorstellungen, obwohl sie nie erfuhr, ob der verlorene Fötus ein Junge oder ein Mädchen gewesen war.

Nach dem dritten Monat, wenn der Arzt erst einmal grünes Licht in Bezug auf die Lebensfähigkeit der Schwangerschaft gegeben hat, setzt der Prozeß, in dem sich eine bildhafte Vorstellung des Babys entwickelt, im allgemeinen erst wirklich ein. An diesem Punkt beginnen die meisten zukünftigen Mütter, mit immer spezifischeren Persönlichkeitsmerkmalen und äußeren Merkmalen, die ihr Baby haben könnte, zu spielen. Manche Frauen brauchen auch länger als drei Monate, um sich wirklich daran zu gewöhnen, daß sie schwanger sind. Sie sind selbst am Ende des ersten Schwangerschaftsdrittels noch nicht bereit, ihrer Phantasie freien Lauf zu lassen, und vermeiden vielleicht sogar, anderen zu sagen, daß sie schwanger sind.

Diana, über die Sie auf diesen Seiten noch mehr erfahren werden, wartete bis fast zum fünften Monat, bevor sie öffentlich bekanntgab, daß sie schwanger war. Sie schützte sich instinktiv vor den Erwartungen der anderen, wie und wann sie was zu denken und zu empfinden hatte. Sie mußte ihrem eigenen Zeitplan folgen, auf den sie eingestimmt war.

Emily verkündete gleich in der zweiten Woche, als der Schwangerschaftstest positiv ausfiel, daß sie schwanger war. Sie konnte es kaum erwarten, daß die ganze Welt Bescheid wußte. Doch Emily hatte in ihrem Leben ganz andere Interessen als Diana. Sie wollte unbedingt ihre Schwangerschaft und das zukünftige Baby in ihre erweiterte Familie einbinden und entwickelte von Anfang an Vorstellungen dazu, wie ihr Baby und wie ihr Leben als Mutter wohl sein würden. Die meisten Mütter finden eine Balance zwischen ihrer Aufregung über die Schwangerschaft und ihrer Angst vor dem Verlust des Babys und teilen im dritten Monat mit, daß sie schwanger sind.

Die Erfahrungen, die eine Schwangere im vierten Monat mit ihrem wirklichen Fötus macht, beflügeln ihre Phantasie. Das hat zwei Ursachen. Zum einen werden heutzutage nahezu routinemäßig Ultraschalluntersuchungen durchgeführt. Und der Blick auf den wirklichen Fötus – die Kurve seiner Wirbelsäule, die wie ein Perlenhalsband aussieht, das Geräusch seines Herzschlags, der Anblick seiner Bewegungen – ist atemberaubend. Viele zukünftige Eltern haben heutzutage in ihrem Geldbeutel ein Ultraschallbild ihres zukünftigen Babys, so wie sie später ein Bild ihres Babys bei sich tragen.

Aber auch ohne Ultraschalluntersuchung spürt die zukünftige Mutter etwa im vierten Schwangerschaftsmonat, wie ihr Baby anfängt, gegen ihren Leib zu treten – ein unwiderlegbarer Beweis für seine Existenz. Viele Mütter schildern diese Bewegungen ihres Babys in der Gebärmutter und verbinden sie mit einer immer klareren Vorstellung von ihrem zukünftigen Kind. Sie sagen beispielsweise: »Dieses Baby kickt richtig fest. Er wird es kaum erwarten können, im Leben voranzukommen.« Oder: »Das Baby tritt mich immer, wenn es Musik hört. Sie wird bestimmt musikalisch.« Oder: »Ob das Baby mich tritt oder nicht, hängt immer von meiner Stimmung ab. Es sieht ganz so aus, als würde er mich jetzt schon verstehen.« Das Baby in der Vorstellung dieser Schwangeren ist natürlich eine völlig subjektive Phantasie, daher kann ein und derselbe Tritt die Mutter veranlassen, sich jedes beliebige der genannten Persönlichkeitsmerkmale vorzustellen.

Zwischen dem vierten und dem siebten Monat lassen zukünftige Mütter ihrer Phantasie meist ganz freien Lauf, und das Baby gewinnt in ihrer Vorstellung immer klarere Konturen. Im siebten und achten Monat ist das Baby dann in der Vorstellung der Mutter so vollständig entwickelt, wie es in der Schwangerschaft nur möglich ist.

Im achten und neunten Monat geschieht etwas sehr Interessantes. Das Bild des Babys in der Vorstellung der Mutter gewinnt keine weiteren Einzelheiten hinzu, sondern es passiert nahezu das Gegenteil. Neuere Studien deuten darauf hin, daß die Mutter in dieser Phase ihre detaillierte Vorstellung von ihrem Baby wieder auflöst. Sie läßt zu, daß das innere Bild verblaßt und beginnt gewissermaßen, das imaginierte Baby abzubauen und sogar vor sich selbst zu verbergen.

Man fragt sich zunächst, warum das so ist, doch bei näherem Hinsehen erweist sich diese Veränderung als äußerst sinnvoll. Bei der Geburt treffen das wirkliche und das imaginierte Baby zum ersten Mal aufeinander, und die Mutter kann es sich nicht leisten, einen allzu großen Unterschied zwischen den beiden fortbestehen zu lassen. Sie muß das wirkliche Baby und sich selbst vor einer allzu großen Diskrepanz zwischen den in ihrer Vorstellung erzeugten Erwartungen und dem wirklichen Baby schützen – was das Geschlecht, die Größe, das Aussehen, die Hautfarbe oder das Temperament angeht. Sie muß reinen Tisch machen, damit sie und das wirkliche Baby anfangen können, ohne die Lasten der Vergangenheit zusammenzuarbeiten.

Das imaginierte Baby verschwindet allerdings nicht ganz. Meist werden kurz vor der tatsächlichen Geburt noch einige letzte Korrekturen an seinem Bild vorgenommen. In den ersten beiden Dritteln Ihrer Schwangerschaft haben Sie vermutlich die Wesenszüge Ihres imaginierten Babys (und insbesondere die positiven) von Ihrem Mann oder Vater entlehnt, wenn Sie annahmen, daß es ein Junge werden würde, und von Ihrer Mutter, wenn Sie mit einem Mädchen rechneten. Mit dem Näherkommen des Geburtstermins werden Sie die Vorstellung, daß Ihr Kind seine Wesensmerkmale von anderen hat, verwerfen, und sich selbst als diejenige sehen, die am meisten zum Charakter und zum Leben Ihres Babys beiträgt. Wenn die Geburt näher rückt, werden Sie dieses Baby vermehrt als Ihr eigenes beanspruchen.

Margaret stellte sich im fünften Schwangerschaftsmonat vor, ihr Baby würde die Durchsetzungsfähigkeit ihrer Mutter und die soziale Kompetenz ihres Mannes erben. Als sie sich drei Monate später wieder überlegte, wie ihr Baby wohl sein würde, wollte sie immer noch, daß es durchsetzungsfähig sein sollte, aber auch etwas flexibler und anpassungsfähiger, so wie sie selbst. Und obwohl sie hoffte, daß sich das Kind im Umgang mit anderen Menschen leicht tun würde, wünschte sie sich auch sehr, daß er oder sie so zurückhaltend und still werden würde wie sie selbst.

Wenn die Geburt näher rückt, werden Sie entdecken, daß nun Sie selbst zunehmend mehr das Territorium beherrschen möchten. Dies ist vielleicht ein wichtiger Schritt dahin, daß Sie die Beziehung zu Ihrem Baby, wenn es erst geboren ist, als vorrangig setzen. Wenn Sie alle anderen Personen in die Kulissen verweisen, stehen Sie und das wirkliche Baby im Rampenlicht. Als Hauptdarsteller im ersten Akt des neuen Dramas müssen Sie und Ihr Baby im Zentrum der Aufmerksamkeit stehen. Der besitzergreifende Impuls, das Baby nach Ihren eigenen und keinen anderen Vorstellungen großzuziehen, ist ein starkes Gefühl, und manche Frauen tun sich an diesem Punkt ihrer Schwangerschaft sogar schwer, auch nur ihren Mann in den exklusiven Kreis ihrer Vorstellungswelt miteinzubeziehen.

Was aber, wenn eine Frau ihr Kind vorzeitig, das heißt im siebten oder achten Monat, zur Welt bringt? Dann hatte sie keine Zeit, das Bild ihres imaginären Babys aufzulösen. Sie und das wirkliche Baby leiden nun doppelt. Das wirkliche Baby ist nicht nur weniger weit entwickelt, als man normalerweise erwarten könnte, sondern die Mutter vergleicht es auch noch mit ihrem oft unrealistisch idealisierten imaginierten Baby, das in ihrer Vorstellung noch allzu präsent ist. Das mütterliche Denken und Fühlen ist zu diesem Zeitpunkt noch unterentwickelt und fragil.

Die Mutter eines Frühchens ist auch noch aus anderen Gründen besonders verletzlich. Oft fühlt sie sich unvollkommen, weil sie ihre Schwangerschaft nicht richtig zu Ende bringen konnte, und zwar auch dann, wenn die Umstände völlig außerhalb ihrer Kontrolle lagen. Außerdem ist sie von ihrem Baby, das in einer Neugeborenen-Intensivstation bleiben muß, räumlich getrennt, so daß sie das Gefühl hat, sie könne keine Bindung zu ihrem Baby aufbauen, weil sie es nicht bei sich hat. Sie muß zusehen, wie andere ihr Baby versorgen, und in den meisten Kliniken sind das Krankenschwestern, die sich wahrscheinlich besser damit auskennen als sie selbst. Ihre Umgebung ist ihr fremd, und sie fühlt sich alles andere als zu Hause, außerdem leidet sie vielleicht unter den Folgen eines hormonalen Ungleichgewichts. Schließlich sind ihre Erwartungen an das imaginierte Baby an ihrem höchsten Punkt angelangt, während gleichzeitig die realen Bedingungen des wirklichen, zu früh geborenen Babys äußerst ungünstig sind.

Ein weiterer Grund trägt dazu bei, daß die Mutter in einer solchen Situation besonders verletzlich ist. In den letzten Monaten vor der Geburt nimmt die Angst vor der Geburt und die Sorge um die Gesundheit des Babys einen großen Raum im Denken und Fühlen der meisten Mütter ein und trägt häufig dazu bei, daß das Bild des imaginierten Babys nicht weiter ausgearbeitet wird. Es gibt eine ganze Reihe normaler Ängste, die fast alle Mütter erleben. Häufig sorgen sie sich, daß das Baby tot geboren werden könnte, daß es bei der Geburt sterben könnte, daß sie selbst es nicht schaffen, die Schmerzen auszuhalten, oder daß ihr Geburtskanal so eng ist, daß das Baby stecken bleibt und nicht heraus kann. Eine Mutter hat vielleicht gehört, daß sich die Nabelschnur um den Hals des Babys wickeln kann, oder sie befürchtet, daß sie ihr Baby an einem Ort zur Welt bringt, an dem ihr niemand helfen kann. Da ist die Angst vor einer Steißlage, vor einem mißgebildeten Kind oder sogar vor einem Monster. In den letzten Monaten der Schwangerschaft berichten viele Mütter von intensiven Angstträumen, in denen sie kleine Kätzchen geboren haben oder Kinder, die in einer Spirale herumwirbeln. Alle diese Gedanken sind durchaus üblich und scheinen zu einer Schwangerschaft dazuzugehören.

Wenn, wie in den meisten Schwangerschaften, solche Gedanken vorübergehend und nicht allzu bedrängend sind, ist es wichtig, daß die Schwangere sich eine Zeitlang damit befaßt. Die gedankliche Auseinandersetzung mit solchen Szenarien kann eine Frau zwar auch nie auf den schlimmsten Fall vorbereiten, doch sie trägt zumindest dazu bei, sie auf alle Eventualitäten der Mutterschaft einzustimmen. Die Mutter eines Frühchens hat keine Zeit, diese Phase vollständig zu durchlaufen.

Die Mutter eines Frühgeborenen erzählte dazu:

Als ich sie das erste Mal sah, war das so merkwürdig, daß ich nicht wußte, wie ich mich fühlen sollte. Ein Teil von mir wollte weglaufen. Ein anderer Teil von mir fühlte sich, als stünde ich außerhalb meines Lebens und beobachtete etwas, das jemand anderem passierte. Eigentlich sollte sie ja noch nicht da sein und nicht so klein sein. Ich konnte sie inmitten all der Flaschen und Schläuche kaum entdecken, als sie mit geschlossenen Augen in ihrem Glaskasten lag und ihre kleine Brust sich hob und senkte wie die eines Vogels. Sie war winzig und ihre Haut fast blau. Ihre Arme und Beine schienen so dünn wie die Schläuche, die zu ihrem kleinen Körper hin und von ihm weg führten.

Ich wollte sie halten. Ich hatte davon geträumt, wie es sich anfühlen würde. Aber sie sah so zerbrechlich aus, daß ich sie hätte verletzen können. Ich hatte Angst, war sogar ein wenig abgestoßen ... schlimm, aber wahr. Mein Körper war in Aufruhr, und nichts war bereit. Wir hätten doch noch acht Wochen zu Hause sein und darauf warten sollen, daß sie kam. Ich hatte im letzten Monat ihr Zimmer und ihre Babykleidung richten wollen – in meinem Kopf war alles schon geplant. Und nun habe ich nicht einmal etwas, das so klein wäre, daß es ihr passen würde, nicht einmal das hübsche Kleidchen von meiner Großmutter. Ich glaube, ich habe mit einem Baby gerechnet, das so ist wie das Baby, das mein Bruder kürzlich bekommen hat – rosa und rund und kräftig, ja sogar hübsch. Gina (das ist der Name, den ich schon immer für sie hatte) sollte ein gesundes und prächtiges Baby sein. Statt dessen wußte ich an diesem merkwürdigen Ort nicht einmal, wohin ich mich stellen sollte, was ich tun sollte, und was die Schwestern von mir wollten. Die Schwestern gingen mit Gina unbefangener um als ich, dabei bin ich doch die Mutter.

Nichts war bereit. Ihr Zimmer nicht, sie nicht und ich – weiß Gott – auch nicht.

Diese Mutter war gefangen zwischen ihrem wirklichen Baby und ihrem imaginierten Baby. Ihre Vorbereitung auf den Eintritt in das Reich der Mutterschaft war abrupt beendet worden. Unter normalen Umständen hat eine Schwangere den achten und den neunten Monat, um sich auf ihr wirkliches Baby vorzubereiten.

Bindung

Ein außerordentlich großer Anteil der Forschungstätigkeit auf dem Gebiet der Mutterschaft aus neuer Sicht gilt der Bindung, die sich zwischen Mutter und Kind entwickelt. Ganz besonders wichtig ist es, wie Sie das intime Band zu Ihrem Kind knüpfen, und das hängt wiederum weitgehend von Ihren eigenen lebensgeschichtlichen Erfahrungen ab. Obwohl sich jede Mutter in ganz eigener Weise an ihr Kind bindet, folgen die meisten Frauen einem von drei allgemeinen Mustern; und wie bei so vielem im Zusammenhang mit der Mutterschaft, geschieht dies meistenteils unbewußt.

Es ist nicht überraschend, daß der Bindungsprozeß im Verlauf der Schwangerschaft damit beginnt, daß die werdende Mutter an ihr Kind denkt und sich ihr Kind vorstellt. Wir wollen uns drei häufige Bindungsmuster anschauen und uns die Gedanken von drei schwangeren Frauen anhören. Die Art, wie diese drei Frauen sich ihr Baby vorstellen, beeinflußt ihre Ehe, ihre Lebensweise und ihre eigene Psyche.

Das erste Muster läßt sich bei Frauen beobachten, die sich tendenziell distanziert zur Mutterschaftserfahrung verhalten, um besser damit umgehen zu können. Zunächst einmal scheint ihre Schwangerschaft sie weniger zu beschäftigen, als man erwarten würde, auch wenn das für ihr inneres Erleben vielleicht doch nicht zutrifft. Wenn sie an ihre Herkunftsfamilie denken, scheinen sie einen großen Schritt oder auch zwei zurück zu tun und ihre eigene Geschichte eher von sich wegzuschieben, auch was die Frage angeht, wie ihre eigene Mutter sich ihnen gegenüber verhalten hat. Sie verhalten sich so, als sei ihre eigene Eltern-Kind-Erfahrung nicht besonders wichtig für das, was sie nun selbst erleben. Unabhängig davon, ob sie sich emotional sehr oder wenig mit ihrer Schwangerschaft befassen, setzen sie sich mit dem Thema nicht direkt auseinander und werden auch kaum darüber sprechen.

Diese Frauen zeigen ein Bindungsverhalten, das Kliniker als *distanzierendes Bindungsmuster* bezeichnen. Sie sehen das ganze Panorama ihrer familiären Beziehungen, bleiben aber in sicherer Distanz. Diana ist ein Beispiel dafür. Diana ist die weiter oben erwähnte Frau, die fünf Monate wartete, bevor sie anderen sagte, daß sie schwanger war, und die es bis dahin wahrscheinlich selbst nicht recht glauben konnte.

Ein ganz anderes Bindungsmuster beobachtet man bei Frauen, die sich so sehr in die Mutterschaftserfahrung verstricken, daß es ihnen nicht mehr gelingt, auch nur einen Schritt zurückzutreten, um eine bessere Sicht auf den damit verbundenen Entwicklungsprozeß zu erhalten. Diese Frauen zeigen ein *verstricktes Bindungsmuster*. Deutlich wird dies insbesondere an ihren Reflexionen über ihre eigenen Mütter, denen sie während der Schwangerschaft und darüber hinaus aufs engste verbunden bleiben. Ihre Beziehung zu ihrer eigenen Mutter ist so eng, wie wahrscheinlich auch die Beziehung zu ihrem Baby sein wird. Im allgemeinen stürzen sich Frauen mit einem solchen verstrickten Bindungsmuster in ihre primären Beziehungen, ohne sie zu reflektieren. Emily, die ihrer Familie sofort sagte, daß sie schwanger war, ist ein Beispiel für diese Kategorie.

Der dritte Typus von Müttern nimmt einen Platz zwischen den beiden anderen ein. Diese Mütter sind bereit, sich in der Beziehung zu ihrem Kind zu verlieren, haben zugleich aber eine aktuelle und abgewogene Beziehung zu ihrer eigenen Mutter. Ihre vergangenen Erfahrungen mit ihrer Mutter wecken zahlreiche Gedanken und Gefühle in ihnen, doch sie können auch einen großen Schritt zurück tun und über ihre Erfahrungen sowohl als Mutter als auch als Tochter reflektieren. Diese Frauen, die ihr Leben aus einer mittleren Distanz heraus betrachten können, zeigen ein *autonomes Bindungsmuster*. Margaret ist ein Beispiel dafür.

Obwohl keine Mutter vollständig einem dieser Bindungsmuster entspricht, lassen sich die meisten in eine dieser drei Gruppen einordnen. Alle drei Verhaltensstile sind normal und entsprechen unterschiedlichen Formen der Anpassung an die psychologischen Turbulenzen des Mutterwerdens.

Wie durchgängig die Schwangeren ihre Mutterschaft im Geiste planen, vorbereiten, ausprobieren und einüben, zeigen Momentaufnahmen der drei Mütter im sechsten Schwangerschaftsmonat.

Die Überlegungen der drei werdenden Mütter bieten einen Ausblick darauf, wie unterschiedlich sie ihre sich verändernde Welt wahrnehmen und empfinden. Jede läßt sich ganz unterschiedlich auf ihre Schwangerschaft ein und reflektiert und spricht ganz unterschiedlich über ihre neue Rolle als Schwangere. Alle drei erleben einen Geburtstag und sind damit an einem Punkt angelangt, an dem es sich anbietet, innezuhalten und über ihr Leben nachzudenken.

Diana – der Blick aus der Distanz

Ich fahre die Ridge Street hinab und überlege, wohin ich als nächstes gehe. Entweder ich halte am Supermarkt, oder ich fahre direkt nach Hause. Dieser Konflikt ist typisch für mich, und irgendwie schwieriger als viele Entscheidungen, die ich in meinem Beruf zu treffen habe. Heute ist mein Geburtstag, und Carl bereitet zu Hause ein Geburtstagsessen vor. Auf Überraschungen versteht er sich nicht so gut, deshalb weiß ich auch von dem Essen und was er kocht. Hoffentlich meint er nicht, es wäre eine besonders gute Idee, ein paar Freunde einzuladen. Ich habe keine Lust, die Unterhalterin zu spielen.

Mein Problem mit dem Supermarkt kommt daher, daß ich sicher bin, daß es zum Nachtisch einen guten Kaffee gibt, und daß ich ebenso sicher bin, daß Carl vergessen hat, koffeinarmen Kaffee zu kaufen. Seitdem ich schwanger bin, verzichte ich auf alles, was das Leben schön macht – Kaffee, Wein, Süßigkeiten und Chips. Heute abend leiste ich mir Kaffee, aber ohne Sahne schmeckt er nicht so gut. Nur, wenn ich die Sahne kaufe, weiß Carl, daß ich gedacht habe, er vergißt sie, und dann ist er beleidigt. Ich parke trotzdem vor dem Supermarkt. Ich brauche die Sahne einfach.

Als ich aus dem Wagen steige, fühle ich wieder dieses Unbehagen. Im sechsten Schwangerschaftsmonat kann ich die Wölbung meines Bauches nicht mehr verbergen. Ich war immer stolz darauf, daß ich eine ziemlich gute Figur hatte und daß mir viele Blicke folgten, wenn ich die Straße entlang ging. Jetzt ist Schluß mit diesen Blicken. Ich werde immer dicker, und irgendwie ärgert es mich, daß ich die Kontrolle über meine Figur verloren habe. Ich sage mir, es ist für eine gute Sache, daß ich so massig und unproportioniert aussehe. Aber wenn ich eines nicht will, dann ist es dieser watschelnde Gang. Ich weigere mich zu watscheln.

Ich frage mich, ob ich meine alte Figur jemals wieder haben werde. Mit siebenunddreißig ist der Gedanke daran ernüchternd. Carl und ich wollten die ganzen Jahre keine Kinder, wir ließen es einfach nicht zu. Aber in letzter Zeit hatte ich das Gefühl, daß meine biologische Uhr tickt. Für mich hieß es jetzt oder nie.

Im Büro heute haben sie mir zum Geburtstag gratuliert, nur von Donna, unserer Empfangsdame, habe ich ein richtiges Geschenk bekommen. Auf meinem Schreibtisch lag ein Geschenk in einem Papiertaschentuch eingewickelt, es war ein kleines weißes Mützchen mit rosa Bändchen. Es war wirklich niedlich und liegt jetzt wahrscheinlich in der Tasche unter dem Autositz. Ich glaube, Donna freut sich mehr auf das Baby als ich.

Auf meinem Weg in die Abteilung mit den Milchprodukten fällt mir der Telefonanruf meiner Mutter heute ein. Sie sagte, sie würde mir Geld zu meinem Geburtstag schicken. Das ist nichts Neues. Es kommt mit der Post, und ich soll etwas für das Baby kaufen. Sie hatte keine Ahnung, was sie mir schenken könnte, jetzt bleibt es an mir hängen. Wahrscheinlich kommt meine Mutter zu uns, wenn das Baby da ist, aber ich kann mir nicht vorstellen, daß sie mir eine große Hilfe ist. Wenn ich an jemanden denke, der mir helfen könnte, fällt mir Donna ein. Komisch. Ich habe nie viel über Donna nachgedacht, aber jetzt kommt sie mir vor wie jemand, der sich mit Babys auskennt. Ich bin nicht sicher, ob ich damit zurechtkomme.

Aber Carl wird ein guter Vater sein. Er ist so unkompliziert. Ehrlich gesagt muß er das auch, wenn er mit mir klarkommen will. Ich weiß, daß ich nicht einfach bin. Selbst mein Arzt sagt, ich solle mir nicht alles so schwer machen. Ich habe eine Fruchtwasseruntersuchung durchführen lassen, und man hat mir gesagt, es sei alles in Ordnung. Aber alles können sie schließlich nicht testen. So kann beispielsweise niemand vorhersagen, ob das Baby wenig oder sehr anstrengend wird. Es muß einfach so unkompliziert sein wie Carl. Carl witzelt immer darüber, daß er ein pflegeleichter Ehemann sei, was auch gut ist, wenn man an meine Fähigkeiten beim Kochen und im Haushalt denkt. Wenn die Kleine weiß, was gut für sie ist, wird sie auch pflegeleicht. Sehr mütterlich klingt das alles nicht.

Jetzt bin ich durch den Supermarkt, habe die Sahne gekauft und bin auf dem Heimweg. Ich bin siebenunddreißig, kugelrund und will Sahne in meinen Kaffee. Das arme Baby. Und wenn es nun so ist wie ich? Hoffentlich nicht. Hoffentlich schläft es viel. Im Moment frage ich mich vor allem, wer mir am besten helfen könnte. Donna sagt, junge Eltern haben ständig ein Schlafdefizit. Ich weiß nicht, wie ich damit leben soll. Wenn ich müde bin, bin ich immer brummig. Was ist, wenn das Kind die Nacht zum Tag macht? Na ja, wir werden ja sehen.

Diana kann nicht lange nachdenken, ohne immer wieder auf ihr Baby zurückzukommen. Obwohl sie sich viel mit ihrer Schwangerschaft beschäftigt, wahrt sie eine so große Distanz zu dem Ereignis und betrachtet es von so weit weg, daß man fast den Eindruck hat, sie sei gefühllos. Dasselbe gilt übrigens für ihr Verhältnis zu ihrer Mutter. Eigentlich aber klingt Diana viel hartherziger als sie ist. In Wahrheit beschäftigt sie sich nämlich genau mit denselben Fragen wie Emily und Margaret, nur eben von einem entfernteren Standpunkt aus.

Emily – die Nahaufnahme

Ich wußte, daß meine Familie dieses Jahr zu meinem Geburtstag etwas plante, aber ich hatte nicht damit gerechnet, daß sie alle zu uns kommen würden. Armer David. Wenn meine Mutter hier ist, wird er immer aus seiner eigenen Küche hinausgeworfen. Sobald es ums Essen geht, übernimmt sie das Kommando.

Wenn ich in letzter Zeit abends von der Arbeit nach Hause komme, ziehe ich am liebsten mein großes, kuscheliges Sweatshirt an. Meinen Bauch kann man jetzt schon richtig sehen, und manchmal lege ich mich auf dem Sofa lang und lasse ihn in die Luft ragen. Seitdem ich jetzt im sechsten Monat bin, weiß jeder, daß ich ein Baby bekomme und nicht einfach dick bin. Endlich!

Bei der Arbeit denke ich nicht allzu viel darüber nach, es sei denn, meine Mutter oder meine Schwester ruft an. Wahrscheinlich bekomme ich zur Zeit allzu viele private Anrufe, aber schließlich ... Meine Schwester Barbara meint, sie müsse mir alles sagen, nur weil sie schon ein Baby hat. Aber sie lebt jetzt woanders, und ich bin froh, daß wir meine Eltern in der Nähe haben.

Davids Familie ist anders. Sie sind sehr ihrer alten Kultur verhaftet, man könnte meinen, sie wüßten nicht, daß sie in Amerika sind. Ich weiß gar nicht, was ich ohne meine Eltern tun würde. Wir sehen sie oft, und sie sind überglücklich, weil jetzt das Baby kommt.

Alle dachten, wir würden mit dem Kinderkriegen noch zuwarten. Selbst ich dachte, wir würden mindestens drei Jahre warten, bis Davids Geschäft auf sicheren Füßen steht. Aber wir brauchen auch nicht mein ganzes Gehalt. Irgendwie sind wir absichtlich-unabsichtlich schwanger geworden. Davids Geschäft läuft gut, und ich will nicht zu alt sein, wenn ich Kinder bekomme. Fünfundzwanzig ist nicht zu alt. Das jetzt ist mein letzter Geburtstag ohne Baby.

Dieses Jahr bekomme ich lustige Geburtstagsgeschenke. Man könnte fast meinen, es sei ein Geschenktisch für ein Baby und nicht für mich. Barbara hat natürlich etwas sehr Praktisches geschickt – eine Milchpumpe. Ich glaube nicht, daß ich die oft benutze. Sie sieht aus, als würde sie weh tun. Von Mom und Dad habe ich die schönsten Geschenke bekommen. Manchmal habe ich ein schlechtes Gewissen, weil David und ich sie so oft brauchen. An meinem Geburtstag will meine Mutter einen Einkaufsbummel mit mir machen.

Ich finde es prima, daß wir ein Mädchen bekommen. Barbaras Baby ist ein Junge, aber sie wohnt so weit von uns allen weg, daß wir ihn nicht oft sehen können. Ich glaube, meine Mutter wollte eine Enkeltochter. Sie weiß natürlich, wie man ein Mädchen großzieht, und sie kann mir sicher viel helfen. Was den Namen angeht, haben wir nicht lange herumgesucht. Als ich erfuhr, daß es ein Mädchen ist, wußte ich, daß ich sie Carrie nennen will, nach meiner Großmutter. Hoffentlich erbt sie von ihr auch die Beine und die klingende Stimme. Mom würde sich freuen, weil wir von diesen Eigenschaften offensichtlich nichts mitbekommen haben.

Dad und David sind auf die Veranda geflüchtet, um sich über das Geschäft zu unterhalten und uns über Babys reden zu lassen. Manchmal wundere ich mich, daß mich das Baby so ausschließlich beschäftigt. Heute in meiner Mittagspause habe ich ein Paar winzig kleine Schuhe gekauft. Es gibt nichts Niedlicheres als Babykleidung. Verrückt, aber der Kleiderschrank des Babys ist schon fast voll. Ich weiß, daß meine Mutter am Stricken ist. Sie hat alles schon so gut vorbereitet, wahrscheinlich hat sie schon Mahlzeiten gekocht und sie eingefroren für die Zeit, wenn ich im Krankenhaus bin.

Das Abendessen ist der übliche Zirkus. Jeder nimmt sich einen Teller und häuft ihn voll mit Mamas Lasagne. Lasagne ist mein Lieblingsessen, deshalb bekommen das alle an meinem Geburtstag. Aus irgendeinem Grund spricht meine kleine Schwester von meiner Cousine Anne, und es wäre mir lieber, sie hätte das nicht getan. Anne hat letztes Jahr ein Baby bekommen. Die Geburt war sehr schwer, und das Baby ist immer noch nicht in Ordnung. Sie meinen, es sei eine zerebrale Lähmung. Davon will ich jetzt nicht einmal hören. Es macht mich wahnsinnig. Meine Schwester hätte am besten überhaupt nichts gesagt. Nicht, solange ich schwanger bin.

Endlich leerte sich das Haus, und David und ich konnten miteinander sprechen. Als er die Schühchen sah, die ich heute gekauft hatte, hielt er mich für verrückt. Manchmal habe ich den Eindruck, er meint wirklich, ich würde durchdrehen mit der ganzen Schwangerschafts-Geschichte. Vielleicht hat er Recht, aber ich kann nicht anders.

Emily ist den anderen Mitgliedern ihrer Familie, und besonders ihrer Mutter, so nah, daß sie sich fast nicht als getrennt von ihnen wahrnehmen kann. Diana dagegen hält ihre Mutter in sicherer Distanz. Margaret scheint für sich eine Balance in der Mitte gefunden zu haben.

Margaret – die Sicht aus der Mitte

Wir gehen in mein Lieblingsrestaurant, und sobald ich aus dem Fenster blicke und die Lichter im Hafen sehe, entspanne ich mich. In der Nähe des Wassers zu sein, beruhigt mich immer, und in dieser Situation verfliegt mein Ärger auf Jim.

Immer, wenn es etwas Besonderes zu feiern gibt, essen wir in diesem Restaurant, und heute ist für mich etwas wirklich Besonderes. Heute werde ich dreißig. Nur hatte Jim vergessen, daß er in seinem Büro noch eine Akte bearbeiten mußte, und so sind wir ziemlich spät dran. Schade auch, daß er meine Eltern so spät eingeladen hat. Jetzt haben sie schon eine andere Verabredung und können nicht mitkommen. Jim ist wahrscheinlich froh, daß sie nicht dabei sind, aber ich hätte sie gern gesehen. Genug jetzt. Ich will mich amüsieren.

Als ich meinen Mantel ausziehe, wird mir auch bewußt, warum der Abend so etwas Besonderes für mich ist. Endlich sieht man mir an, daß ich schwanger bin. Sechs Monate, und meine Bluse fällt schön über meinen runden Bauch. Jetzt kann jeder sehen, was für eine Figur ich inzwischen habe. Männer sind merkwürdige Wesen. Wenn eine attraktive Frau den Raum betritt, heben sie den Blick. Sie sehen her, nehmen den Anblick in sich auf und werfen dann einen Blick auf ihre Partnerin. Fast eine Art Reflex. Das habe ich noch nie in Worte gefaßt, weil es nicht zu den Dingen gehört, die man wirklich beweisen kann. Als ich heute abend meinen Mantel ausziehe, sind die Blicke anders. Manche Männer sehen kaum her. Andere nehmen meinen Anblick in sich auf und lächeln freundlich. Nicht sexy und nicht flüchtig, nur anerkennend. Vielleicht sind sie selbst Vater.

Seit einiger Zeit sind auch meine Beziehungen zu Frauen anders. Mütter sehen mich interessiert und wissend an. Keine Ahnung, was mit diesem Baby auf mich zukommt, aber was immer es sein mag, es muß etwas so Einschneidendes sein, daß ich selbst mit völlig Fremden in Kontakt komme.

»Ein Tisch für zwei«? fragt der Kellner. »Und bald auch für drei.« Die Leute nehmen sich anscheinend die Freiheit, Bemerkungen über meine Schwangerschaft zu machen, nachdem man sie nun auch sieht. Irgendwie ist dieser Zustand so öffentlich. Jim läßt mich eine Minute lang allein am Tisch, und ich starre hinaus auf die Lichter im Wasser. Der Kellner hat recht, bald brauchen wir einen Tisch für drei. Wahrscheinlich fehlt mir dann die Zeit mit Jim allein, aber vielleicht liebe ich das Baby automatisch so sehr, daß mir das nichts ausmacht. Mütter lieben doch ihre Babys automatisch, oder?

Ich weiß, daß ich schon jetzt an dem Baby hänge, das in mir heranwächst. An meinem Arbeitsplatz streiche ich mir unter dem Zeichentisch über den Bauch und empfinde eine geheime Freude. Ich glaube, ich werde als Mutter ganz in Ordnung sein. Und Jim wird ein guter Vater. Ich muß dafür sorgen, daß er nachts auch aufsteht und beim Füttern hilft. Das werde ich nicht alles allein machen.

Im Spiegelbild der Fensterscheibe sehe ich, daß Jim zurückkommt. Eigentlich dachte ich ja, er habe für heute abend vielleicht etwas Besonderes vor, aber es sieht nicht danach aus. Er ist sogar ein bißchen distanziert, eigentlich gar nicht wie sonst. Aber als er sich mir gegenüber an den Tisch setzt, nimmt er meine Hände und sieht mir in die Augen, und ich vergebe ihm alle Distanziertheit, die es gegeben haben mag. Es fällt ihm leicht, Nähe zu schaffen. Manchmal denke ich, er ist sensibler als ich. Ich frage mich, ob unser Baby auch so sensibel sein wird wie er. Hoffentlich. Aber hoffentlich ist es auch nicht allzu sensibel. Ich will nicht, daß es in seinem Leben leidet. Vielleicht wird es auch wie mein Bruder, der sich auf gar niemanden einstellen kann. Nein, es wird sicher wie Jim.

Wenn das Baby ein Mädchen ist, finde ich es okay, wenn sie sensibel ist. Aber sie ist sicher auch intelligent und kann alles so gut, wie alle aus meiner Familie. Was ist, wenn sie Jims Aussehen und meine Persönlichkeit hat? Dann könnte sie eine gutaussehende Architektin werden. Das erinnert mich ans Büro und an die kleine Party, die sie heute für mich gegeben haben. Was für ein Unterschied. Letztes Jahr mußte ich selbst das Gebäck für meinen Geburtstag kaufen. Dieses Jahr haben sie mir einen Kuchen und ein Mobile geschenkt, das ich über die Wiege des Babys hängen soll. Sie sangen »Happy Birthday« und sahen mich dann an, als käme ich nie mehr zurück oder so. Ich sagte: »Hey, ich sterbe doch nicht. Ich kriege ein Baby.« Ich bin die erste in unserer Gruppe, die ein Baby bekommt, und sie meinen, ich würde mich bestimmt verändern. Aber ich kann mir nicht vorstellen, daß ich mich so sehr verändere, daß ich nicht mehr berufstätig sein will.

Eines allerdings läßt mir keine Ruhe. Meine Mutter war berufstätig, bevor sie mich bekam, und sie ging nie in ihren Beruf zurück. Sie hatte einen recht guten Job in einer Anwaltskanzlei und hätte bestimmt noch Karriere gemacht, aber sie blieb statt dessen mit mir zu Hause. Natürlich war das eine andere Generation, und sie brauchten auch das Geld nicht, und dann kam neun Jahre später mein Bruder, und sie mußte wirklich zu Hause bleiben. Ich bin mir nicht sicher. Dachte sie, sie würde wieder in ihren Beruf zurückkehren, und stellte dann fest, daß sie doch keine Lust mehr dazu hatte?

Ich sehe meine Mutter inzwischen mit anderen Augen. Als sie mich bekam, war sie ungefähr so alt wie ich jetzt, und ich frage mich, ob sie auch so nervös und aufgeregt war wie ich. Eigentlich kann ich es mir kaum vorstellen, sie wirkt inzwischen so selbstsicher. Ich kann mir nicht vorstellen, daß sie mit einem dicken Bauch durch die Gegend watschelte. Sie war immer froh, daß ich Architektin bin, aber sie freut sich noch mehr darüber, daß ich schwanger bin. Sie hat sogar meine alte

Korbwiege wieder hervorgeholt und gesagt, sie wisse, wo sie sie herrichten und mit Stoff ausschlagen lassen könne. Das alles wirkt so, als sei meine Arbeit schon in Ordnung, aber als würde ich jetzt endlich zu dem kommen, was meine wirkliche Bestimmung ist – nämlich ein Baby zu haben.

Ich denke so intensiv an meine Mutter, daß es mir gar nicht merkwürdig vorkommt, als ihr Spiegelbild in der Fensterscheibe erscheint. Aber sie und mein Vater sind ja heute abend woanders. Als ich mich umdrehe, sehe ich, daß Jim ein wenig grinst, und dann merke ich, daß nicht nur meine Mutter, sondern auch mein Vater und mein Bruder auf unseren Tisch zu kommen. »Überraschung«, sagen sie wie aus einem Munde, und unser Kellner stellt einen Tisch neben unseren, so daß sie sich zu uns setzen können.

Langsam wird mir klar, daß Jim weder im Büro eine Akte noch den Anruf bei meinen Eltern vergessen hat. Das ganze Ding war geplant. Warum habe ich mich über Jim geärgert? Als der Kellner den Wagen mit den Nachtischen zu uns her fährt, folgt ihm ein zweiter, der einen Kinderwagen mit einer großen Schleife vor sich her schiebt. Diesen Teil haben meine Eltern eingeplant.

Als der Abend ausläuft, schaue ich mich an unserem Tisch um. Dad erzählt Jim eine komische Geschichte, während Mom still den Kinderwagen zu sich herzieht und ihn genauer anschaut. Mein Bruder interessiert sich sehr für die beiden Mädchen, die hinter meinem Rücken sitzen und essen. Das ist meine Familie mit all ihren Eigenheiten. Und Jim und ich gründen gerade eine eigene Familie. Ich frage mich, welche Eigenheiten unsere kleine Familie wohl haben mag.

Wenn Sie Margarets Gedanken vor einem Jahr gelauscht hätten, wären sie völlig anders gewesen. Wahrscheinlich hätten sie vor allem ihre Beziehung zu Jim und die Höhen und Tiefen ihrer Arbeit beschäftigt. Inzwischen aber ist ihre Schwangerschaft zum neuen, zentralen und alles andere bestimmenden Thema ihres Lebens geworden. Zum ersten Mal fragt sie sich, wie wohl ihre Mutter im selben Alter war, und warum sie nicht mehr in ihren Beruf zurückkehrte, als sie ein Baby hatte. Sie denkt abwechselnd über ihre Mutter, sich selbst und das Baby nach und überlegt, welche ihrer Persönlichkeitsmerkmale wohl bei ihrem Baby wieder auftauchen werden. Margaret schwankt zwischen ihren Gefühlen und der Betrachtung dieser Gefühle aus der Distanz. Ohne daß es ihr ganz bewußt würde, erlebt sie nun alles vor dem Hintergrund der Frage, wie ihr Leben wohl aussehen wird, wenn sie erst ihr Baby hat.

An all diesen Geburtstagsgedanken können wir erkennen, wie jede der drei Frauen sich mit denselben Fragen befaßt, aber unterschiedlich mit ihnen umgeht. Jede hat ihren eigenen Stil, der weitgehend darüber bestimmt, wie sie die wesentlichen Probleme erlebt. Emily sieht ihren wachsenden Leib voller Begeisterung, während Diana wünschte, sie könnte das Ganze verbergen. Margaret läßt die Frage zu, wie sehr sie wohl ihrer eigenen Mutter gleichen wird, während Diana kaum einen Gedanken an diese Frage verschwendet. Emily überlegt sich nicht, welche Merkmale ihr Mann dem Baby vererben wird, während Margaret verschiedene Seiten der Persönlichkeit ihres Mannes überdenkt und sie ihrem imaginierten Baby »anprobiert«.

Jede der drei Frauen hat auch ein Bewußtsein für ihren sich verändernden Körper entwickelt. Unabhängig davon, ob Ihnen diese äußeren Veränderungen Ihres Körpers in der Schwangerschaft gefallen oder nicht, tragen sie viel dazu bei, daß sie sich im Geiste auf die Mutterschaft vorbereiten. Neun Monate lang leben Sie mit der beständigen Realität eines sich verändernden Körpers. Ihre Brüste wachsen und nehmen an Gewicht zu. Ihr Leib wölbt sich, und Ihr Schwerpunkt verändert sich, so daß Sie anders stehen, sitzen oder sich von einem Stuhl erheben. Die Bewegungen des Babys und die äußeren Veränderungen

Ihres Körpers erinnern Sie unablässig an Ihr zukünftiges Baby. Insofern leben Sie fast neun Monate lang in einer engen Beziehung mit Ihrem Baby, weil Ihr Körper Sie zwingt, darüber nachzudenken.

Für uns alle hängt unsere Identität eng mit unseren körperlichen Erfahrungen und unserem Körperbild zusammen. Man denke nur an die dramatischen Veränderungen der Identität Heranwachsender in der Zeit, in der sich ihr Körper verändert. Ähnlich verhält es sich mit einer Schwangeren, deren Körper sich ebenso sehr verändert wie der eines Heranwachsenden, nur eben in viel kürzerer Zeit. Eine Schwangere hat nur sieben Monate (die beiden ersten kann man nicht dazu zählen), um sich an diese Veränderungen anzupassen, während ein Heranwachsender ein paar Jahre Zeit dafür hat. Solche raschen körperlichen Veränderungen bringen das Körperbild einer Frau ins Wanken und bereiten den Boden für eine neue Strukturierung ihrer Identität.

Die körperlichen Veränderungen der Schwangerschaft spielen bei der Vorbereitung der meisten Schwangeren auf die Mutterschaft eine gewaltige Rolle, sind aber für diese Vorbereitung nicht unbedingt erforderlich, da Mütter, die ein Baby adoptieren, auch ohne diese körperlichen Veränderungen ein mütterliches Denken und Fühlen entwickeln. Möglich ist jedoch, daß diese Vorbereitungen für sie mit mehr Arbeit verbunden sind. Frauen, die ein Baby adoptieren, haben ebenfalls eine Zeit, in der sie in ihrer Vorstellung das Baby ihrer Träume entwickeln und sich selbst in die Mutterrolle hineinfühlen und -denken. Sehr oft stehen ihnen sogar mehr als neun Monate zur Verfügung, weil sich das Adoptionsverfahren über Jahre hinziehen kann.

In der Regel erlaubt Ihr sich verändernder Körper Ihnen also nicht nur, sich von Ihrem vorherigen Selbstbild zu lösen, so daß die mütterliche Identität sich festigen kann, sondern er ermöglicht Ihnen auch, eine Vorstellung von Ihrem Baby zu entwickeln. Die neun Monate der Schwangerschaft bereiten Sie zwangsläufig auf Ihre zukünftige Mutterschaft vor. In dieser Zeit beschäftigen Sie sich mit Fragen, die für die Herausbildung Ihrer mütterlichen Identität von Bedeutung sind, doch dieser Prozeß vollzieht sich in Ihrer Vorstellung, in der Sie viele unterschiedliche zukünftige Szenarien überprüfen und erproben können. Wenn Ihre Schwangerschaft dann dem Ende zugeht, haben Sie den größten Teil der geistigen Vorbereitung auf Ihre neue Identität schon abgeschlossen.

KAPITEL 2

Die Geburt eines Kindes: Eine Zeit des Übergangs

Fragt man die Leute, wann eine Frau Mutter wird, so antworten sie prompt: »Natürlich dann, wenn sie ein Kind auf die Welt bringt.« Doch so einfach ist das nicht. Der eigentliche Augenblick der Geburt mag zwar der Augenblick sein, in dem eine Frau physisch zur Mutter wird, doch ihre psychische Geburt dauert länger und hat viel mehr Phasen als nur die Wehen und die Niederkunft. Wenn eine Mutter sich wirklich zurückerinnert und noch einmal genau über den Tag oder die Nacht nachdenkt, in der sie ihr erstes Kind zur Welt brachte, wird sie wahrscheinlich auch sagen, daß die Erfahrung zwar unglaublich intensiv war, sie aber eigentlich nicht gleich zur Mutter machte. Die Geburt selbst ist eher ein Augenblick des Übergangs, in dem die Frau frei in der Zeit schwebt – müde, freudig erregt und erleichtert.

In diesem Kapitel sollen nicht die Einzelheiten des gesamten Geburtsprozesses dargestellt, sondern nur einige Schlüsselereignisse herausgehoben werden, die Frauen auf den Weg zu ihrer Identität als Mutter bringen. Im Augenblick der Geburt ist die emotionale Bindung der Mutter an ihr Kind noch nicht vorhanden. Sie fühlt sich zu diesem zutiefst vertrauten Wesen hingezogen, doch es ist ihr immer noch fremd. Der Mutter ist noch nicht klar, was es bedeutet, für ein Baby zu sorgen. Und erst mit der Fürsorge für ihr Baby wird ihre Mutterschaft ans Licht der Welt geholt.

Nach vielen, über viele Jahre hinweg mit Frauen geführten Gesprächen über ihre Erfahrungen mit der Mutterschaft ist mir klar, daß die Geburt eines Babys (vor allem des ersten) im Leben einer Frau ein zentrales Ereignis darstellt, das ebenso wunderbar wie traumatisch und voller unvergeßlicher Gefühle und Bedeutungen ist. Für die meisten Frauen ist diese Erfahrung so ursprünglich und tiefgreifend, daß sie sie kaum vollständig in ihr Selbst integrieren oder in Worte fassen können. Die Geburt eines Kindes ist eine Geschichte, die nie wirklich ganz erzählt wird, nicht einmal der Mutter selbst, und die deshalb ein nur teilweise bekannter, unverrückbarer Eckstein in der Konstruktion ihrer Lebensgeschichte ist. Ob die Geburtserfahrung gut oder schlecht oder eine Mischung von beidem war, ist unerheblich. Die Erinnerung jedenfalls bleibt lebendig.

Die Erzählung von der Geburt eines Babys wird zu einem wichtigen Teil der Identität einer Mutter. Meine Frau und ich haben viele Mütter gefragt, wie es für sie war, zum ersten Mal Mutter zu werden. Nahezu ausnahmslos berichten die meisten von dieser Erfahrung mit einer Klarheit, der die Frische der ursprünglichen Erfahrung anhaftet. Gleichgültig, ob die Geburt vier Tage, vier Jahre oder vier Jahrzehnte zurückliegt, die Erinnerungen daran sind immer gleich intensiv. Interessanterweise verändern sich die Geschichten der meisten Frauen im Lauf der Zeit und je öfter sie erzählt werden. Sie werden zu einer Mischung aus Tatsachen, Phantasievorstellungen und Mythen, doch unabhängig von ihrer jeweiligen Gestaltung bleiben sie doch immer ein erzählerischer Leitfaden, der den Weg zur Mutterschaft markiert.

Wenn Sie sich an die Geburt Ihres ersten Babys zurückerinnern, mag es Einzelheiten geben, von denen Sie wünschen, daß sie anders hätten verlaufen mögen, oder die Ihnen auch heute noch Schwierigkeiten bereiten. In manchen Fällen hat die Geburtserfahrung und haben ihre Einzelheiten oder auch die gesamten Umstände die frühe Ausrichtung der Mutter-

Kind-Beziehung beeinflußt. Vielleicht hat dies auch Ihre späteren Gefühle den Ärzten und Krankenschwestern und dem Krankenhaus gegenüber bestimmt.

Dieses dramatische Ereignis der Geburt ist einer der letzten Schritte im Prozeß der Vorbereitung auf die Mutterschaft. Auch hier wieder erlebt jede Mutter die Schlüsselmomente des Prozesses unterschiedlich, alle aber erleben die Geburt als entscheidenden Schritt auf dem Weg der Herausbildung ihrer Identität als Mutter. Natürlich kann eine Frau sich auch als Mutter fühlen, wenn sie den Geburtsprozeß gar nicht erlebt, wie beispielsweise im Fall von Adoptivmüttern oder von Müttern, die während der Geburt unter Narkose standen, doch viele Frauen durchleben bei der Geburt ihres Kindes universelle und einschneidende Stadien, die ihnen helfen, sich in die Mutterschaft zu stürzen. Die ganz besonderen Erfahrungen während der Geburt und unmittelbar danach sind wie Zahnräder, die eines nach dem anderen ineinandergreifen, bis schließlich die Tür zur Mutterschaft aufschwingt.

An der Grenze Ihrer Fähigkeiten

Während der Wehen, vor allem im letzten Teil, weiß eine Frau instinktiv, daß sie eine existentielle Aufgabe bewältigt, und daß ihr Leben und das ihres Kindes auf dem Spiel steht. Was da geschieht, läßt sich von ihrem Willen nicht mehr beeinflussen. Die ganze Kraft der Natur scheint wie bei einer Flut oder einem Orkan über sie hereinzubrechen. Sie muß in diesem Prozeß mitschwimmen, um sich nicht selbst zu verlieren, und sie muß dieser Aufgabe gewachsen sein. Eine andere Wahl hat sie nicht. In diesen Augenblicken überschreitet sie alle normalen Grenzen der Konzentration, der Leidensfähigkeit, der Schmerzen und der Entschlossenheit. Die Hilfe des Ehemannes und der Hebamme oder der Krankenschwester ist unschätzbar wertvoll, und dennoch ist die Frau in diesen Augenblicken im eigentlichen Sinne des Wortes allein.

Das Extreme an dieser Erfahrung macht die Geburt eines Babys zu einem Akt des psychologischen Übergangs, zu einem Ereignis der Bewährung und des Rituals, das eine tiefgreifende Veränderung in Ihrem Leben kennzeichnet. Trotz alledem, trotz der Bedeutung des Ereignisses, sind die meisten Mütter zu verausgabt, erschöpft, innerlich freudig erregt, erleichtert und sogar desorientiert, um zu erfassen, welche Bedeutung dieser Übergang für die Zukunft hat. Doch die nachfolgenden Ereignisse werden eines nach dem anderen dazu beitragen, daß die Welt der jungen Mutter von Grund auf neu strukturiert und verändert wird.

Der erste Schrei

Bei vielen wirkt der erste Schrei eines Babys wie ein Wecksignal, das einen ganz neuen Teil ihrer Persönlichkeit in ihnen aufwachen läßt. Eine Mutter sagte dazu:

> Ich war daran gewöhnt, daß das Baby von innen kickte und sich in mir bewegte, aber wir beide kommunizierten schweigend miteinander. Ich strich mir oft über den Bauch und sprach in Gedanken mit der Kleinen, aber ich hatte mir nie bewußt gemacht, daß sie ja eine Stimme hat.
>
> Als sie nun aus mir herauskam und die Hebamme sie hochhob, bevor sie sie mir auf den Bauch legte, gab sie einen kleinen, stotternden Schrei von sich. Ich war völlig verblüfft. Dieser Schrei machte sie so real. Sie war nicht mehr ein Teil meiner selbst, sondern sie hatte eine eigene Stimme, damit war sie eine eigene kleine Persönlichkeit.

Durch den ersten Schrei erkannte diese Mutter plötzlich, daß aus der vorherigen Einheit nun zwei geworden waren.

Das Baby auf dem Bauch

Traditionell nimmt der Geburtshelfer das Baby auf, überprüft kurz, ob alles in Ordnung ist, und legt es dann der Mutter auf den Bauch, damit sie es halten und kennenlernen kann. Wie der erste Schrei des Babys kann auch das Gefühl, das Gewicht des Babys auf dem Bauch zu spüren, der entscheidende Augenblick sein, wo sich ein Teil des mütterlichen Denkens und Fühlens für immer herauskristallisiert.

> Nachdem das Baby aus mir herausgekommen war, empfand ich unendliche Erleichterung darüber, daß der Schmerz aufgehört hatte und daß mein Körper sich endlich entspannen konnte. Dann legten sie den Kleinen auf meinen Bauch, mit seiner ganzen Wärme und Lebendigkeit, und ich war überwältigt von einem Gefühl großer Vollkommenheit. Sein Gewicht und seine Gestalt auf mir schien eine Leere um meinen Körper herum zu füllen, von der ich bis dahin noch gar nicht gewußt hatte, daß sie da war. Ich fühlte mich unendlich wohl. Es war geschafft. Da lag er auf mir. Der Kreis war geschlossen.

Wenn das Baby auf Ihrem Bauch liegt, haben Sie einen weiteren Schritt getan. Das Baby ist von innen nach außen gekommen, auch wenn das die meisten Mütter nicht unbedingt so erleben. Die Mutter weiß zu diesem Zeitpunkt nur, daß sie es geschafft hat, das Baby lebt, und sie hat es wieder bei sich. Die Beziehung zwischen den beiden ist anders als während der Schwangerschaft, aber sie ist genau so vertraut.

Manchen Müttern wird die Erfahrung vorenthalten, ihr Baby unmittelbar nach der Geburt bei sich haben zu können, weil es aus medizinischen Gründen möglichst schnell in einen Inkubator gebracht werden muß. Diese Mütter spüren erst später, manchmal erst nach Tagen, wenn sie ihr Baby endlich bei sich haben können, welche Leere sie empfunden haben und welches Bedürfnis, das Baby im Arm zu haben.

Der Blick

Ein weiteres Schlüsselerlebnis ist für einige Mütter der Moment, wo das Neugeborene ihnen zum ersten Mal, und sei es noch so kurz, in die Augen blickt. Oft erkennen sie genau dann völlig überrascht und in aller Deutlichkeit, was ich als Persönlichkeit des Babys bezeichne.

Viele Neugeborene schauen nicht wirklich mit klaren Augen um sich, sondern haben einen eher verschwommenen Blick, der die Mutter weniger beeindruckt. Diese Babys können aber etwas anderes, das sich genauso stark auswirkt. Spricht die Mutter, so wenden sie manchmal den Kopf und den Blick dem Gesicht ihrer Mutter zu. Oder aber die Mutter bewegt ihr Gesicht, und das Baby folgt ihr mit seinen Blicken. In diesen kleinen Handlungen spürt die Mutter, daß ihr Baby sie kennt, daß es sie schon jetzt von anderen unterscheidet und daß es eine Beziehung zu ihr aufgenommen hat. Dieses Wissen führt sie weiter auf ihrem Weg in die Mutterschaft.

Stillen und eine Verschiebung des Schwerpunkts

Die ersten Erfahrungen mit dem Baby an der Mutterbrust können ihre eigenen Freuden oder Frustrationen mit sich bringen, bei vielen Frauen aber verfestigt sich dadurch das Gefühl, daß dies wirklich ihr Baby ist und daß sie wirklich die Mutter sind.

> Als mein Baby schrie, stillte ich es gleich. Da gab es keinen Augenblick des Zögerns. Ich wußte sofort, daß ich seine Mutter war. Und mir schien, mein Baby wußte es auch.

Für andere Mütter beginnt das Stillen mit einer Reihe von Mißgriffen und Fehlstarts, so daß das Baby schließlich schreit und die Mutter am Verzweifeln ist.

> Die Geburt verlief prima, und Rosie war gesund, aber das Stillen interessierte sie nicht besonders. Wenn ich mich recht erinnere, hat es fast drei Tage gedauert, bis wir es schafften und das Stillen klappte. Ich war verzweifelt, weil ich befürchtete, daß wir überhaupt nicht zusammenkommen würden oder daß ich das, was sie brauchte, nicht hatte. Ich glaube, wir hatten erst an diesem dritten Tag eine Beziehung zueinander.

Unabhängig davon, ob das Stillen von Anfang an funktioniert oder nicht, signalisiert es eine weitere Verschiebung der mütterlichen Perspektive. Während der Schwangerschaft und selbst noch unmittelbar nach der Geburt, wenn die Mutter ihr Baby auf dem Bauch hat, ist der emotionale Schwerpunkt der Mutter ihr Leib und ihr Bauch. Hier lag ja auch in den vielen Monaten der Schwangerschaft ihr physischer Schwerpunkt. Wenn die Mutter nun anfängt, das Baby zu stillen, verschiebt sich ihr emotionaler und physischer Schwerpunkt nach oben zu ihrer Brust hin. Ihre Brust ist der Ort des nun so wichtigen Stillens. Und an ihrer Brust tröstet sie ihr Baby. Die Brust wird zum sicheren Hafen für das Baby und zu der Quelle, aus der die körperliche Liebe der Mutter entspringt.

Empfänglichkeit und Schutz

Ich kann mir nur wenige Zeiten im Leben vorstellen, in denen eine Mutter so leicht zu verletzen und für alle Eindrücke so empfänglich ist wie in den Stunden und Tagen nach der Geburt ihres Babys. Sie gleicht einem Feld von erregten Sinnesrezeptoren, das ständig bereit ist für alles, was sich zeigt und was sich festsetzen will. Sie befindet sich in einem Zustand schöpferischer Zerbrechlichkeit, in dem sie alle Nuancen dessen aufnimmt, was um sie und das Baby herum gesagt oder getan wird, und sei es noch so beiläufig.

Nach der Geburt des Babys nimmt die Sensibilität der Mutter zu, weil alles, was in ihrer Umgebung passiert, auf den geistigen Nährboden fällt, den sie neun Monate lang intensiv bearbeitet hat. Man sollte bedenken, daß dies der Zeitpunkt ist, wo in ihrem Denken und Fühlen das wirkliche Baby und das Baby ihrer Phantasie zusammentreffen. So gesehen ist eine junge Mutter wie psychologisch zerbrechliches Porzellan. Allzu oft macht sich das medizinische Personal nicht bewußt, daß eine beiläufig hingeworfene Bemerkung oder ein besorgter Tonfall einen Haarriß verursachen können. So sagt der Arzt vielleicht zu der jungen Mutter: »Er ist nicht gerade das lebhafteste Baby, das mir bisher untergekommen ist.« Oder zu einem anderen Arzt: »Sieh doch nochmal nach dem Herzen des Babys, damit wir nichts verpassen.« Solche Bemerkungen sind für die meisten jungen Mütter wie Alarmsignale, weil sie darauf eingestimmt sind, sämtliche Hinweise auf eine Gefährdung ihres Babys wahrzunehmen.

In manchen Situationen muß die junge Mutter trotz ihrer Erschöpfung, ihrer Offenheit und Verletzlichkeit entschieden handeln, um sich selbst und ihr Baby zu schützen. Sie muß sich auf ihr Gefühl verlassen, das vielleicht sogar für sie selbst Überraschungen bereithält.

So hatte eine Frau beispielsweise eine vorzeitige und schwierige Niederkunft. Die medizinischen Komplikationen waren ernsthaft und drängend: Das Baby atmete nicht spontan, seine Atmung mußte unterstützt werden, und es hatte Hirnblutungen. Als der Arzt das kleine Mädchen schließlich in die Arme seiner Mutter legen konnte, beschrieb er ihr die Situation taktvoll, aber deutlich. Er erklärte ihr, die Geburt sei für das Baby sehr schwer gewesen, und er müsse ihr sagen, daß das Baby blind oder in seiner Entwicklung verzögert sein könne. Sie sprachen eine Weile miteinander, dann verließ der Arzt den Raum. Als er gegangen war, sah die Mutter auf ihr Baby hinab und sagte zärtlich: »Hör nicht auf ihn, Liebes.«

Die Mutter tat recht daran, sich selbst und das Baby vor einer ungewissen Zukunft zu schützen. Umgekehrt war es auch nicht falsch von dem Arzt, mit der Mutter über alle Eventualitäten zu sprechen. Als das Kind ein Jahr alt war, erwies sich seine Entwicklung als vollkommen normal. In diesem Fall wurde die Mutter von dem Bedürfnis, ihr Neugeborenes zu beschützen, um so rascher in die Mutteridentität hineingedrängt.

Erfüllung

Für die meisten Mütter ist die intensivste psychologische Wirkung der Geburt ein Gefühl der Erfüllung und der Vollkommenheit. Die Mütter schildern unterschiedliche Mixturen aus Euphorie, Erschöpfung, Entkräftung, Triumph und Erleichterung. Eine Mutter beschrieb diese Situation folgendermaßen:

> Ich stand gleich nach der Geburt unter der Dusche, um mich zu waschen. Warme Wellen des Glücks überfluteten mich, und dann weinte ich. Es war eine Dusche aus Wasser, Tränen und Milch, die da ein paar Minuten lang an mir herunterlief – wie ein tropischer Sturm, der sich über einem zusammenbraut und dann weiterzieht.

Diesem Gemisch an Emotionen liegt meist das tiefe Empfinden zugrunde, an der Fruchtbarkeit der Erde teilzuhaben, Mitglied der menschlichen Gemeinschaft und Teil der Ewigkeit zu sein. In solchen Augenblicken, wenn die noch erschöpfte Mutter ruhig wird und ihr Baby im Arm hält, hat sie manchmal einen Ausdruck auf ihrem Gesicht, den weder ihr Mann noch ihre Freunde jemals an ihr gesehen haben, und den sie auch nie vergessen werden. Da ist nichts von der üblichen Anspannung, die ein Gesicht modelliert und anpaßt, wenn es sich der Öffentlichkeit zuwendet. Dies ist ein ganz privates, stilles Gesicht, in einem zentralen Ruhepunkt schwebend, voller Liebe und ohne nach außen gerichtete Zeichen. Ein Gesicht von überirdischer Schönheit.

So fühlen sich auch viele Mütter innerlich, wenn ihre Geburtserfahrung schön war. Wenn nicht, fühlen sie sich vielleicht irgendwie betrogen. Doch selbst dann, wenn sie um einige Höhepunkte des Ereignisses betrogen wurden, hindert sie das nicht daran, in das Reich der Mutterschaft einzutreten.

Das Gefühl von reiner Erfüllung, das sich mit der Geburt einstellt, trägt viel dazu bei, einer Frau von vornherein – genau dann nämlich, wenn sie es braucht – Vertrauen in sich selbst zu geben. Sie haben einfach das Gefühl, es geschafft zu haben. Selbst wenn Sie medizinische Hilfe in Form einer Epiduralanästhesie, einer Spinalanästhesie, einer künstlichen Eröffnung der Fruchtblase, einer Zangengeburt, einer allgemeinen Anästhesie oder eines Kaiserschnitts gebraucht haben, Sie haben es geschafft. Sie waren erfolgreich in einer Situation, die Sie glaubten nicht mehr kontrollieren zu können. Sie waren gezwungen, Ihrem Gefühl und Ihrem Instinkt zu vertrauen und sich darauf zu verlassen, daß Sie Schmerzen aushalten und physische Herausforderungen bewältigen können, um etwas Außergewöhnliches zu leisten. Sie waren schwanger mit einem Baby und haben es geboren.

Während der Schwangerschaft und der Geburt kann ein Paar wunderbar zusammenarbeiten. Das hilft der Frau, ihren Mann mit einzubeziehen und ihm in seiner nächsten Rolle zu vertrauen, wo er sie unterstützen muß, wenn sie lernt, für das Baby zu sorgen. Dies gemeinsam zu bewältigen, ist für beide eine gute Vorbereitung auf die Arbeit, die noch vor ihnen liegt. Außerdem müssen Sie als junge Mutter damit klarkommen, daß Sie praktische und psychologische Hilfe und Rat von Ärzten und oft auch von der Hebamme, von Krankenschwestern und von anderen Müttern brauchen.

Zusammenfassend heißt das also, daß die Mutter im Geburtsprozeß die vorbereitende Phase ihrer eigenen Geburt als Mutter weitgehend abschließt. Nun sind alle Hauptpersonen auf der Bühne und können beginnen, miteinander zu interagieren. Wenn Sie Ihr Baby halten, seine Arme und Beine berühren und es an sich drücken, machen Sie es zu Ihrem Baby und sich selbst zu seiner Mutter. Sie haben einen Riesenschritt voran in Richtung auf Ihre neue Identität hin getan und sind nun fast schon bereit, in die nächste, noch schwierigere Phase einzutreten, die sich zu Hause abspielt.

Zunächst aber müssen Sie noch eine vorbereitende Aufgabe erledigen. Und mit dieser Aufgabe befassen wir uns jetzt.

KAPITEL 3

Sich selbst erfüllende Prophezeiungen und neue Rollen

Um Ihre Vorbereitung auf die Mutterschaft abzuschließen, müssen Sie eine weitere Aufgabe bewältigen, und wiederum werden Sie vieles davon in Ihrem Denken und Vorstellen bewerkstelligen. In all den Monaten der Schwangerschaft haben Sie mit einem imaginierten Baby gelebt, doch wenn die Zeit der Geburt des wirklichen Babys näher rückt, arbeiten werdende Mütter in ihrer Vorstellung Modelle für die Zukunft aus, in denen nicht nur ihrem Baby, sondern auch ihrem Mann und sich selbst bestimmte Identitäten und Rollen zugeschrieben werden.

Warum wählen Mütter gerade diesen Zeitpunkt der nahenden Geburt, um neue Zukunftspläne zu entwerfen? Weil die gesamte vorbereitende Phase, die mit der physischen Geburt des Babys abschließt, ihr eigenes Selbstbild schon wesentlich verändert hat. Zu diesem Zeitpunkt sind Sie bereits zur Mutter eines Babys geworden und haben mit einer langen Phase Ihres Lebens, einschließlich Ihrer Mädchenzeit und allem, was dazu gehört, abgeschlossen. Sie wenden sich der Geburt Ihres Babys zu und sind zugleich damit konfrontiert, daß die Vergangenheit unwiderruflich vorbei und die Zukunft noch ungewiß ist.

Junge Mütter sind gezwungen, für sich selbst neue Lebensformen und zum Teil auch neue Rollen und Aufgaben zu entwickeln, weil ihr bisheriges Leben durch dieses dramatische Ereignis urplötzlich eine neue Richtung nimmt. Doch trotz aller Veränderungen sollten Sie sich die Kontinuität dessen bewahren, was Sie auch vorher schon wußten. Sie müssen also die Rollen und Aufgaben in der Familie im Geiste neu mischen. Sie haben dieselben Karten, die auch zuvor schon im Spiel waren: Ihren Mann, Ihre Eltern und Geschwister und die erweiterte Familie. Diese Metamorphose in den Wochen vor der Geburt, die durchdrungen ist von dem Gefühl, mit der Vergangenheit abzuschließen, läßt fast immer eine Strömung der Traurigkeit entstehen, die sich mit dem größeren Fluß Ihrer freudigen Erwartung vermischt. Wenn Sie in Ihrer Vorstellung allen Beteiligten, und natürlich vor allem Ihrem Baby, neue Identitäten und Rollen geben, ist dies eine Möglichkeit, leichter mit den von Ihnen wahrgenommenen Verlusten fertig zu werden.

Die Rollen und Identitäten, die Sie zu diesem Zeitpunkt entwerfen, geben die zukünftige Richtung vor. Als Mutter prophezeien Sie, welche Menschen in Ihrem zukünftigen Leben eine Rolle spielen sollen und welche Bedeutung diese Menschen für Sie haben werden, und diese Prophezeiungen erfüllen sich selbst. Gerade deshalb ist es so wichtig, daß Sie sich diesen geistigen Prozeß bewußt machen. Ihr Kind und die anderen Familienmitglieder werden mit den Vorgaben leben müssen, die Sie für sie entwerfen. Diese Vorstellungen werden zur Richtschnur für die Zukunft, aber da sie in der Regel unbewußt entwickelt werden, sind sie selten sorgfältig durchdacht. Repräsentieren sie wirklich die Zukunft, die Sie sich wünschen? Ihre Erwartungen und Vorstellungen im Hinblick auf Ihren Sohn oder Ihre Tochter können das Kind zu großen Taten anspornen, es aber ebenso in seiner Entwicklung hemmen. Sie sollten sich bewußt machen, welche sich selbst erfüllenden Prophezeiungen Sie für Ihre Familie entwerfen, denn es lohnt sich, die damit für alle Beteiligten verbundenen Chancen und Risiken zu erkennen.

Das Voraussagenmachen und Modelleausarbeiten setzt sich als Prozeß auch nach der Geburt des Babys fort. Dabei geschieht

Folgendes: Wenn Sie Ihr Baby zur Welt bringen, trifft das imaginierte Baby auf das wirkliche Baby, wobei das imaginierte Baby nicht automatisch verschwindet. Vielmehr wird es sich behaupten, obwohl die Vorstellung von diesem Baby ein wenig verändert wird, um es in Geschlecht, Größe, Aussehen, Typus und Temperament der Wirklichkeit anzupassen. Diese überarbeitete Version des imaginierten Babys lebt in Ihrer Vorstellung neben dem wirklichen Baby weiter. Sie betrachten Ihr wirkliches Baby auch weiterhin durch die Brille Ihrer Wünsche, Träume und Befürchtungen. Da ist einerseits das Baby in Ihrem Arm und andererseits das Baby in Ihrer Vorstellung, und die beiden sind nur selten identisch.

Eine Frau, die auf die ersten Monate ihrer Mutterschaft zurückblickte, erkannte scharfsichtig, daß sie oft frustriert gewesen war, und sie konnte einen Teil der Gründe dafür auch erkennen.

> Ich glaube nicht, daß ich die ersten Monate meiner Mutterschaft auch nur irgendwie genoß. Ich war immer auf dem Sprung, weil ich mit dem nächsten Schrei meines Babys Lisa rechnete. Für mich sah es so aus, als würde sie immer nur schreien, sich aufregen und den Rücken durchdrücken. Ich hatte mich so sehr darauf gefreut, Mutter zu sein, aber nun war es nicht annähernd so schön, wie ich zuvor gedacht hatte. Eigentlich fand ich allmählich, daß es ein Riesenfehler gewesen war, überhaupt ein Baby zu bekommen.
>
> Schließlich sprachen Doug und ich darüber, weil er bemerkte, daß mein Frustrationspegel gefährlich angestiegen war. In diesem Gespräch erkannte ich etwas ziemlich Wichtiges. Es mag albern klingen, aber das Traumbaby, das ich mir in der Schwangerschaft vorgestellt hatte, war ein süßes kleines Prachtkind, es lag friedlich in meinem Arm, während die Sonne zum Fenster hereinströmte und im Hintergrund die Vögel sangen.

Die wirkliche Lisa dagegen ist kein süßes Mädchen. Sie ist ein Tiger, und sie liegt bei niemandem friedlich im Arm. Als ich mir schließlich eingestand, daß ich kein friedliches, sondern ein anstrengendes Baby hatte, konnte ich besser damit umgehen. Dann würde es mit Lisa eben keine stillen Augenblicke im Sonnenlicht geben, dafür aber aufregende Augenblicke. Niemand würde jemals sagen können, sie sei langweilig.

In ähnlicher Weise entwickeln die meisten Mütter eine geistige Vorstellung von sich selbst als Mutter, und auch dieses Bild unterscheidet sich oft von der Realität. Vielleicht hatten Sie die Sorge, daß Sie das Baby mitten in der Nacht nicht schreien hören, weil sie einen so tiefen Schlaf haben, und nun stellen Sie fest, daß Sie jedesmal sofort aufwachen. Auch hier betrachten Sie das Leben durch die Brille Ihrer Befürchtungen und Wünsche, die Wirklichkeit und Vorstellung voneinander trennt. Bei einigen Frauen erweist sich die wirkliche Mutter als die bessere, bei anderen nicht. Dennoch müssen sich alle Mütter überlegen, wie sich ihre Erwartungen auf die Wirklichkeit auswirken, und welche Erwartungen sie an ihren Mann, an das Baby und an sich selbst haben.

Das imaginierte Baby erfüllt die Bedürfnisse der Mutter

Alle Mütter erwarten, daß ihr Baby einige ihrer persönlichen Bedürfnisse, Ambitionen und Wünsche erfüllt und daß es umgekehrt einige ihrer Mißerfolge und Enttäuschungen ausbügelt. Ich will im Folgenden einige der häufigsten Leitvorstellungen beschreiben, die Frauen für ihr zukünftiges Baby und seine Rolle im Leben entwerfen.

Bevor Frauen tatsächlich Mutter werden, fragen sich die meisten, wie es sein wird, ihr Baby zu lieben und, ebenso wichtig, von ihm geliebt zu werden. Viele Menschen in unserer Gesellschaft haben das Gefühl, daß ihre eigenen Eltern sie in ihrer Kindheit nicht bedingungslos geliebt haben: Sie wurden für das geliebt, was sie taten, und nicht für das, was sie waren. Um sich die Liebe ihrer Eltern zu erhalten, fühlten sie sich gezwungen, in der Schule gut zu sein, beliebt zu sein, geschäftlich erfolgreich zu sein, sportlich begabt oder musisch talentiert zu sein – was immer ihre Eltern für wichtig hielten. Dies waren die Voraussetzungen für die Liebe ihrer Eltern.

Eine Frau mit einem solchen Hintergrund hofft vielleicht, daß sie mit der Geburt ihres eigenen Kindes endlich jemanden hat, der sie liebt, egal was passiert. Allein schon diese Vorstellung kann zutiefst befriedigend sein und als eine Art Entschädigung empfunden werden. Schwierig wird es für eine solche Mutter allerdings dann, wenn das Baby, was unweigerlich passiert, sich einmal ärgert und sie zurückweist, oder wenn es einfach im Zuge seines normalen Reifungsprozesses anfängt, unabhängiger zu werden.

Eine Mutter beschreibt, daß sie diese Gefühle hatte, als sie ihr Baby zum ersten Mal ansah. An ihrer Darstellung ist leicht zu erkennen, inwiefern ihre eigene Vergangenheit die Rolle vorschreibt, die ihr Baby spielen soll.

> In meiner Familie ging alles schief. Wir waren vier Schwestern, eine verrückte Mutter und ein überaus schweigsamer Vater. Unser Umgang miteinander war von Emotionen bestimmt, selbst heute noch können wir nicht miteinander reden, ohne daß wir in unsere alten Muster zurückfallen und zuerst streiten, uns dann als Opfer fühlen und uns gegenseitig ins Wort fallen. Das kommt

hauptsächlich von meiner Mutter. Sie brachte uns bei, wie man den anderen verletzt, vor allem denjenigen, den man eigentlich lieben sollte.

Als ich mich dann in der Klinik mühsam zum Sitzen hochzog und der Arzt mir mein Kind in die Arme legte, ich kann Ihnen sagen, da sah ich auf die Kleine hinab und wußte in meinem Herzen, daß dies der Mensch war, der immer für mich da sein würde, der mich verstehen und sich nie vor mir verschließen würde. Das würde ich gar nicht zulassen.

Das Baby als Ersatz

Hat eine Frau vor der Geburt ihres Babys einen geliebten Menschen verloren, so sieht sie das Baby vielleicht verständlicherweise als eine Art Ersatz an. Dieser Impuls ist um so stärker, wenn sie den Verlust während der Schwangerschaft erlebt. Er kann aber auch schon Jahre zurückliegen und sie immer noch stark beeinflussen. Diana dachte am Ende ihrer Schwangerschaft an eine Tante, die ihr in dieser Art nahestand.

Als auf dem Flughafen heute so viel Schnee lag, erinnerte ich mich an letzten Winter und an das letzte Mal, daß ich zu meiner Tante Claudia flog. Mir fiel wieder ein, wie ich mit all den anderen Passagieren in warmen Mänteln auf den Flug gewartet und da schon gewußt hatte, daß ich nur zu ihr flog, um mich von ihr zu verabschieden.

Je älter ich werde, desto erstaunlicher finde ich, was sie alles für mich getan hat. Zehnjährige erscheinen mir heute klein, aber als ich damals zehn war, hielt ich mich für sehr reif. Mit meiner Mutter war es immer schon sehr schwierig gewesen. Wir lebten zwar im selben Haushalt, aber sie erschien mir kilometerweit entfernt, sie weinte ständig oder ging in ihr Schlafzimmer. Das Haus schien so leer.

Als sie sagte, ich solle eine Weile zu meiner Tante Claudia ziehen, war ich bereit dazu, weil ich dachte, dann würde es vielleicht besser.

Als ich Claudias Haus zum ersten Mal sah, war ich entsetzt über die Unordnung. Heute weiß ich, daß dieses Haus bewohnt war. Claudia stand mitten im Leben, mit Zeitungen, Büchern und Nachrichten per Telefon, und einem Hund, der auf der Couch schlief, wenn sie nicht hinsah, und Resten im Kühlschrank, weil sie wirklich kochte.

Vom ersten Tag an bezog sie mich in ihr Leben ein. Manchmal arbeitete sie an einem Tisch in ihrem Zimmer, sie war nicht jeden Tag beruflich unterwegs. Meistens besuchte sie Freunde, half in der Bibliothek aus, kümmerte sich um zwei ältere Damen, Schwestern, die nebenan wohnten, oder jätete in ihrem eigenen oder einem anderen Garten. Sie nahm mich überall hin mit, als ob ich dazu gehörte. Diese acht Monate waren wie ein Leben in Farbe, nachdem ich so viele Jahre lang allein mit meiner Mutter in Schwarz und Weiß gelebt hatte.

Ich denke nicht gern daran, daß sie nicht mehr da ist. Dieser letzte Besuch bei ihr war schwer, wir wußten beide, daß es das Ende war. Dann wurde ich zwei Monate nach der Beerdigung schwanger, und in dem Augenblick, da ich erfuhr, daß es ein Mädchen war, wußte ich gleich, daß ich sie Claudia nennen würde. Wahrscheinlich ist das der Lauf der Welt – Tod und Leben liegen manchmal ganz nah beieinander. Schon damals und auch heute noch denke ich manchmal: Oh Claudia, was mache ich mit dem Baby?

Wenn es sich bei dem Verstorbenen um einen Elternteil oder um einen anderen sehr nahestehenden Menschen handelt, neigen manche Menschen dazu (und dies wird durch die religiöse Tradition noch unterstützt), die Erinnerung an den Verstorbenen wachzuhalten, indem sie das Baby nach ihm benennen. Die junge Mutter will und braucht das Baby auch manchmal, um sich einen Teil der Bedeutung zu bewahren, die der Verstorbene für sie hatte. Ganz sicher gilt dies für Diana, die hoffte, sie würde ein Mädchen bekommen, das ebenso lebenszugewandt war und das Farbe in ihre Welt bringen würde.

Das Ausfüllen einer solchen Ersatzrolle kann für ein Baby eine gewaltige Belastung darstellen, schließlich soll es in die Fußstapfen eines anderen Menschen treten, obwohl den Eltern kaum und dem Baby erst recht nicht bewußt ist, daß dies seine Bestimmung im Leben sein soll.

Manchmal ist der Mensch, den man verloren hat, eine Fehlgeburt oder eine Totgeburt oder ein Kind, das den plötzlichen Kindstod gestorben ist. Unter diesen Umständen, und vor allem, wenn die Eltern das Geschlecht und andere Einzelheiten ihres verlorenen Babys kennen, fällt es ihnen schwer, die Erwartung zu unterdrücken, daß das neue Baby dazu beiträgt, die Lücke zu füllen und die Träume und Phantasien zu erben, die durch das andere Baby ausgelöst wurden. Das ist nicht unbedingt schlimm, solange das neue Baby nicht dauernd im Schatten des Babys lebt, um das die Mutter immer noch trauert.

Das Baby als Antidepressivum

Junge Mütter leiden in der Zeit, in der sie sich an das Leben mit einem Baby gewöhnen, oft unterschiedlich lange an Depressionen. Andere Mütter neigen ihr Leben lang zu Depressionen, die auch dann nicht verschwinden, wenn das Baby kommt. In solchen Situationen kann es passieren, daß die Mutter unbewußt das Baby dazu benutzt, sich lebendig und eingebunden zu fühlen, kurz, daß das Baby ein Antidepressivum für sie ist.

Diana neigte schon seit ihrer Kindheit zu Depressionen. Als Mädchen hatte sie immer eine beste Freundin, die lebhaft und extravertiert war. Diese Freundin war die Risikofreudige, die

Diana zu Abenteuern und Begegnungen mit anderen drängte und sie geradezu ins Leben zwang. Immer war eine Freundin da, die Diana wieder Lebensmut gab, wenn es emotional mit ihr bergab ging.

Genau das konnte auch ihre Tante Claudia für sie tun, während ihre Mutter es nicht konnte. Diana hatte in der Highschool und auch später noch eine ganze Reihe von Freundinnen, die wie ein Antidepressivum auf sie wirkten. Auch ihr Mann Carl erfüllt hin und wieder diese wichtige Funktion für sie, nur daß ihm das nicht immer gelingt. Diana stellte sich – in der Regel unbewußt – vor, das Baby werde die Rolle eines Antidepressivums übernehmen und ihr immer wieder neuen Lebensmut geben. Diese Vorstellung widersprach einer anderen, bewußten Vorstellung, in der das Baby ruhig und pflegeleicht war.

Als Antidepressivum für die Mutter vorgesehen zu sein, kann für ein Baby eine gewaltige Verantwortung bedeuten. Um dieser Verantwortung gerecht zu werden, muß es (wenn sein Temperament es zuläßt) sehr lebhaft oder niedlich werden. Was aber, wenn sich herausstellt, daß Claudia ein ganz ruhiges und stilles Kind ist?

Das Stellvertreter-Baby

Unsere Kinder sind unweigerlich Erweiterungen von uns selbst in die Zukunft hinein. Alle Eltern haben unerfüllte Träume, Reisen, die sie nie unternommen haben, Wege, die sie übersehen haben. Der Wunsch, die eigene Vergangenheit über das Kind besser oder neu zu machen, ist verständlich. Und so meint man dann, es sei gut für die Tochter, Ballettunterricht zu nehmen, oder für den Sohn, mehr zu lernen, auch wenn das nicht unbedingt der Wunsch der Kinder oder langfristig für sie von Nutzen ist. Wenn Sie sich eine Zukunft für Ihr Baby ausdenken, kann es sein, daß Sie ihre eigene Vergangenheit noch einmal neu inszenieren.

Ebenso oft wünschen Sie sich, daß Ihr Baby das erlebt, was für Sie selbst besonders erfolgreich oder befriedigend war. Wann immer wir feststellen, daß die Mitglieder einer Familie über zwei oder mehrere Generationen hinweg eine ungewöhnliche Karriere gemacht haben, wurden wahrscheinlich die vorhandenen Erbanlagen durch entsprechende Zukunftsvorstellungen gefördert.

Obwohl es eine Binsenweisheit ist, daß Eltern versuchen, über ihre Kinder noch einmal zu leben, erkennen wir diese Tendenz nur selten in uns selbst, und wenn wir sie doch wahrnehmen, unterschätzen wir oft, wie stark die Auswirkungen dieses Wunsches auf unsere Kinder sind.

Die Auswirkungen des imaginierten Babys auf die Ehe

Alle jungen Mütter fragen sich, wie sich das Zusammenleben mit einem Baby wohl auf ihre Ehe auswirkt. Irgend eine Auswirkung wird es auf jeden Fall haben. Da werden mit einem Ereignis zwei Menschen zu dreien, und das Paar wird zur Familie. Das erfordert unvorhersehbare Anpassungen von großer Tragweite. Die möglichen Konsequenzen der Ankunft des Babys auf die Ehe stellen sich Frauen unterschiedlich vor.

Bindemittel oder Bedrohung für die Ehe

Manche Mütter und auch manche Väter hoffen, daß ihr neues Baby eine Art Bindemittel ist, das ihre Ehe für immer zusammenhält. Sie meinen, wenn ein Baby geboren werde, könne keiner von beiden mehr den anderen verlassen.

Hinter dieser imaginären Rolle für das Baby verbergen sich oft reale Ängste vor dem Auseinanderbrechen der Ehe. Vielleicht haben sich die Eltern eines Partners scheiden lassen.

Vielleicht gibt es noch wichtige ungelöste Fragen im Hinblick auf die Zukunft der eigenen Ehe. Und wenn sich nun später herausstellt, daß das Baby die ihm zugeschriebene Rolle nicht ausfüllen kann und die Ehe dennoch zerbricht? Wie fair ist es, einem Kind diese Rolle des Eheretters zuzumuten?

Wieder andere Frauen stellen sich genau das Gegenteil vor, daß das Baby nämlich die Harmonie oder die Ausschließlichkeit ihrer Ehe gefährden könnte. Solche Sorgen können als flüchtige Gedanken auftauchen oder eine unablässige Sorge sein. Wird ein Baby so wahrgenommen, kann eine Mutter eigentlich nur zwei Einstellungen entwickeln. Entweder sie muß die brüchige Ehe vor dem Eindringling schützen und das Baby an den Rand drängen. Oder aber sie muß das Baby vor der Ehe schützen und die Ehe an den Rand drängen. In beiden Szenarien entsteht eine destruktive Konkurrenzsituation, unter der entweder das Baby oder die Ehe – wahrscheinlich aber beide – leiden.

Das Baby als Konkurrenz

Während einige Mütter befürchten, daß ihr zukünftiges Baby die Zweierbeziehung mit ihrem Mann zerstören könnte, beschäftigen sich andere vor allem mit der Frage, wie ihr Mann wohl auf ein Baby in der Familie reagiert. Vielleicht erwarten sie, daß ihr Mann das Baby von vornherein vorbehaltlos integriert und sind dann, um es vorsichtig auszudrücken, völlig fassungslos, wenn sie feststellen müssen, daß ihr Mann nicht nur zurückhaltend reagiert, sondern auch noch eifersüchtig ist und das Gefühl hat, seine Bedürfnisse würden nicht mehr befriedigt und er habe die Zuwendung seiner Frau verloren. Diese Situation erzeugt oft ein Syndrom, in dem der Mann zu einem »zweiten Baby« wird: Papa will Mamas Aufmerksamkeit, und wenn ihn die Reaktion nicht befriedigt (und das tut sie selten, denn Mama beschäftigt sich mit einem sehr realen anderen Baby), zieht er sich emotional aus der Ehe zurück und vergräbt sich gewöhnlich in seiner Arbeit.

Selbst im besten Fall haben Paare das Gefühl, daß ihre Paarbeziehung an Lebendigkeit verliert, wenn ein Baby geboren wird. In gewissem Sinne verliert ihre Beziehung ihre Exklusivität. Dieses Verlustgefühl geht meist wieder vorbei, und mit dem Heranwachsen der neuen Familie entsteht ein gesundes und neues Gleichgewicht. Andererseits beschäftigen sich manche junge Mütter so ausschließlich mit ihrem neuen Baby, daß sie alle anderen Rollen, auch die der Ehefrau, hintanstellen, so daß die Eifersucht ihres Mannes durchaus verständlich ist.

Die Art, wie sich ein Mann in der Zeit unmittelbar nach der Geburt des Babys – als Vater dem Baby gegenüber und als Ehemann seiner Frau gegenüber – verhält, bestimmt weitgehend, wie seine Frau ihn in den kommenden Jahren als Partner und als Mann erlebt. Dies ist ein langer Prozeß, doch die Richtung für den zukünftigen Verlauf der Ehe wird oft im Zusammenhang mit dieser Thematik festgelegt. Ein Groll, der in dieser Zeit entsteht, kann jahrelang an den Partnern nagen, deshalb sollten beide sich unbedingt aufrichtig und intensiv mit diesen Fragen auseinandersetzen.

Vorstellungen von der perfekten Familie

Manche Frauen wollen glauben, daß ihr zukünftiges Baby die Ehe auf eine höhere Ebene der Harmonie und Befriedigung heben kann. Sie wollen, daß mit der Ankunft des Babys eine idealisierte Triade, die perfekte Familie, entsteht. In einer solchen Phantasie wird dem Baby eine Riesenlast aufgebürdet, die eigentlich dem imaginierten Baby gilt. Was eigentlich macht die perfekte Familie aus? Ein Kind? Drei? Vier? Zehn? Eine solche magische Zahl hat meistens mit der Herkunftsfamilie zu tun. Wenn Ihre Herkunftsfamilie aus fünf Familienmitgliedern bestand und Ihre neue Familie nur aus drei, empfinden Sie vielleicht ein vages Gefühl des Versagens oder der Unvollständigkeit. Diese Gefahr entsteht natürlich dann, wenn Sie dem imaginierten Ideal mehr Bedeutung beimessen als den wirklichen Bedürfnissen der Beteiligten.

Gibt es schon ein Kind in der Familie, wird das nächste Baby vielleicht weniger um seiner selbst willen geliebt, sonder eher als das Geschwisterchen, das das erste Kind braucht. Auch hier wieder spielt die persönliche Geschichte der Eltern eine wichtige Rolle – und das ist größtenteils auch verständlich. Wenn Sie es beispielsweise schrecklich fanden, daß Sie ein Einzelkind waren, warum sollten Sie dann nicht versuchen, Ihrem Erstgeborenen zu ersparen, daß es ein Einzelkind bleibt? Der Schlüssel, den wir brauchen, um solche Fallen zu vermeiden, liegt im bewußten Erkennen unserer Denkprozesse. Solange Sie sich nicht mit Ihren Phantasievorstellungen auseinandersetzen, gelingt es Ihnen kaum, Ihr wirkliches Baby als das zu erkennen, was es wirklich ist.

Das Baby mit Makeln

Oft sehen Eltern bei ihrem Partner oder bei Mitgliedern seiner Familie oder sogar bei sich selbst oder ihren eigenen Familienmitgliedern bestimmte Fehler. Was sie als Fehler wahrnehmen, kann eine scheinbare Kleinigkeit sein, wie beispielsweise die Tatsache, daß jemand dicke Brillengläser tragen muß, daß er klein gewachsen ist, zu langsam spricht, eine große Nase oder eine dunklere Hautfarbe hat oder daß er zu extravertiert oder zu schüchtern ist. Solche Merkmale ärgern einen schließlich so hartnäckig, daß sie an die Stelle von anderen und wichtigeren beim Partner wahrgenommenen Merkmalen treten. Natürlich erwartet die Mutter, daß ihr Baby diese Eigenschaften nicht hat – und wenn doch, neigt sie dazu, die Schuld bei dem Elternteil zu suchen, der sie weitergegeben hat.

Selbst eine vermeintlich gute Eigenschaft kann als negativ

oder sogar bedrohlich wahrgenommen werden. Betrachten wir die Probleme, die Ellen mit ihren eigenen Reaktionen hatte, wenn die Leute immer wieder sagten, ihr Sohn sei so hübsch.

> Ich habe zwei ganz wunderbare Kinder, und ich tue weiß Gott alles, um sie als alleinstehende Mutter so gut wie möglich großzuziehen. Ihr Vater hat mich, als er vierzig wurde, für eine Jüngere sitzenlassen, genau wie sein eigener Vater es auch gemacht hat. Die Männer in seiner Familie sind richtige Schürzenjäger.
>
> Jedenfalls spüre ich jedesmal, wenn mir jemand sagt, mein kleiner Jim sei so bezaubernd und hübsch, eine eiskalte Hand an meinem Herzen. Ich werde diesen kleinen Jungen nicht zum Charmeur heranziehen. Er wird dieses familiäre Muster nicht fortsetzen.

Das Baby als Geschenk

In vielen Kulturen gilt die Ehefrau als Versagerin, wenn sie ihrem Mann keinen Sohn schenken kann. Diese Vorstellung ist in der heutigen westlichen Welt nicht mehr üblich, aber es gibt noch andere Möglichkeiten, ein Baby als Geschenk anzusehen, und viele dieser Vorstellungen sind problematisch. Man stelle sich beispielsweise vor, die Ehefrau geht auf die Vierzig zu und wünscht sich ein Kind, bevor es zu spät ist, aber der Ehemann will nicht so recht. Er fühlt sich noch nicht dazu bereit und weiß eigentlich nicht, ob er jemals dazu bereit sein wird. Die beiden können sich nicht leisten, ihre Meinungsverschiedenheiten noch viele Jahre auszudiskutieren. Nehmen wir also an, er willigt schließlich ein. Dann wird das Baby zu etwas, das er für seine Frau getan hat, es wird zu einer Art Geschenk. Wird sie irgendwann für dieses Geschenk bezahlen müssen? Und wie lange wird sie bezahlen müssen? Wird auch das Baby bezahlen müssen?

Andererseits kann die Vorstellung, ein Baby sei ein Geschenk, auch positiv betrachtet werden. Das kann bei Paaren der Fall sein, die lange versucht haben, ein Baby zu bekommen, und bei denen es dann schließlich klappt. Solche Paare sehen ihr Baby oft als Gottesgeschenk.

Ich habe sehr religiöse Paare kennengelernt, die, als sie erfuhren, daß sie ein behindertes Kind haben würden, auch dies als ein Gottesgeschenk ansahen. Solche Paare können für ein behindertes Baby wunderbare Eltern sein. In ihrer Sicht ist es ein Schritt auf dem Weg zu Gott, ein solches Baby großzuziehen; daher sehen sie eher die positiven Seiten, anstatt sich von den Rückschlägen lähmen zu lassen. Dies erleichtert ihnen die Aufgabe, das Baby in all seinen Möglichkeiten zu fördern, und es macht sie weniger ängstlich.

Das imaginierte Baby und das Schicksal der Familie

Eltern setzen normalerweise ihre Hoffnungen für die Zukunft in ihre Kinder. Sobald nun das neue Baby geboren ist, muß sich die vorhandene Struktur von Großeltern, Tanten, Onkeln, Kusins, Eltern, Brüdern und Schwestern verändern, um Platz, ja sogar einen ganz bestimmten Platz, für das neue Familienmitglied zu schaffen. Diese Veränderung läßt einen Zukunftstraum lebendiger werden, einen Traum von der nächsten Generation und ihrer Bedeutung für uns, die Vorfahren. Solche Erwartungen bürden dem Kind eine erhebliche Belastung auf, die wir genauer untersuchen sollten.

Das Kind als Begründer sozialer Mobilität

Wer in ein anderes Land, eine andere Gegend oder auch nur ein anderes Stadtviertel zieht, fühlt sich wie ein Immigrant. Schließlich dauert es etwa drei Generationen lang, bis eine Familie

Wurzeln geschlagen und an dem neuen Ort eine eigene Geschichte hat, sich also wirklich zugehörig fühlt.

Ohne daß es ihnen bewußt wäre, meinen manche jungen Eltern, ihr Baby werde den Lauf ihres persönlichen Schicksals verändern. In ihrem tiefsten Innern glauben sie vielleicht, wenn ihr Kind später nur die richtigen Schulen besuche, viel Geld verdiene, akzentfrei spreche oder eine gute Partie mache, werde dies die Situation der gesamten Familie verändern – was ja alles stimmen mag. Solche Erwartungen mögen unausgesprochen bleiben, doch was die Wirkung auf das Kind angeht, sind sie laut und deutlich. Eltern können ganze Aspekte der Persönlichkeit ihres Kindes oder seine angeborenen Begabungen übersehen, nur weil diese Anteile ihres Kindes die sozialen Zielsetzungen der Familie nicht voranbringen. So mag ein Junge beispielsweise ein sensibler Träumer und Poet sein, doch wenn die Eltern diese Eigenschaften nicht als Trümpfe auf dem Weg zu sozialem Aufstieg sehen, werden sie sie geringschätzen und mißbilligen. Statt dessen verstärken sie massiv diejenigen Begabungen, die Veränderungen begünstigen, wie beispielsweise Extravertiertheit oder Durchsetzungsvermögen.

Eine der wichtigsten und schwierigsten Aufgaben der Elternschaft besteht darin, das Kind seine eigene Persönlichkeit entwickeln zu lassen. Doch selbst noch so gutwillige Eltern tappen in die Falle, daß sie nur diejenigen Wesensmerkmale fördern, die ihren eigenen Träumen anstatt den Träumen ihres Kindes dienen. Natürlich zeigen sich noch nicht alle Auswirkungen, solange das Kind noch ein Baby ist, aber es ist nie zu früh, darüber nachzudenken, welche Erwartungen wir ungerechterweise auf unsere Kinder projizieren.

Es heißt traditionell, die erste Generation in einem neuen Land müsse Soldat sein, damit die nächste Generation Bauer sein könne, damit wiederum die nächste einen freien Beruf ausüben und die folgende Generation Künstler und Wissenschaftler hervorbringen könne. Das Baby, das sich die Familie für ihre eigenen Ziele und ihren Platz in der Geschichte wünscht, kann die Zukunft des wirklichen Babys zum Guten und zum Schlechten beeinflussen.

Ich habe lange Zeit in New York und in Genf gearbeitet. Beide Städte haben eine weit zurückreichende Geschichte der Immigration, doch überall in der Welt nimmt die Migration zu, und in den USA, wo die geographische Mobilität außerordentlich hoch ist, ist sie praktisch allgegenwärtig. Da es mehrere Generationen dauert, bis eine Familie wirklich Wurzeln geschlagen hat, zeigen sich nur in einer Minderheit von Familien keine Einflüsse der Migration. Sie bringt eine der häufigsten Phantasien hervor, unter deren Einfluß wir unsere Kinder formen.

Das Gewicht von Familientraditionen

Von manchen Babys wird erwartet, daß sie die Familientradition fortsetzen. Wird beispielsweise in einer Familie, in der schon seit drei Generationen alle Erstgeborenen Anwalt wurden und im Unternehmen der Familie tätig waren, als erstes Kind ein Junge geboren, so wird dieser Junge sich sehr zur Wehr setzen müssen, um dem auf ihn projizierten familiären Schicksal zu entgehen. Ähnlich könnte es in einer Familie von Sportlern, Bankern, Gewerkschaftlern, Kirchgängern oder Bienenzüchtern sein. Solche traditionellen Familienrollen können die Zukunft eines Kindes entscheidend prägen. Sie sind riesige Gravitationszentren, die fast alles im Alltag der Familie bestimmen: welche Verhaltensmodelle die Eltern dem Kind vorleben und welches Verhalten es nachzuahmen lernt, was die Eltern dem Kind beibringen wollen, Themen, die für die Familie und für das Gespräch am Eßtisch von Bedeutung sind, die explizite und implizite Übertragung von Wertvorstellungen, die Auswahl von Freunden der Familie und von Freizeitbeschäftigungen. Diese Kräfte sind so stark, daß Kinder sie im allgemeinen entweder akzeptieren und sich anpassen oder ihnen durch Rebellion entfliehen oder aber einen neutralen dritten Weg finden. Wahrscheinlich aber werden sie ständig daran erinnert, wie weit sie sich von der kollektiven Phantasievorstellung der Familie entfernt haben.

Das Kind als imaginierter Versöhner

Wenn Romeo und Julia überlebt und ein Baby bekommen hätten, hätte die Geburt dieses Babys dann Frieden zwischen den beiden Familien geschaffen? Manche Eltern hoffen, die Geburt ihres Babys werde ihre Eltern milder stimmen, die vielleicht ihre Ehe nicht gutgeheißen oder aber sich überhaupt geweigert haben, zur Trauung zu kommen. Scotts Frau erzählt die Geschichte ihres imaginierten Babys.

> Mein Vater und ich hatten immer schon eine sehr enge Beziehung, und wahrscheinlich wäre in seinen Augen ohnehin kein Mann, den ich aussuchte, gut genug für mich gewesen. Außerdem habe ich meinen Vater auch immer idealisiert. Als ich Scott bei meinen Eltern vorstellte, brachte ich meinen Vater an den Rand eines Herzinfarkts. In unserer Familie sind alle weiß, und Scott ist ein schwarzer Amerikaner.
>
> Inzwischen ist die Situation schon zwei Jahre lang ziemlich schlimm. Die Gespräche mit meinem Vater sind kurz und angespannt, und ich weiß, daß er uns nur besuchen kommt, wenn meine Mutter ihn dazu überredet. Aber jetzt bekommen wir ein Baby, und wir wissen, daß es ein Mädchen ist. Ich stelle mir immer wieder vor, wie ich bei meinen Eltern in die Einfahrt fahre, aus dem Wagen steige und mit dem Baby auf dem Arm zur Haustür gehe. Wenn mein Vater die Tür öffnet, übergebe ich sie ihm einfach. Was kann er dann noch tun? Er nimmt sie

und hält sie fest. Dann wendet er den Blick von mir ab und sieht auf sie hinab. Bei ihrem Anblick schmilzt er einfach dahin.

Tatsächlich könnte sich die Szene so abspielen, aber stellen Sie sich einmal das Gegenteil vor. Was ist, wenn dieses überaus niedliche Neugeborene, das man einfach lieben muß, seine Eltern zutiefst enttäuscht, weil sein Großvater einfach nicht auf es reagiert? Ohne es zu wissen, wird dieses Kind schon von Anfang an eine seiner imaginierten Daseinsberechtigungen – daß es nämlich Mutter und Großvater versöhnen soll – verspielt haben. Eine solche Last ist für jeden – und erst recht für einen Säugling – zu schwer.

Margaret, die im Hinblick auf ihre Familie eine mittlere Perspektive einnimmt, entwirft ein weniger extremes Bild. Die Beziehung zwischen ihren Eltern und ihren Schwiegereltern war zwar immer freundlich, aber nur lauwarm gewesen, was zum Teil an den religiösen und sozialen Unterschieden zwischen ihnen lag. Margaret hofft, daß ihr Baby die Distanz überbrückt, so daß sie sich akzeptiert fühlt und sich in der Gesellschaft von Jims Familie natürlicher verhalten kann. Margaret äußert sich so über ihr zukünftiges Baby:

> Bei den Zusammenkünften von Jims Familie habe ich nie richtig dazu gepaßt, und gestern abend war es so ungemütlich wie immer. Sie sind so anders als meine Familie. Alle sind irgendwie lauter, und es kommt mir wirklich so vor, als hätten sie erst dann das Gefühl, ein richtiges Gespräch zu führen, wenn mehr als einer auf einmal redet.
>
> Gott sei Dank waren meine Eltern gestern abend nicht dabei. Der Hochzeitsempfang war schlimm genug. Auf der einen Seite trank und tanzte Jims Familie, auf der anderen saß meine Familie in kleinen Grüppchen still an ihren Tischen und versuchte, sich zu unterhalten. Ich sitze

immer zwischen allen Stühlen und versuche, jede Seite vor der anderen in Schutz zu nehmen, aber ich kann das nicht besonders gut. Jim versucht nie, jemanden zu verteidigen, aber ich weiß, er hätte schon gern, daß mir seine Familie sympathischer wäre.

Eigentlich mag ich ja seine Eltern und seine Geschwister, aber ich weiß einfach nicht, wie ich mich in ihrer Gesellschaft verhalten soll. Die Situation gestern abend war wieder typisch. Ich saß mitten zwischen drei Gesprächen, aber aus meinem Mund kam kein einziger Ton. Alle amüsierten sich blendend, nur ich fühlte mich wie die Eiskönigin. Ich weiß, daß ich auf die anderen hochnäsig gewirkt habe, aber so war es nicht. Ich weiß nur nicht, wie ich mich da einbringen soll. Ich dachte noch: »Oh bitte, keine Spiele nach dem Essen.« Ich wette, Jim fragt sich, warum ich nicht einfach im Strom mit den anderen mitschwimme. Am liebsten hätte ich zu jedem gesagt, daß ich lieber ins Bett will. Mein Bauch ist so dick, es hätte niemand etwas dagegen sagen können.

Ich glaube ... ich hoffe, das ändert sich, wenn das Baby kommt. Alle werden auf das Baby achten und nicht mehr auf mich. Jims Eltern werden sich freuen, wieder ein Neugeborenes in der Familie zu haben, und vielleicht werde ich dann auch ein bißchen wirklicher für sie, weil ich ihnen ein neues Familienmitglied geschenkt habe. Wäre es nicht wunderbar, wenn Jims Eltern und meine Eltern mit dem Baby in einem Raum wären, und wir kämen gut miteinander aus? Und wir würden uns alle wohl fühlen? Was für ein Bild! Dieses Baby wird sehr diplomatisch sein müssen, um beide Seiten der Familie zufriedenzustellen. Für ein Baby dürfte das aber nicht allzu schwer sein. Es braucht ja nur niedlich zu sein und zu lächeln.

Diana, die zu ihrer Mutter ein distanzierteres Verhältnis hat, hat schon lange beschlossen, daß ihre Eltern keinen Anspruch darauf haben, Einfluß auf ihre Ehe oder auf sonst irgend etwas in ihrem Leben zu nehmen. Anders als Margaret hat sie keine Wiedergutmachungs-Phantasien oder Tagträume, in denen etwas in Ordnung gebracht wird. Für sie sind solche Vorstellungen undenkbar und vielleicht auch gar nicht wünschenswert.

Um das Kind herum sammeln sich die Wünsche und Ängste der beiden Herkunftsfamilien an, und das berührt ein mächtiges, unbewußtes Band in der Ehe. Junge Eltern müssen ihre eigene Kernfamilie bilden und ihr eine gewisse Priorität geben. Das heißt, sie müssen eine gewisse Distanz zu ihren Eltern herstellen und bewahren, sofern das nicht ohnehin schon der Fall war. Für Diana wird das sehr einfach sein, aber für Emily (die Mutter aus der »Nahaufnahme«) wird es problematisch. Ihr Konflikt wird schon in dem Traum deutlich, den sie einige Monate nach der Geburt des Babys hatte.

> Es war ein sehr verwirrender Traum. Da waren meine Mutter, meine Großmutter, meine Schwester, ich und ein Baby. Wir befanden uns alle am Strand in einer Badeanstalt und duschten. Aber alle veränderten ständig ihr Alter. Irgendwann war also meine Großmutter die junge Frau mit dem Baby. Und das Baby war ... ich weiß nicht ... ich vielleicht? Meine Tochter? Meine Mutter? Ich und meine Mutter waren älter und sahen den anderen zu. Dann veränderte sich die Szene wieder, und ich und meine Schwester waren Mädchen am Strand. Ich trug einen altmodischen einteiligen Badeanzug aus den Zwanzigern, ganz schwarz, und jemand anderer kümmerte sich um das Baby. Alles war irgendwie merkwürdig. Wir hatten viel Spaß, aber ich weiß nicht, irgend etwas war beunruhigend.

In Emilys Traum läßt sich nur schwer feststellen, wo eine Generation endet und wo die nächste beginnt. Tatsächlich geht es für Emily genau um dieses Thema. Sie stellt sich vor, sie und das neue Baby könnten automatisch im Schoß der Familie bleiben. Emily ist noch nicht bewußt, welche Spannungen entstehen könnten, wenn sie sich nicht mehr als Tochter, sondern als eigenständige Mutter definiert, und sie hat auch noch nicht viel darüber nachgedacht, welchen Platz ihre neue Kernfamilie innerhalb ihrer Herkunftsfamilie einnehmen soll. Deshalb spielt ihr imaginiertes Baby hier auch keine Rolle. Später, wenn das Baby geboren ist und einige ganz natürliche Spannungen zwischen Emilys unterschiedlichen Rollen in der Familie entstehen, wird sie darauf achten müssen, daß sie dem Baby nicht die imaginierte Rolle zuweist, zwischen ihr und ihrer Herkunftsfamilie Konflikte zu schaffen.

Die Rolle des Babys in der Familienmythologie

Familien erschaffen Mythen über sich selbst. Sie brauchen diese Mythen, denn sie tragen dazu bei, das Zusammenleben zu strukturieren. Dem zukünftigen Baby kann in einem dieser Familienmythen oder -dramen eine bestimmte Rolle zugeschrieben werden. Wenn es beispielsweise zwischen verschiedenen Zweigen der Familie schlimme Fehden gab, braucht vielleicht ein Zweig der Familie einen »Familienrächer« – jemanden, der das alte Unrecht wiedergutmacht, der Familie wieder zu ihrer alten Stellung verhilft oder das verlorene Vermögen der Familie ersetzt.

In den meisten erweiterten Familien gibt es Ungleichheiten zwischen den verschiedenen Zweigen. So wird vielleicht der Onkel, der der Erstgeborene und Lieblingssohn der Großeltern war, mitsamt seiner Frau und allen seinen Kindern im Vergleich zur Familie seines jüngeren Bruders als etwas Besseres oder Besonderes betrachtet. Solche Statusunterschiede werden von allen anerkannt, aber normalerweise nicht angesprochen, außer in Zeiten einer Krise in der Familie. Für die Familie des jüngeren Bruders ist es schwierig, nicht von einem Baby zu träumen, das als Sportler, als Medienstar, als Genie oder als Unternehmer so außergewöhnlich ist, daß es ihnen einen Platz an der Sonne garantiert.

Manche Familienmitglieder verfallen auch auf andere, oft über Generationen hinweg weitergereichte Rollen, um die ganze Struktur im Gleichgewicht zu halten. In manchen Familien gibt es immer ein schwarzes Schaf, eine schöne, aber sündige Femme fatale, einen großen Hoffnungsträger, der aber Schiffbruch erleidet, den klugen Kopf der Familie, den Helden, den Retter der Familie, den Vertrauten der Familie, die »Zeitung« der Familie (der alle unter vier Augen etwas anvertrauen, wohl wissend, daß es weitergetragen wird), das emotionale Zentrum der Familie, das alle zusammenhält, den Witzbold der Familie, oder den Quirl der Familie, der immer dafür sorgt, daß alle in Kontakt bleiben. Oft besteht unbewußt die Neigung, Mitglieder der jüngeren Generation in eine dieser Rollen hineinzudrängen.

Wenn die Umstände günstig sind – eine Rolle im Familiengefüge ist gerade nicht besetzt, das Geschlecht des Babys paßt –, heißt es gleich, das Baby tritt in die Fußstapfen dieses oder jenes Vorfahren. Manchmal kostet es viel Mühe, aus diesen Familienstereotypen auszubrechen und zuzulassen, daß das Baby eine ganz eigene Identität entwickelt.

Aus dem Gemisch von Phantasievorstellungen, Wünschen, Befürchtungen und eigener Vergangenheit lassen sich noch viel mehr imaginierte Babys entwickeln: das Baby als Ihr Spielgefährte, als große Liebe Ihres Lebens, als Widerspiegelung Ihrer selbst, als Beweis Ihrer Weiblichkeit und Kreativität, als Vervollständigung Ihrer Persönlichkeit, als phantasiertes Kind eines verlorenen Liebhabers und so weiter. Wichtig ist der Hinweis, daß alle diese imaginierten Babys normale Hervorbringungen der Vorstellungskraft sind, die sich mit einem Ereignis auseinandersetzt, durch das sich das ganze Leben verändert. Nur wenn Sie sich mit diesen imaginierten Babys nicht auseinandersetzen und diese Phantasie allzu weit treiben, kann das Schwierigkeiten machen und Ihr wirkliches Baby in Rollen drängen, die allzu belastend oder unpassend sind.

Sie müssen sich bewußt machen, daß Sie eine Idealvorstellung im Kopf haben, denn erst diese Erkenntnis erlaubt Ihnen, sie zu vermeiden oder sie zu nutzen. Sie können diese Vorstellung zum Vorteil Ihres Kindes einsetzen, denn sie kann ihm helfen, sein eigenes Denken und Fühlen zu erkennen und sich bewußt zu machen. Sie müssen aber auch wissen, wann es besser ist, sie beiseitezulegen und zu erkennen, wer Ihr Baby wirklich ist. Das Baby und die Familie, die Sie sich vorstellen, werden zu einer sich selbst erfüllenden Prophezeiung. Es liegt an Ihnen, Ihren geistigen Plan zu erkennen und zu entscheiden, ob er wirklich das ist, was Sie für Ihr Kind wollen.

Mit der Entwicklung solcher Idealvorstellungen gelangt die vorbereitende Phase der Entwicklung Ihrer Identität als Mutter zu ihrem Abschluß. Wir haben nun ein wirkliches Baby, eine Mutter und einen Vater, und einen Plan für die Zukunft in der Form imaginierter Rollen und Funktionen. Mit dem nächsten Schritt gelangen wir zu Ihrer tatsächlichen Geburt als Mutter, bei der die elementaren Aufgaben der Mutterschaft schließlich Ihre neue Identität prägen.

TEIL II

Eine Mutter wird geboren

KAPITEL 4

Für das Überleben des Babys sorgen

Sobald Sie mit Ihrem neuen Baby zu Hause ankommen, beginnen auch Ihre neuen Aufgaben als Mutter – ob Sie sich dazu bereit fühlen oder nicht. Alle Mütter müssen diese grundlegenden Aufgaben bewältigen, und sie schaffen es auch; denn das Baby muß leben und gedeihen. Aus dieser Beschäftigung mit Ihren elementaren Mutterpflichten erwächst schließlich Ihre neue Identität, und mit der Wahrnehmung dieser neuen Verantwortung werden Sie wirklich zur Mutter.

Die erste und unabdingbare Aufgabe der Mutterschaft besteht darin, für das Überleben des Babys zu sorgen. Von einer Minute zur anderen sind Sie diejenige, die das physische Überleben und Gedeihen Ihres Sprößlings sicherstellen muß. Als Gesellschaft insgesamt tendieren wir dazu, diese offensichtliche und bare Realität zu vergessen, die Dramatik und Tragweite dieser Aufgabe als selbstverständlich zu erachten; einer Mutter aber ist sie durchaus bewußt. Im Zusammenleben mit Ihrem neuen Baby wird Ihnen ständig vor Augen bleiben, daß ein zartes Leben von Ihnen abhängt, und Sie werden sich fragen, ob es Ihnen gelingt, es nicht nur zu bewahren, sondern auch zu fördern.

Warum ist dies Ihre vornehmste Aufgabe, und warum ist sie von so großer Tragweite? Das Überleben des einzelnen und seiner Gene (in seinen Nachkommen) ist die größte Verantwortung, die die Natur allen Lebewesen auferlegt. Dieser Trieb steckt hinter dem Bedürfnis, sich fortzupflanzen und für das Überleben unserer Spezies zu sorgen. Alle unsere biologischen und psychologischen Theorien setzen voraus, daß wir Menschen zur Gewährleistung dieses Ziels mit Instinkten ausgestattet sind, die garantieren, daß unsere Gene an die nachfolgende Generation weitergereicht werden.

Zunächst einmal verfügen wir über Selbstschutzmechanismen, die dafür sorgen, daß wir lange genug leben, um uns fortpflanzen zu können. Zweitens besitzen wir soziale Instinkte, die uns ermöglichen, eine Beziehung zu einem Mitglied des anderen Geschlechts aufzunehmen, so daß wir um einander werben und uns fortpflanzen können. Und natürlich haben wir unseren wohlbekannten Sexualtrieb, der ein Überleben der Spezies gewährleistet.

Angenommen, diese instinktgeleiteten Prozesse laufen alle erfolgreich ab. Was ist dann? Wir bekommen ein Baby – das Endergebnis all dieser Prozesse. Doch unsere lebenslang vorhandenen Instinkte wären sinnlos, wenn wir nicht auch über die angeborene Fähigkeit verfügten, für ein Baby zu sorgen, bis seine eigenen Überlebensinstinkte greifen und in seinem Leben eine nennenswerte Rolle spielen. Als Mutter stellen Sie automatisch ein wichtiges Bindeglied in der elementaren Kette der Evolution dar. Eine Mutter mit ihren Befürchtungen, ihren Strapazen und ihren alltäglichen Verrichtungen zum Schutz und zur Fürsorge für ihr Baby spielt eine zentrale Rolle im großen Entwurf der Natur.

Was wir bisher dargestellt haben, ist die Theorie; doch eine Mutter erlebt sie auf der ganz realen Ebene ihrer alltäglichen Erfahrung mit ihrem Baby. Die Erfahrung der Mutterschaft ist auch deshalb so einzigartig, weil sie die Frau zwingt, ihre Interessen vollkommen zu verlagern und aufgrund völlig neuer Impulse zu handeln, die sie bis dahin noch nie erlebt hat.

Die erschreckende Realität der Verantwortung für das Überleben ihres Babys trifft die meisten Mütter mit ungeheurer Vehemenz. Trotz medizinischer Hilfe und familiärer Unterstützung, und obwohl auch Ihr Mann bei der Betreuung des Babys mithilft, hat unsere Kultur Sie, die Mutter, zur verantwortlichen Wächterin über das Leben Ihres Babys ernannt. Wenn irgend etwas schiefgeht, werden mit großer Wahrscheinlichkeit Sie die letztendliche Verantwortung tragen. Diese Realität ist das einzig und allein wirklich zwingende harte Faktum in der Erfahrung einer jungen Mutter.

Einigen Müttern wird dies gleich nach der Geburt, solange sie noch im Krankenhaus sind, bewußt. Andere erkennen es vielleicht eine Woche später, wenn die Krankenschwester nicht mehr da oder ihre Mutter wieder gegangen ist. Die Wucht dieser neuen Realität kann sie in einem ganz gewöhnlichen Augenblick treffen: Wenn Sie Ihr Baby im Arm halten und spüren, wie klein und verletzlich es ist, oder wenn Sie ihm beim Schlafen zusehen und beobachten, wie sich sein kleiner Brustkasten hebt und senkt. Doch wann immer Ihnen diese Realität bewußt wird, in jedem Fall wird die Erkenntnis dieser ehrfurchtgebietenden Verantwortlichkeit Ihre Welt für immer verändern.

Betrachten wir diese ersten Verantwortungen und die damit zusammenhängenden Befürchtungen einmal näher.

Das Baby am Leben halten

Die erste und wichtigste Sorge einer jungen Mutter ist die Angst, daß ihr Baby aufhören könnte zu atmen. In den ersten Nächten zu Hause und oft auch noch länger treibt sie diese Sorge deshalb immer wieder an die Seite ihres schlafenden Babys. Vielleicht lachen Sie am anderen Morgen darüber, doch der Drang, immer wieder nach dem schlafenden Baby zu sehen, ist stark, vordringlich und todernst und läßt sich nicht unterdrücken, ohne daß massive Ängste entstehen.

Nachdem das Baby ihrer Schwester kurz zuvor am plötzlichen Kindstod gestorben war, sagte mir eine Mutter nach der Geburt ihres eigenen Babys:

> Wir bekamen bei der Geburt des Babys ein Babyphon, um genau hören zu können, was in seinem Zimmer los war, vielleicht wegen des Unglücks, das meiner Schwester passiert ist. Ich weiß noch, wie ich das Baby in sein Bettchen legte und den Empfänger mit in die Küche nahm. Ich bin bestimmt keine überbesorgte Mutter, aber unbewußt muß ich ständig auf das Atmen des Babys gehört haben, denn wenn ich es plötzlich nicht mehr hörte, oder wenn das Baby irgendwie unruhig atmete, rannte ich die Treppen hoch und sah nach. Immer wieder stand ich in seinem Zimmer, meine Hand auf seinem Rücken, um zu spüren, wie es atmete, oder mein Ohr an seinem Mund, um zu hören, wie es atmete. Manchmal konnte ich es kaum hören, weil ich vom Hochrennen selbst so laut atmete.

Die meisten jungen Mütter sorgen sich, daß ihr Baby aufgrund ihrer Unachtsamkeit oder Unzulänglichkeit sterben könnte. Haben Sie nie befürchtet, daß das Baby vom Wickeltisch fallen und sich am Kopf verletzen könnte, während Sie gerade nicht hinsehen, oder daß es Ihnen aus den nassen und seifigen Händen gleiten und in der Badewanne ertrinken könnte? Es könnte mit dem Kopf an den Wasserhahn stoßen, wenn Sie es herausnehmen, oder sich im Schlaf in seiner Decke verfangen oder mit dem Köpfchen unter sein Kissen geraten und ersticken. Wenn das Baby bei Ihnen im Bett war, hatten Sie sicher auch schon die Befürchtung, daß Ihr Mann oder Sie aus Versehen auf das Baby rollen oder sich umdrehen und seinen Arm quetschen könnten, oder daß es sich durch zu warme Kleidung und zu viele Decken überhitzen könnte, oder daß es nicht warm genug angezogen sein und nachts frieren könnte, vor allem, wenn Sie das Fenster geöffnet lassen.

Dies alles sind ganz natürliche Befürchtungen, die dafür sorgen, daß junge Mütter wachsam bleiben, weil sie damit um so besser ihr Baby beschützen und zugleich ihre neue Verantwortung verinnerlichen und sich zu eigen machen können. Solche Befürchtungen äußern sich zuweilen auf höchst seltsame Weise, wie etwa in ganz bestimmten Vorstellungen dazu, wer das Baby halten oder anfassen darf. Für Sie als diejenige Person, die letztendlich für das kleine Wesen verantwortlich ist, ist es völlig normal, daß Sie sehr auf Ihre Gefühle achten, wenn Sie entscheiden, ob jemand genug Sicherheit für Ihr Baby bietet oder ob er eine Gefahr darstellt. Sie sind vielleicht überrascht, wenn diese Gefühle stärker sind als Ihre übliche Höflichkeit Verwandten und Freunden gegenüber. Ihre Entscheidung darüber, wer in den kleinen Kreis von Menschen aufgenommen wird, dem Sie erlauben, das Baby zu halten, stützt sich auf das Gefühl der Sicherheit, das diese Menschen Ihnen geben, und nicht auf den Grad der Verwandtschaft. Solche weitgehend intuitiven Einschätzungen können in der Familie zu heiklen Situationen führen.

Eine Mutter erinnerte sich an den folgenden Vorfall:

> Wir haben eine Freundin der Familie, die viel redet und viel mit den Händen herumfuchtelt. Ihr Mann ist in der Stadt eine wichtige Persönlichkeit, deshalb wird sie sehr höflich behandelt, auch wenn sie schwer auszuhalten ist. Sie kam also zu uns, als ich gerade meine Mutter besuchte, und wollte das Baby halten. Meine Mutter hatte es gerade im Arm und gab es an sie weiter. Das Baby sah Mrs. Morse mit großen Augen an, verzog das Gesicht und fing an zu weinen. Sie schaukelte es heftig in ihrem Arm und sagte: »Du brauchst doch nicht zu weinen. Du brauchst doch nicht zu weinen.«

»Er ist hungrig«, fauchte ich, schnappte mir das Baby aus ihrem Arm und ging mit ihm ins Zimmer nebenan. Das war überaus unhöflich, aber das war mir egal. Ich wollte nicht, daß diese Frau mein Kind hielt.

Es ist vollkommen verständlich, wenn Sie sich fast schon zwanghaft um die Sicherheit Ihres Babys sorgen, wenn auch nur die geringste Gefahr drohen könnte. Die meisten Frauen haben nie in ihrem Leben eine so tiefe Liebe und Sorge wie für ihre Kinder erlebt.

Als mein Baby drei Wochen alt war, setzte ich es in den Tragesack und ging die Straße entlang, um fürs Essen einzukaufen. Wir leben in einer großen Stadt, und auf den Gehwegen eilen viele Menschen aneinander vorbei. An einer Kreuzung hielt ich an, bis die Ampel grün wurde und trat dann auf die Straße. Von der anderen Seite kamen uns viele Menschen entgegen. Da fiel mein Blick auf einen Mann, der ziemlich schnell ging und plötzlich direkt auf mich zuzusteuern schien. Ich dachte, er würde mit dem Baby zusammenstoßen. Sofort hob ich meine Arme vor die Brust, bereit, das Baby zu beschützen und den Mann am Hals zu packen. In diesem Augenblick war er auch schon an mir vorbei. Innerhalb von drei Sekunden waren so viele Emotionen in mir hochgekocht, daß ich bereit gewesen wäre, notfalls auch jemanden umzubringen.

Solche angstvollen Überlegungen sind unvermeidlich. In der unerfahrenen Vorstellung einer Mutter, die letztendlich für das Überleben ihres Babys verantwortlich ist, erscheint ein Neugeborenes zart und verletzlich. Erst mit zunehmender Erfahrung stellt sie fest, wie robust ein Baby wirklich ist. Im ersten Jahr meines Medizinstudiums lernte ich, was alles schiefgehen und welche Krankheiten man sich einfangen kann. Damals erschien es mir wie ein Wunder, daß überhaupt jemand ein Leben lang überlebt. Als ich später den Hörsaal verließ und klinische Erfahrungen sammelte, staunte ich noch mehr, wie resistent, zäh und gut angepaßt der menschliche Körper ist. Krankheit und Tod gewinnen bei der robusten Konstruktion des menschlichen Körpers nicht so leicht die Oberhand, doch eine junge Mutter kann das nicht ohne weiteres einschätzen.

Die Sorgen um das Überleben des Babys lassen mit der Zeit nach, verschwinden aber nie ganz, sondern treten nur in den Hintergrund. Außerdem verändern sie sich je nach dem Alter des Kindes. Die Mutter eines Zweijährigen, der alles ausprobiert, sorgt sich vielleicht, daß er sich mit einer Schnur erdrosseln oder mit dem Finger in eine Steckdose fassen könnte, während die Mutter eines Kindes im Grundschulalter eher Angst hat vor Kidnappern oder Verkehrsunfällen. Ein bestimmtes Angstniveau ist latent immer vorhanden und bereit, aktiviert zu werden, sobald die Umstände es erfordern.

Die Sorge um das Wachsen und Gedeihen des Babys

Eine weitere Hauptsorge hat damit zu tun, daß die Mutter sich fragt, ob das Baby bei ihrer Fürsorge wirklich zunimmt und gesund bleibt. Alle jungen Mütter fragen sich beispielsweise: Werde ich wissen, wie man richtig stillt? Werde ich genug Milch haben? Werde ich wissen, wann das Baby genug hat? Kann ich die Signale des Babys richtig deuten, so daß das Füttern klappt? Passen die Form meiner Brustwarze und die Mundform des Babys gut genug zusammen? Könnte das Baby auf meine Milch allergisch reagieren? Fließt meine Milch zu schnell, so daß es sich verschluckt, oder zu langsam, so daß es frustriert ist? Wird mein Baby austrocknen? Muß es wieder zurück ins Krankenhaus? Solche Fragen stellen Sie sich unabhängig davon, ob Sie Ihr Baby stillen oder ihm die Flasche geben. Und wenn es dann anfängt, feste Nahrung zu sich zu nehmen, tauchen sie wieder auf.

Wie in der Frage des physischen Überlebens sind Sie auch im Hinblick auf das Füttern von Kräften hin- und hergerissen, die Sie kaum steuern können. Erstens ist da Ihre erhöhte Reaktionsbereitschaft auf die Signale des Babys (sein unablässiges Weinen oder sein gewinnendes Lächeln). Sie können Ihre Reaktionsbereitschaft für diese Signale nicht einschränken oder herabsetzen. Sie sind gefangen in Ihrer eigenen, fein abgestimmten Empfindsamkeit. Außerdem ist da noch der angeborene Trieb und das angeborene Verhalten, wie beispielsweise, daß sie den Kopf des Babys stützen, es in einer bestimmten Weise streicheln oder sein Gesicht zu ihrer Brust hindrehen; und schließlich sind da noch die machtvollen Erwartungen der Gesellschaft, die Sie übernehmen. Wenn all das in dieselbe Richtung wirkt, kann es nicht verwundern, daß Sie wochenlang zu jeder Nachtzeit und in noch so kurzen Abständen aufstehen, egal, wie erschöpft Sie sind. Wundern Sie sich nicht, wenn Ihr Tagesablauf sich nach den Fütterungszeiten und Schlafenszeiten des Babys richtet, egal, was sonst um Sie herum passiert. Es ist zutiefst sinnfällig, daß alles, was mit dem Füttern und der Gewichtszunahme zu tun hat, von größter Bedeutung und emotional sehr stark besetzt ist. Schließlich hängt das Überleben ihres Babys letztendlich davon ab, daß Sie dafür sorgen können, daß es wächst.

Eine Mutter berichtete Folgendes:

> Als mein Sohn gerade eine Woche alt war, fing er an abzunehmen. Die Stimme des Arztes klang besorgt, als er zu mir sagte, das Baby müsse wachsen. Ich geriet in Panik. Je größer diese Panik wurde, desto weniger Milch schien ich zu haben, und bald war mein Sohn auf sein Geburtsgewicht zurückgefallen. Der Arzt sorgte sich noch mehr,

und er empfahl mir, zuzufüttern. Nie habe ich mich so hilflos gefühlt. Ich hielt das Kind in meinem Arm, als ginge es um mein Leben, dachte nur noch darüber nach, wie ich es füttern könnte, versuchte es immer wieder, ließ es aufstoßen und fragte mich unablässig, wieviel es jetzt wohl wog.

Als das Baby zum ersten Mal spuckte, war ich entsetzt. Vielleicht konnte es gar nicht essen und würde einfach dahinwelken. Beim Arzt war die Rede davon, daß das Baby nicht gedieh, und ich hatte nichts anderes mehr im Kopf, als daß ich es dazu bringen mußte zuzunehmen. Ich gehöre zu den Frauen, die immer gut frisiert und schick angezogen sind, aber in dieser Zeit war mir egal, wie ich aussah. Ich lief jeden Tag in denselben Kleidern herum und hatte immer nur meinen Sohn im Arm. Als er endlich acht Pfund wog, brach ich in der Praxis des Arztes weinend zusammen. Nichts im Leben war mehr von Bedeutung, nur noch daß dieses Baby gefüttert wurde.

Es ist nicht überraschend, daß scheinbar einfache Entscheidungen, wie die Frage, ob man stillt oder das Fläschchen gibt oder zufüttert, oft hoch emotional besetzt sind. Aus demselben Grund fallen auch scheinbar unwichtige Bemerkungen Ihrer Mutter wie beispielsweise »Na ja, sehr pummelig ist er nicht« oder »Warum sind ihre Backen denn nicht runder?« auf fruchtbaren Boden. Sie versuchen vielleicht, darüber zu lachen, aber eigentlich treffen solche Bemerkungen mitten hinein in Ihre größte Sorge, und deshalb müssen Sie sie einfach als deutlichen Vorwurf an Ihre Fähigkeiten als Mutter verstehen. Solche Bemerkungen hinterlassen manche Narbe, oder aber sie sind der Auslöser von Familienstreitigkeiten, die jahrelang nicht beigelegt werden können. Es geht um etwas allzu Existentielles. Sämtliche Signale, die Ihre Zuversicht untergraben, während Sie versuchen, etwas zu tun, das

Sie noch nie getan haben, bringen Sie aus der Fassung und sind unerträglich.

Die Zuversicht der im folgenden dargestellten Mutter wurde durch eine Reihe nahezu lächerlicher Vorkommnisse an einem Nachmittag bald nach der Geburt ihrer Tochter erschüttert.

Als ich anfing, mit meiner Tochter zusammen Besorgungen zu machen, trug ich sie auf meinem Bauch in einem Tragesack. Am ersten warmen Tag des Jahres gingen wir los, und es war wunderbar, mit meinem neugeborenen Baby in der Sonne zu sein. In der Bücherei kam eine Frau, die ich nicht kannte, auf mich zu. »Entschuldigung«, sagte sie, »aber wissen Sie nicht, daß Ihr Baby sich erkälten kann? Ziehen Sie ihm gleich ein Paar Söckchen an.« Ich war so verwirrt, daß ich sofort nach den Söckchen meiner Tochter fingerte und sie ihr überzog.

Später an diesem Tag, es war schon auf dem Heimweg, stand ich auf dem Gehweg und wartete darauf, daß ich die Straße überqueren konnte. Ich gewöhnte mich langsam daran, daß die Leute mein Baby anstarrten und lächelten, aber ein Mann neben mir schien sich besonders für meine Tochter zu interessieren. Schließlich lehnte er sich zu mir herüber und sagte: »Ich sehe, daß das Ihr erstes Baby ist. Ziehen Sie ihm lieber die Söckchen aus. Es ist viel zu heiß dafür.« Wieder war ich verwirrt und zog der Kleinen die Söckchen aus, bevor ich die Straße überquerte.

In unserer Wohnung angelangt, fühlte ich mich sicher vor irgendwelchen Fremden, die meinten, mir Ratschläge erteilen zu müssen. Ich legte das Baby auf mein Bett, damit es ein wenig schlief, und ging ins Zimmer nebenan. Meine Tochter weinte, aber ich wußte, sie würde einschlafen, wenn man sie ein paar Minuten in Ruhe ließ. Dann hörte ich plötzlich ein neues Geräusch, als ob jemand ans Schlafzimmerfenster klopfte. Das war doch gar nicht möglich. Unsere Wohnung liegt im vierten Stock. Als ich trotzdem ins Schlafzimmer lief, staunte ich nicht schlecht: Ein Mann mit einem Malerpinsel in der Hand balancierte auf einem Brett vor dem Schlafzimmerfenster. Er hielt seinen Pinsel in der einen Hand und klopfte mit der anderen an mein Fenster.

Als er mich ins Schlafzimmer kommen sah, verzog sich sein Gesicht zu einem breiten Lachen, und er deutete auf mein Baby. »Ihr Baby weint«, sagte er durchs Fenster und freute sich, daß er mich auf die Situation aufmerksam machen konnte. Ich selbst war kurz davor, auch zu weinen. War ich so unfähig, für dieses Kind zu sorgen, daß die Leute an der Hauswand hochsteigen und in der Luft hängen mußten, um mir zu sagen, was ich tun sollte?

Bin ich als Mutter eine Naturbegabung?

Die letztendliche Verantwortung für das Überleben und Gedeihen Ihres Babys empfinden Sie deshalb so stark, weil hiermit eine existentielle Frage angesprochen ist: Werde ich als menschliches Lebewesen, als ein Organismus also, der von der Natur vorzüglich dafür ausgestattet wurde, sich fortzupflanzen und das Überleben der Spezies zu gewährleisten, erfolgreich sein? Natürlich laufen Sie nicht herum und stellen sich diese Frage in diesen Worten, doch vielen der alltäglichen Unsicherheiten einer jungen Mutter liegt genau diese Frage zugrunde.

Sind Sie also ein von Natur aus begabtes Lebewesen? Sind Sie in der Lage, die nächste Generation hervorzubringen und die Gene der Familie weiterzureichen? Es gibt wohl kaum schwierigere Fragen. Zwar wird das selten so formuliert, aber alle Betroffenen (Sie, Ihr Mann, Ihre Familie) wissen trotzdem, daß es im Grunde darum geht. Sie stehen auf dieser elementarsten Ebene des biologischen Funktionierens auf dem Prüfstand und müssen beweisen, daß Sie in der Lage sind, Ihre Aufgabe zufriedenstellend zu erfüllen.

In der anstrengenden Zeit der ersten Mutterschaft können Sie sich nicht bewußt mit solchen elementaren Fragen auseinandersetzen, denn das würden Sie gar nicht aushalten. Doch im Hintergrund bleiben diese Fragen vorhanden und veranlassen Sie, einer Norm entsprechend zu handeln, an die Sie zuvor nie gedacht haben und deren Ursprung Sie nicht einmal feststellen können. Es geht für Sie um eine ehrfurchtgebietende Verantwortung.

In unserer Welt ist es schon schlimm genug, wenn man an seinem Arbeitsplatz versagt. Als soziales Wesen zu versagen, ist verheerend. Aber als menschliches Lebewesen zu versagen, ist völlig undenkbar. Viele junge Mütter staunen darüber, daß Säugetiere wie Hunde und Katzen oder Wildtiere einfach wissen, was zu tun ist. Sie hoffen verzweifelt, daß auch sie über diese natürlichen Instinkte verfügen, die ihnen helfen, ihr Baby am Leben und gesund zu erhalten. Sie wissen, daß sie wahrscheinlich in Situationen geraten, in denen das bisher Gelernte nicht ausreicht, und daß sie auf irgend ein nicht angelerntes Reservoir intuitiven mütterlichen Wissens zurückgreifen müssen, das möglichst vorhanden und möglichst umfangreich sein sollte.

Ein anderer Blick auf die Befürchtungen einer Mutter

Ihre Befürchtungen im Hinblick auf das Überleben und Gedeihen des Babys und um Ihre Zulänglichkeit als menschliches Lebewesen sind nicht nur normal, sondern sogar notwendig. Sie haben eine wichtige Funktion insofern, als sie Ihre Wachsamkeit und Aufmerksamkeit für Gefahren, die dem Baby drohen könnten, sicherstellen und verhindern, daß Sie sich von Ihrer Fürsorge ablenken lassen. Schließlich sind alle diese Gefahren zwar selten, aber doch real. Eine Mutter, die auf solche »positiven« Ängste reagiert, verringert die Gefahr von Unfällen, Versäumnissen und Fehlern und schafft für ihr Baby ein besseres Sicherheitsnetz.

Es fragt sich, ob man solche Empfindungen überhaupt als Ängste bezeichnen sollte. Sie fühlen sich zwar wie Ängste an, sind aber Reaktionen auf Alarmsignale, die von Nicht-Müttern gar nicht registriert werden und auf die nur Eltern reagieren. Man könnte ebenso gut von »aufmerksamen Reaktionen« sprechen. Im Verlauf der Evolution haben alle Lebewesen, auch Menschen, eine erhöhte Wachsamkeit gebraucht, gegenüber Artfeinden, Höhen, Wasser, potentiell gefährlichen Fremden, schlechter Nahrung, scharfen Gegenständen und vielen anderen natürlichen Gefahren. Heutzutage hat der Mensch kaum mehr natürliche Feinde. Statt dessen sind in seiner Umwelt eine Reihe neuer Gefahren hinzugekommen, wie beispielsweise hohe Wickeltische, das Babybettchen in einem Zimmer, in dem die Mutter ihr Baby nicht ständig überwachen kann, die Badewanne, Reaktionen auf von Menschen hergestellte Produkte und vieles mehr. Dies sind die neuen Artfeinde des Babys. Mütter reagieren auf solche Gefahren, als handelte es sich um Löwen oder Wölfe in der freien Wildbahn.

Viel zu lange hieß es in psychologischen Fachkreisen, die Befürchtung, daß ein Baby ersticken, stürzen oder fallen gelassen werde könnte – daß es also sterben könnte –, sei weitgehend ein Ausdruck der negativen Gefühle einer Mutter oder ihres unbewußten Wunsches, dem Baby wehzutun oder es loszuwerden. Die Vorstellung, daß alle engen Beziehungen eine Mischung aus Liebe und Haß enthalten, wird von den meisten psychologischen Theorien anerkannt. Doch die Deutung der aufmerksamen Reaktionen (Ängste) einer Mutter als Manifestation ihrer Ambivalenz erscheint mir als Fehlanwendung einer eher verkehrten und destruktiven als hilfreichen

Theorie. Sie verletzt lediglich die Mutter und verursacht tiefe Selbstzweifel.

Bei sehr wenigen Müttern sind diese Befürchtungen tatsächlich so stark und heftig – also nicht mehr positiv –, daß sie elementare Ängste auslösen können; das gilt vor allem dann, wenn die Mutter ihrem Impuls nachgibt und entsprechend handelt. Wir alle haben schon von Müttern gehört, denen es nicht gelingt, ihr schreiendes Baby zu beruhigen, und die es dann aus ihrer Frustration und ihrer Ambivalenz heraus so heftig schütteln, um es ruhigzustellen, daß sie verheerende körperliche Schäden bis hin zum Tod des Babys anrichten. Das sind Frauen, die spezielle und intensive Hilfe von qualifizierten Fachleuten brauchen.

In den meisten Fällen aber sind aufmerksame Reaktionen und das damit einhergehende Gefühl der Sorge für eine Mutter und ihr Baby gute Freunde, auf die Sie hören sollten, weil sie konstruktiv sind und Ihrem Schutz dienen. Die Natur weckt eine Reihe von Ängsten in Ihnen und sichert damit das Überleben Ihres Babys. Der damit verbundene psychologische Streß ist zwar immens, aber eigentlich ist Ihre Besorgnis Ihre Verbündete.

Hannahs Mutter bringt diese erhöhte Wachsamkeit gut zum Ausdruck:

> Inzwischen machen mich Dinge nervös, an die ich früher keinen Gedanken verschwendet und die ich nicht einmal wahrgenommen hätte. Es ist, als wären mir ein paar Antennen gewachsen, die alles registrieren, was meinem Baby Hannah schaden könnte. Gestern abend las ich im Wohnzimmer (eigentlich döste ich eher), als ich bemerkte, daß die Katze die Treppe hochging, wo Hannah schlief. Obwohl ich so verschlafen war, fiel mir ein, daß die Katze in das Babybettchen springen und das Baby ersticken könnte. Ich war plötzlich hellwach, rannte die Treppe

hoch und zog die Katze aus dem Schlafzimmer heraus. Ist das nun verrückt oder nicht? Eigentlich ist das egal, denn ich verhalte mich ohnehin so.

Müdigkeit, die Feuerprobe

Als junge Mutter finden Sie sicher, daß nicht nur Ihre Ängste, sondern auch Ihre Erschöpfung in den ersten Wochen und Monaten nach der Geburt Ihre großen Feinde sind. Es ist wichtig zu verstehen, was es mit dieser Erschöpfung auf sich hat, und was die Ursachen dafür sind, daß sie immer stärker wird und schließlich so umfassend ist. Rufen Sie sich zunächst noch einmal ins Gedächtnis, daß sich in der überwältigenden Mehrheit der Familien vor allem die Mutter um das Baby kümmert und die letztendliche Verantwortung für das Baby auf ihren Schultern lastet. Ein Teil Ihrer selbst ist also immer im Dienst, rund um die Uhr, entweder direkt, oder indem Sie delegieren, oder indem Sie einfach passiv mit irgendwelchen Dingen beschäftigt sind, die mit dem Baby zu tun haben. Urlaub vom Baby ist in seinem ersten Lebensjahr bestenfalls Teilzeiturlaub, und auch das ist nicht einfach, selbst wenn das Baby in den besten Händen ist. Wenn Sie abends ausgehen oder auch in Urlaub fahren, wird das Ritual des Telefonanrufs zu Hause Ihre Sorge verringern und Sie die Zeit bewußt erleben lassen.

Junge Mütter sind unter anderem deshalb irgendwann so unendlich erschöpft, weil das Verhalten ganz kleiner Babys unvorhersehbar ist. Nach einer Woche zu Hause läßt sich noch kaum vorhersehen, was das Baby in den nächsten fünfzehn Minuten macht. Nach ein paar Wochen oder einem Monat wird es etwas einfacher, den Ablauf der nächsten Stunde vorherzusehen, das gilt aber auch nicht immer. Erst nach vielen Monaten werden die Eß-, Schlafens- und Aktivitätszyklen des Babys so regelmäßig, daß eine Mutter halbwegs planen kann, wie sie ihre Erschöpfung verringern könnte.

Das Problem der Erschöpfung wird nur selten durch die Wiederaufnahme der Berufstätigkeit gelöst. Zwar erleben viele Mütter ihren Beruf, selbst wenn er noch so anstrengend ist, als eine gewisse Erleichterung von dem ständigen Druck der Fürsorge für das Baby, aber das Problem der Erschöpfung ist damit nicht überwunden. Eine Mutter sagte dazu:

> Ich kehrte wieder in meinen Beruf zurück, als meine Tochter drei Monate alt war, aber ich stand immer noch jede Nacht mehrmals auf, um nach ihr zu sehen. Dann erkältete sie sich und schlief noch schlechter durch, so daß ich noch häufiger im Schlaf gestört wurde. Ich war so müde, mein Gesicht war richtig aufgedunsen, und ich vergaß selbst Kleinigkeiten, wie beispielsweise, ob ich mir die Zähne schon geputzt hatte oder nicht. Nach ein paar Tagen zog ich mit dem Baby ins Wohnzimmer, damit wenigstens mein Mann eine Nacht durchschlafen konnte. Eines Abends schlief ich schon um sechs Uhr ein, ich war noch ganz angezogen, mein Kopf hing über die Sofalehne, und das Baby lag auf meiner Brust. Das war mir alles egal. Ich hätte alles Geld der Welt dafür gegeben, auch nur eine Nacht durchschlafen zu können.

Die Mutterschaft ist auch deshalb so anstrengend, weil von Müttern erwartet wird, daß sie jederzeit bereit sind zu reagieren, ob sie nun wissen, was zu tun ist oder nicht. Selbst wenn sie eine Aufgabe an ein Familienmitglied oder eine Freundin delegieren, bleibt ihnen die letzte Verantwortung. Das ist deshalb so schwer, weil es keine Möglichkeit gibt, sich auf das vorzubereiten, was passieren könnte, und weil es keine Ausbildung gibt, die auch nur annähernd die entsprechenden Situationen vorwegnehmen könnte. Dieser ständig vorhandene Druck fordert seinen Tribut und führt zu dauernder Erschöpfung.

Eine Mutter beschrieb das folgendermaßen:

> Mein Kind wachte im ersten Monat regelmäßig alle zwei Stunden auf. Ich war so erschöpft, daß ich wirklich das Gefühl hatte, verrückt zu werden, wenn ich nicht bald würde schlafen können. Mein Mann war wieder berufstätig, und ich schlief und fütterte, schlief und fütterte, Tag und Nacht. Tag und Nacht gingen ineinander über. Ich konnte nur noch daran denken, daß sie in etwa zwei Stunden wieder wach sein würde, und daß ich deshalb besser schlief, solange es ging. Etwa nach jeder vierten Nacht wachte mein Mann morgens auf, und ich lag weinend vor lauter Erschöpfung neben ihm im Bett.

All dies führt zu einer chronischen hochgradigen Erschöpfung, wie die meisten Frauen sie sonst nur selten in ihrem Leben durchmachen. Sie werden feststellen, daß diese Erschöpfung unvermeidlich ist. Die Sorge um die Gesundheit und Sicherheit Ihres Babys und Ihre Liebe spornen Sie an und verhindern, daß Sie aufgeben oder die Bedürfnisse Ihres Babys ignorieren. Vor lauter Erschöpfung desorientiert und geschwächt, haben Mütter in diesem Stadium oft das Gefühl, sie würden verrückt. Sie erleben ihre Feuerprobe.

Erfahrene Stimmen empfehlen Ihnen deshalb oft, immer dann zu schlafen, wenn es Ihnen möglich ist. Nehmen, leihen oder stehlen Sie Ihre Schlafenszeit von jeder Tätigkeit, die für Sie oder das Baby nicht unbedingt erforderlich ist. Dem Baby kann es nicht gut gehen, wenn es Ihnen nicht gut geht.

Nach den ersten paar Monaten, wenn die Feuerprobe vorbei und wieder eine gewisse Regelmäßigkeit eingekehrt ist, haben die meisten Mütter eine ziemlich verschwommene Erinnerung an diese Phase – ein nahtlos miteinander verwobenes Durcheinander von Freuden und Befriedigungen und Sorgen, Befürchtungen und Erschöpfung. Sie werden sich fragen, wie Sie das überhaupt überstanden haben. Im Lauf der Zeit, wenn Ihr Baby Woche um Woche und Monat um Monat ohne große Probleme gedeiht (was normalerweise trotz einiger gelegentlicher Widrigkeiten der Fall ist), wächst in Ihnen die unausgesprochene Gewißheit, daß Sie durchs Feuer gegangen sind und die Probe bestanden haben, und daß Sie in Ihren Fähigkeiten und Ihrer Ausdauer als Mutter grundlegend bestätigt wurden.

Sie gehen aus Ihrer Begegnung mit den ersten elementaren Verantwortungen des Überlebens und Gedeihens mit der Gewißheit heraus, daß Sie als menschliche Mutter gut genug und kompetent sind. Diese mühsam erworbene Selbsterkenntnis ist einer der Ecksteine Ihres mütterlichen Denkens und Fühlens. Sie fügt Ihrer Identität als Mutter eine wichtige Schicht hinzu, die sich unauffällig und ganz allmählich entwickelt, sich aber als unschätzbar wertvolle Grundlage für Ihr weiteres Dasein als Mutter erweist.

KAPITEL 5

Die Liebe zum Baby: Verantwortung für die Nähe

Als junge Mutter sind Sie nicht nur mit der konkreten Notwendigkeit konfrontiert, für das Überleben Ihres Babys zu sorgen, sondern Sie haben auch die ebenso gewaltige Verantwortung, eine enge, liebevolle Beziehung zu diesem neugeborenen menschlichen Wesen aufzubauen. Anders als die engen Beziehungen zu Ihren Eltern und Geschwistern, zu Ihrem Partner oder Ihrer besten Freundin ist diese Beziehung insofern ungewöhnlich, als Sie aus der Interaktion mit jemandem entsteht, der nicht mit Worten kommunizieren kann. Sie sollten sich fragen, was Sie grundlegend unter einer Beziehung zu einem anderen Menschen verstehen; denn in der Beziehung zu Ihrem Baby werden Sie aus dem schöpfen müssen, was Sie in Ihrem bisherigen Leben über Beziehungen gelernt haben. Die Beziehung zu Ihrem Baby ist unvermutet intensiv, und sie verlangt und hinterfragt Ihre gesamte Fähigkeit zu lieben, zu teilen, eine Beziehung aufzunehmen, zu geben und zu erhalten.

Als junge Mutter werden Sie einen ganz eigenen Stil entwickeln, wie sie mit Ihrem Baby umgehen und seine Erfahrungen lenken. Dieser Stil ist ein Teil Ihrer selbst, und er wird ziemlich gleich bleiben, egal, ob Sie mit Ihrem Baby spielen, es füttern, mit ihm sprechen oder ihm Grenzen setzen. Die Intensität dieser Interaktion erwächst daraus, daß Sie im Umgang mit Ihrem Baby zugleich gezwungen sind, sich mit wichtigen

Aspekten Ihres eigentlichen Selbst auseinanderzusetzen. Das mögen Sie als Chance oder als Enttäuschung erleben, in jedem Fall aber ist es aufschlußreich.

Bevor Sie Mutter wurden, erschienen Ihnen wahrscheinlich die meisten Aspekte Ihrer Persönlichkeit als selbstverständlich. Mit dem Beginn der Mutterschaft hingegen müssen Sie einen normalerweise nicht explizit gemachten Anteil Ihrer Persönlichkeit überprüfen – die Art nämlich, wie Sie Beziehungen zu anderen Menschen aufnehmen – und Sie werden sich viele Fragen zur Art Ihrer Persönlichkeit stellen. Wahrscheinlich werden Sie vieles ergründen wollen, vieles überdenken und vielleicht auch ändern. Veränderungen sind im allgemeinen leichter, wenn Sie sich Zeit lassen, darüber nachzudenken. Dann überlegen Sie vielleicht auch, wie Sie sich in Beziehungen verhalten, und wie sich das auf die Art überträgt, wie Sie mit Ihrem Baby umgehen wollen.

Zu den Fragen, die damit entstehen, wie Sie Ihr Baby lieben und wie Sie eine Beziehung zu ihm aufbauen, gehören unter anderem: Sind Sie in der Lage, Ihr Baby zu lieben, und wichtiger noch, *werden* Sie Ihr Baby lieben? Wird das Baby Sie lieben? Werden Sie seine Liebe spüren und annehmen können? Werden Sie erkennen und glauben können, daß dies wirklich Ihr Baby ist, und werden Sie überzeugt sein, daß das Baby Sie zu seiner Mutter auserwählt hat? Werden Sie in der Lage sein, eine gute Beziehung zu Ihrem Baby herzustellen? Und schließlich, verhalten Sie sich als Mutter natürlich? Verfügen Sie über die Fähigkeiten, die Sie brauchen?

Psychologen sagen, daß es bei all diesen Fragen letztlich darum geht, ob Sie eine »adäquate Primärbeziehung« zu Ihrem Baby aufnehmen können. Um diesen Begriff zu verstehen, müssen wir zunächst einmal klären, was »adäquat« bedeutet. Dieses Wort bringt zum Ausdruck, daß man als Mutter nicht perfekt sein kann; die meisten Mütter werden vielmehr für die normale Entwicklung ihres Kindes »gut genug« sein. Vielleicht sind Sie erleichtert zu hören, daß es so etwas wie eine perfekte Mutter gar nicht gibt, und daß es, wenn Sie doch eine wären, für Ihr Baby gar nicht gut wäre.

Das sage ich deshalb, weil ein Großteil der Erziehung eines Babys sich zusammensetzt aus den wiederholten Frustrationen, die es erlebt, wenn die Mutter zur falschen Zeit etwas tut oder sich einfach nur ungeschickt verhält, so daß das Baby gezwungen ist, Bewältigungsstrategien zu entwickeln, und aus Mißgriffen und falschen Tönen, die dann wieder korrigiert werden. Um mit anderen Menschen zusammenleben zu können, ist es für uns alle von grundlegender Bedeutung zu lernen, daß Fehler wieder gut gemacht werden können und wie man das anstellt. Auch das muß Ihr Baby lernen. Es hat durchaus Vorteile, wenn man Fehler macht, während man lernt, eine Beziehung zu seinem Baby aufzubauen. Bestenfalls können wir als Eltern darauf hoffen, daß unsere Fehler nicht allzu schwerwiegend sind, und daß sie nicht allzu lange unkorrigiert bleiben.

Wenn wir den Begriff der »adäquaten Primärbeziehung« weiter untersuchen, bedeutet »Primär-«, daß die Rede ist von einer Beziehung zwischen Mutter und Kind, die schon da ist, bevor das Kind sprechen kann. Außerdem ist dies eine Beziehung, wo es um die elementarsten Formen jeder Art von Nähe geht: um das Gefühl der Bindung, der Liebe und der Empathie der Mutter, um ihre Identifikation mit dem Baby und um die Entwicklung, in der das Baby zum Objekt ihrer Tagträume und Gedanken wird.

Während die Übernahme der Verantwortung für das physische Überleben Ihres Babys ein Test ist, ob Sie als Lebewesen und den Naturgesetzen entsprechend angemessen reagieren, müssen Sie sich im Hinblick auf die Verantwortung, ein Liebesband zu Ihrem Baby zu knüpfen, als ein der menschlichen Natur angemessen liebesfähiger Mensch beweisen.

Diese beiden grundlegenden Aufgaben der Mutterschaft – dafür zu sorgen, daß das Baby überlebt und geliebt wird – greifen ineinander. Daß Sie Ihr Baby lieben, ist eine Grundvoraussetzung dafür, daß Sie alles tun, um sein Überleben sicherzustellen. Umgekehrt entstehen aus Ihren alltäglichen, für das Überleben des Babys notwendigen Verrichtungen Interaktionen, aus denen eine enge Beziehung erwächst, die bewirkt, daß Sie Ihr Baby noch mehr lieben.

In diesem Kapitel befassen wir uns mit drei der alltäglichen Interaktionen zwischen Mutter und Baby, die Nähe und Liebe zwischen beiden herstellen. Es handelt sich um Tätigkeiten, die Sie ganz automatisch ausführen, und die Sie niemals so genau untersuchen würden, wie ich es hier tue. Doch je genauer man sie betrachtet, desto erstaunlicher erscheinen sie, und es zeigt sich, wie wichtig sie für die Entwicklung Ihres Babys sind.

Füttern

Im ersten Lebensjahr des Babys kommunizieren Mutter und Kind im wesentlichen nonverbal miteinander. Obwohl Ihnen nie ausdrücklich beigebracht wurde, wie man sich auf diese Weise verständigt, haben Sie es auch nie wirklich vergessen. Das Wissen darum tragen Sie unangetastet in sich. Sie werden lernen, sich darauf zu verlassen und es als »mütterliche Intuition« bezeichnen – Sie werden die Signale Ihres Babys lesen, und Sie werden ein Gefühl dafür bekommen, was wann und wie getan werden muß. Ich beschreibe beispielhaft, wie das normale Füttern bei einer Mutter und ihrem zwei Monate alten Sohn Andy verlief. Natürlich gibt es eigentlich kein »normales« Füttern, denn jede Mutter und ihr Baby schaffen sich ihre eigene Version, die sie beide als angenehm empfinden. Dennoch folgen die meisten Mutter-Kind-Paare in unserer Kultur einem bestimmten Ablauf, der vom Alter des Babys abhängig ist. Das Folgende ist also ein Beispiel und keine Idealvorstellung.

Als Andy zu Beginn des Stillens nach der Brust schnappte und zu saugen begann, blieb seine Mutter Joan, ohne daß ihr das bewußt gewesen wäre, erstaunlich ruhig und unbeweglich sitzen. In der ersten Phase des Fütterns trinken Babys gierig und schnell, mit starken und geschäftigen Saugbewegungen nehmen sie in dieser ersten Minute oder in den ersten beiden Minuten des Fütterns ziemlich viel Milch auf. Die meisten Mütter sprechen in dieser Anfangsphase nicht, sie verändern ihre Position nicht, verrücken ihre Brust oder die Flasche nicht – sie tun also nichts, was die angestrengte Arbeit ihres Babys stören könnte. Und genau so war es auch bei Joan – sie tat nichts, blieb still sitzen und schaute anderswo hin, doch sie konnte Andy und seine Bewegungen immer noch aus dem Augenwinkel heraus beobachten, so daß sie auch alle seine Bewegungen wahrgenommen hätte, die sie nicht an ihrem Körper spürte.

Wenn nach einer gewissen Zeit sich die Anfangsphase ihrem Ende zuneigte, entspannte sich Andy ein wenig. Er saugte nicht mehr so stark, sein Körper war weniger angespannt, und er fing an, seine Umgebung ein wenig zu betrachten. Sein Hunger war nun nicht mehr so drängend, und er war bereit, zu schauen, zuzuhören und berührt zu werden, während er immer noch saugte, aber nicht mehr so heftig.

Joan nahm diese Rhythmus- und Intensitätsveränderung intuitiv auf und änderte auch ihr Verhalten entsprechend. In dieser zweiten Phase sorgte sie aktiver dafür, daß Andy Milch aufnahm. Das mußte sie auch, denn wenn Babys beim Saugen nachlassen und sich von ihrer Umwelt allzu leicht ablenken lassen, wenn sie »faul« oder sogar müde werden, müssen Mütter automatisch das Nervenzentrum ihres Babys anschubsen, damit sich ihr Baby wieder auf das Saugen konzentriert. An diesem Punkt begann Joan unbewußt, ihr Baby in ihrem Arm ein wenig zu wiegen, so daß es wieder anfing, heftig zu saugen.

Zwei weitere Male versuchte sie es auf dieselbe Weise, blieb aber erfolglos. Daraufhin begab sie sich auf ein höheres Reizniveau, um Andys Aufmerksamkeit wieder auf seine Arbeit zu lenken, so daß er wieder heftiger saugte. Sie sah ihn an und begann, mit ihm zu sprechen. Das bewog ihn wieder dazu, heftiger zu saugen, wenn auch nur kurz. Daraufhin steigerte seine Mutter wieder das Reizniveau, indem sie selbst sich sachte hin- und herwiegte und leicht den Arm bewegte, in dem sein Köpfchen ruhte. Das funktionierte, solange sie nicht nachließ, doch nach einer Weile wurde Andys Saugen wieder schwächer. Überzeugt davon, daß er noch mehr trinken würde und sollte, erhöhte seine Mutter den Einsatz, indem sie sich aus ihrem Sessel erhob, umherging, mit ihm sprach und ihn wieder in ihrem Arm wiegte. Und wieder begann er zu trinken. Das alles dauerte mehrere Minuten.

Eine Mutter ist wie ein Orchesterdirigent. (Oder ist das Baby der wahre Dirigent? Oder sind es beide abwechselnd?) Sie bringt verschiedene Instrumente ins Spiel (Schaukeln, Wiegen, Sprechen), die gerade erforderlich sind, um bei ihrem Baby das richtige Erregungs- und Aktivitätsniveau zu erhalten, so daß das Füttern in einem sinnvollen Tempo vorangeht. Wird das Grundthema weniger interessant, variiert sie es wie ein Komponist mit anderen Instrumenten oder in einer anderen Lautstärke.

In der Schlußphase des Stillens war Andy schon fast fertig und saugte nur noch leicht und mit Unterbrechungen. An diesem Punkt angelangt, schwanken Babys irgendwo zwischen dem Bedürfnis, noch etwas mehr zu trinken, in den Schlaf zu gleiten, spielen zu wollen oder aufstoßen zu müssen. Joan hatte Andy schon während des Fütterns aufstoßen lassen, und so war er schon ziemlich schläfrig. Joan hatte den Eindruck, er könne noch ein wenig mehr vertragen, und so paßte sie sich seiner Wachheit sehr viel feiner an, indem sie ein Reizniveau wählte, das nicht so stark war, daß er wirklich wachgerüttelt worden wäre (denn dann hätte er wahrscheinlich geschrien), aber auch nicht so schwach, daß es wirkungslos blieb.

Sie nahm seine linke Hand in ihre linke Hand (er trank an ihrer linken Brust) und begann ein sehr ruhiges, langsames Spiel mit seinen Fingern, eine Art Pas de deux für zehn Finger. Ohne daß sie sich das überlegt hätte, bot Joan ihrem inzwischen schläfrigen Baby genug ständig variierende leichte Reize an, so daß es immer noch weitersaugte. Und als es dann wirklich einschlief, hörte sie auf. Wieder blieb sie einen Augenblick lang still und unbeweglich sitzen, so wie am Beginn des Stillens, und Andy fiel in einen tiefen Schlaf. Erst dann stand Joan mit ihrem Baby auf und legte es in sein Bettchen.

Was wir hier beschrieben haben, ist ein ziemlich normales Ereignis, einfach eine von vielen Stillsituationen jeden Tag. Und doch handelt es sich zugleich um ein Meisterwerk hervorragend orchestrierter menschlicher Interaktion, die sich meist jenseits der bewußten Wahrnehmung vollzieht. Wichtig ist der Hinweis, daß nicht jedes Stillen so problemlos verläuft. Es gibt immer wieder kleinere Probleme, weil die Mutter über- oder untertreibt, Verzögerungen, Sackgassen, aus denen sie wieder heraus muß, und vorübergehende Unterbrechungen und Korrekturen. Baby und Mutter können zu müde, nicht in Stimmung oder mit etwas anderem beschäftigt sein. Dennoch verfügen beide in ihrem intuitiven Repertoire weitgehend über die grundlegenden Reaktionen. Baby und Mutter erlernen rasch die Schritte für diesen Tanz.

Das Füttern ist eine natürliche, lebensnotwendige Interaktion, die Ihnen Vertrauen in Ihre Fähigkeit geben kann, eine Beziehung zu Ihrem Baby aufzubauen. Sie werden lernen, die Signale Ihres Babys zu deuten und sich so zu verhalten, daß das Füttern für beide Seiten befriedigend wird. Sie werden lernen, wie Sie und Ihr Baby sich am besten gegenseitig anpassen, und Sie werden beginnen, Ihr Baby als eigenständige Persönlichkeit wahrzunehmen. Ihre Mutter-Kind-Beziehung gründet sich auf das Fundament einfacher Interaktionen wie die des Fütterns.

Spielen

Wenn Mutter und Kind miteinander spielen, ist dies ein anderes Beispiel für den Aufbau ihrer Beziehung, denn anders als das Füttern hat das Spiel keinen praktischen Zweck. Während des Spiels muß keine Milch getrunken und keine Windel gewechselt werden. Der einzige Zweck des Spiels ist das beiderseitige Vergnügen. Zwar stimmt es, daß ein Säugling spielerisch am meisten lernt, dennoch ist das Lernen kein Zweck des freien Spiels, sondern nur ein wunderbares Nebenprodukt.

Gerade weil das Spiel keinen konkreten Zweck hat, ist es etwas ganz Besonderes. Es ist das Leichteste auf der Welt und gehört gleichzeitig mit zum Schwierigsten. Bedenken Sie, daß ein Kind in diesem Alter nicht sprechen, nicht mit Gegenständen umgehen, sich nicht bewegen und nicht verstehen kann, was Sie sagen. So ist das Spiel begrenzt auf die Geräusche, die Sie zusammen machen, die Gesichtsausdrücke, die Sie austauschen, das Hinschauen und Wegschauen, die Bewegungen und Gesten und die beiderseitigen Bekundungen Ihres Interesses. Das Spiel ist begrenzt auf die Grundlagen der menschlichen Interaktion. Es ist eine einfache, reine und unreflektierte Aktivität – eine freie Improvisation.

Um gut improvisieren zu können, müssen Sie sich Ihrer selbst, der möglichen Folgen und Ihrer Fähigkeit, ohne Hilfsmittel zu spielen, sicher sein. Deshalb vielleicht ist das freie Spiel für junge Mütter eine größere Herausforderung als alle anderen Aktivitäten. Zudem stellen sich die altbekannten Fragen: Bin ich natürlich? Kann ich spontan sein? Kann ich, wenn keine Zeit zum Nachdenken bleibt, aus dem Stand auf das Verhalten meines Babys reagieren? Finde ich ein Gleichgewicht zwischen Eigeninitiative und Mitspielen? Kann ich das Erregungs- und Stimulierungsniveau meines Babys erkennen und merken, ob es ansteigt oder abfällt, und kann ich mein Verhalten (aus meinem intuitiven Repertoire heraus) so dosieren, daß das Spiel in Gang bleibt? Kann ich mein Bewußtsein als eigenständiges Selbst für Augenblicke ausschalten, um mich ganz auf mein Baby einzulassen und in seine Haut oder seine Gedankenwelt zu schlüpfen, um es besser kennenzulernen? Um es überhaupt kennenzulernen? Damit es mich allmählich kennenlernt? Wird genug von mir deutlich? Ist das, was ich bin, so deutlich erkennbar, daß auch ein Baby es wahrnehmen kann? Können wir eine ganz grundlegende, aber einfache menschliche Beziehung aufbauen?

An diesem Punkt lohnt es sich zu klären, wie das freie Spiel funktioniert, damit wir zum Kern der Themen kommen, aus denen sich all diese Fragen ergeben. Angenommen, eine Mutter und ihr aufgewecktes vier Monate altes Baby schauen einander nach dem Windelwechseln oder nach dem Aufwachen an. Nach einem kurzen Blick sagt die Mutter, wie zur Begrüßung: »Hallo, Liebes.« Das Gesicht des Babys hellt sich ein wenig auf, also wiederholt die Mutter: »Hallo, Liebes«, diesmal wahrscheinlich mit einer leichten Abwandlung im Tonfall.

Beim zweiten Mal fängt das Baby an zu lächeln. Was passiert nun? Die Mutter kann ihre Begrüßung nicht noch einmal wiederholen, sonst langweilt sich das Baby allmählich. Babys reagieren sehr empfindlich auf Wiederholungen und übergehen sie rasch. Sie interessieren sich vor allem für das, was neu ist. Ohne lange zu überlegen, variiert die Mutter intuitiv, was sie sagt: »Hallo, wie geht's dir, Liebes?« Das Lächeln des Babys wird stärker, und seine Augen strahlen noch mehr. Dann sagt die Mutter: »Ja, du BIST wirklich mein Liebes.« Als Reaktion darauf wirft das Baby seinen Kopf hoch und nach hinten und lächelt noch breiter. Seine Stimulierung baut sich noch weiter auf, vielleicht mehr, als der Mutter im Augenblick lieb ist. Das nächste Mal sagt sie also mit einer etwas ruhigeren und tieferen Stimme, um das Baby nicht noch mehr zu erregen: »Mein liebes Kleines«, wobei sie die Worte ein wenig verändert, um das Interesse ihres Babys wachzuhalten und zugleich auf ein niedrigeres Erregungsniveau zu kommen.

Natürlich versteht das Baby die Worte seiner Mutter nicht. Sie sind für das Baby eher so etwas wie musikalische Phrasen; in seinem Alter kommt die Melodie noch vor dem Text. Die Worte seiner Mutter sind Klangobjekte. Indem die Mutter jede Klangphrase variiert, schafft sie eine soziale Bindung zu ihrem Baby und moduliert das Niveau seiner Stimulierung und seiner Freude. Das tut sie, indem sie ein grundlegendes Thema und eine Variation zum Klang des Wortes »Liebes« komponiert. Es eignet sich ideal dafür, die Aufmerksamkeit des Babys zu fesseln und gleichzeitig seinen emotionalen Zustand zu regulieren. Dies alles geschieht ohne großes Überlegen. Tatsächlich amüsiert sich auch die Mutter selbst, und das ist sehr wichtig – denn sonst kann sie nicht gut spielen. Diese Art der Interaktion ist eine elementare soziale Improvisation. Und genau das ist das Wesen des freien Spiels!

Mütter wissen, ob sie das gut machen, ob es ihnen leicht fällt oder nicht. Sie wissen auch, daß diese sozialen Improvisationen nicht funktionieren, wenn man sein Baby nicht genug liebt, um für eine Weile in ihm aufzugehen, oder wenn man allzu sehr mit anderen wichtigen Dingen beschäftigt ist, oder wenn man für diese Art spontaner Aktivität zu gehemmt ist, oder wenn man zu müde oder zu depressiv ist, um spielen zu können. Alle diese Situationen erschweren die Verantwortung der engen Beziehung, die eine Mutter wahrnimmt, indem sie mit ihrem Baby »zusammen« ist.

Auch hier wieder greift gewöhnlich die Natur ein, um das Mutter-Kind-Paar davor zu bewahren, daß diese soziale Choreographie mißlingt. Das Baby ist von vornherein robust genug, um virtuos das Stimulierungsniveau regulieren zu können, das extern durch seine Mutter und intern durch es selbst entsteht. Es hat ein vollständiges angeborenes Verhaltensrepertoire – wie beispielsweise das Wegschauen, das Schließen der Augen, das Wegdrehen des Kopfes, den Blick durch Sie hindurch in die Ewigkeit, seine erkennbaren Gesichtsausdrücke, seinen stimmlichen Ausdruck, das Durchdrücken des Rückens oder andere Formen des körperlichen Ausdrucks, das Zappeln mit Armen und Beinen, das Weinen und das Einschlafen –, das Ihnen zeigt, ob das Stimulierungsniveau gesteigert oder gesenkt werden sollte.

Die Mutter steuert ihrerseits die Interaktion von Augenblick zu Augenblick, indem sie intuitiv und virtuos auf die Signale eingeht, die sie von ihrem Baby erhält. Gemeinsam entwickeln Mutter und Kind ungemein komplexe Interaktionsmuster, die mal sehr viel Anstrengung und beständige Berichtigungen und Korrekturen zu erfordern scheinen, und dann wieder völlig mühelos wirken. Natürlich geht auch manches schief, doch im wesentlichen hat die Natur dafür vorgesorgt, daß Mutter und Kind sich im Tandem weiterentwickeln, so daß Veränderungen auf der einen Seite zu ergänzenden Veränderungen auf der anderen Seite führen und beide »gut genug« zusammenarbeiten.

Ein anderes Beispiel soll das innere Wirken der engen Beziehung bei den meisten Müttern verdeutlichen. Es handelt sich dabei um ein Spiel – eigentlich eines der beliebtesten aller weltweit gespielten Babyspiele, nämlich »Hab ich dich« (I'm gonna getcha) oder »Fingerspaziergang«. Ich konnte dieses Spiel in den Vereinigten Staaten, in Westeuropa, Skandinavien, Osteuropa und Rußland beobachten. Die Worte sind unterschiedlich, aber die stimmliche Intonation und das Verhalten sind überall auf der Welt gleich.

Und so funktioniert es: Die sechs Monate alte Rebecca liegt auf dem Rücken. Ihre Mutter Paula führt das Grundthema ein. Sie beugt sich nach vorn über Rebecca und läßt ihre Finger über Bauch und Brust des Babys zu seinem Hals hin laufen. Als sie damit beginnt, sagt sie: »Hab ich dich.« (Rebecca zu »haben« heißt natürlich, sie am Hals unter dem Kinn zu kitzeln.) Rebecca zeigt sofort vergnügte Aufmerksamkeit.

Zwei Sekunden später wiederholt Paula das Thema. Babys

können kurze Zeitintervalle sehr gut einschätzen. Nach dem zweiten Mal weiß Rebecca, daß der dritte Fingerspaziergang ihrer Mutter über ihren Bauch in etwa zwei Sekunden kommen wird. Sie beobachtet, wie ihre Mutter sich darauf vorbereitet.

Diesmal variiert Paula das Thema zum ersten Mal. Sie verzögert den Fingerspaziergang um eine halbe Sekunde und zieht den Satz »Hab ich dich!« in die Länge. Rebeccas Erwartung hält länger an, damit erhöht sich zugleich ihr Spannungs- und Erregungsniveau. Rebecca rechnet nun damit, daß der nächste Fingerspaziergang in zweieinhalb Sekunden kommt, deshalb bringt Paula eine weitere Variante ins Spiel. Sie zögert den vierten Fingerspaziergang eine weitere Sekunde hinaus, so daß Rebecca dreieinhalb Sekunden warten muß, bevor ihre Mutter ihr »Hab ich dich!« in einer noch höheren Stimmlage und mit noch mehr Spannung als bisher wiederholt.

Rebecca zappelt inzwischen vor Vergnügen und lebhafter Erwartung. Inzwischen rechnet sie damit, daß ihre Mutter den Fingerspaziergang jedesmal ein wenig länger hinauszögert – also ein Spiel mit ständigen zeitlichen Abwandlungen spielt. (Natürlich könnte man sich fragen, wie ein Baby das alles schafft, doch die Antwort ist erstaunlich einfach. Im Grunde geht es um nichts anderes als um einen musikalischen Rhythmus. Wir reagieren in jedem Lebensalter erstaunlich empfindlich auf jede Rhythmusveränderung, und genau das geschieht hier.)

Rebecca rechnet also damit, daß der vierte Fingerspaziergang etwa vier Sekunden nach dem vorangegangenen kommt und richtet sich darauf ein. Und nun, bevor das Baby wirklich bereit ist, bringt die Mutter die Variante, die den Witz des Spiels ausmacht. Nur eine Sekunde nach dem letzten Durchgang und lange, bevor Rebecca damit gerechnet hätte, faßt Paula an Rebeccas Hals. »HAB ICH DICH!« sagt Paula und beendet das Spiel mit einem Kitzeln.

Diese letzte Variation verkürzt die Erwartung des Babys, die bis dahin immer verlängert wurde. Rebecca, deren gesamtes Nervensystem bis zum höchstmöglichen Erregungsniveau gereizt wurde, bricht in lautes Lachen aus, als sie so plötzlich überrumpelt wird. Mutter und Kind lachen gemeinsam. Das Spiel, in dem durch eine Variation der Zeitabstände die Erregung des Babys gesteuert wurde, ist aufgelöst, und beide haben einen wunderbaren Augenblick des gemeinsamen Vergnügens erlebt.

Sicher haben Sie auch schon festgestellt, daß solche überlieferten Spiele (auch das Kuckuck-Spiel gehört dazu) für Mütter eine große Hilfe sind. Sie machen nicht nur allen Babys Spaß, sondern Mütter können auch dann auf sie zurückgreifen, wenn sie zu müde sind, um zu improvisieren, wenn ihnen nichts Interessantes einfällt, oder wenn sie mit etwas anderem beschäftigt sind. Eine Mutter erzählte, wie sie ihr quengelndes Baby im Auto beruhigt:

> Eigentlich ist es ja ein wenig peinlich zu sagen, was ich tue, wenn ich am Steuer sitze und das Baby zu quengeln beginnt. Ich glaube nicht, daß meine Tochter in solchen Augenblicken wirklich unglücklich ist, wahrscheinlich ist ihr eher langweilig. Trotzdem kann ich nicht viel unternehmen, wenn ich gerade irgendwohin fahren muß. Meine Tochter ist also in ihrem Sitz angeschnallt, und wenn wir dann beispielsweise noch eine Viertelstunde zu fahren haben, habe ich eine bestimmte Routine entwickelt, mit der es mir normalerweise gelingt, irgendwie ihre Aufmerksamkeit zu binden und sie ihren Kummer vergessen zu lassen.
>
> Zuerst gebe ich ihr einen Keks, und wenn das nicht reicht, fange ich an, mit ihr zu sprechen. Ich unterhalte mich angeregt mit ihr, erzähle, wo wir hinfahren und warum, und betone manche Wörter, wie beispielsweise ihren Namen, Meggan, und den Namen ihrer kleinen Freundin Nikky.

> Wenn das alles nichts hilft und sie immer noch quengelt, fange ich an zu singen. Dieses Lied nenne ich das »Besuchslied«. Es hat keine bestimmte Melodie, dafür aber viele Reime. »Wen besucht Meggan, wen besucht sie, sie, sie, heute geht's zu Nik-ky, -ky, -ky.« Bei dem »ky« quieke ich ein bißchen, oder ich schlage aufs Armaturenbrett oder hupe sogar. Dann giggelt sie jedesmal, weil sie sich schon auf das Ende freut. Natürlich sehe ich dabei völlig idiotisch aus, und irgendwann bin ich sicher meinen Führerschein los, aber so hört das Baby wenigstens auf zu schreien.

Solche einfachen Spiele und Improvisationen stellen Sie als Mutter auf die Probe und fügen Ihrer sich herausbildenden Identität als Mutter neue Teile hinzu. Da Sie dafür verantwortlich sind, Erregung und Vergnügen Ihres Babys zu lenken, lernen Sie auch, es anzuleiten, ohne übermäßig zu kontrollieren. Sie lernen, so sensibel auf die Signale Ihres Babys zu reagieren, daß Sie feststellen können, ob ein Spiel zu langsam oder zu schnell ist, und wann es an der Zeit ist, mit einem neuen Spiel zu beginnen. Sie lernen zu erkennen, wann die freudige Erregung Ihres Babys allzu stark ist, so daß sie kippen und Ihr Baby zum Weinen bringen könnte.

Ich beschreibe die Einzelheiten dieser Verantwortung für die emotionale Nähe zu Ihrem Baby deshalb so genau, weil Sie im Lauf der Zeit feststellen werden, was für eine ganz besondere Zeit in Ihrem Leben diese erste Zeit mit Ihrem Kind ist. In den ersten Jahren seines Lebens erschaffen Sie sich nicht nur eine Identität als Mutter, sondern Sie haben auch die Chance, Ihre eigene Persönlichkeit neu zu entwerfen und zu gestalten. Erwachsene haben nur wenige solche Möglichkeiten, aber die Mutterschaft ist eine davon – ebenso wie das Verliebtsein.

Psychologen sehen solche wichtigen Ereignisse als normale Lebenskrisen an. Ein normales kritisches Lebensereignis zwingt uns, von alten Gewohnheiten zu lassen und uns neu und oft auch anders zu definieren. In diesem Sinne ist die frühe Mutterschaft eine potentiell »konstruktive Krise«, die einen Raum und die Zeit eröffnet, wo Veränderungen der eigenen Persönlichkeit nicht nur einfacher als sonst, sondern geradezu notwendig sind. Die erste Zeit der Mutterschaft ist eine Feuerprobe, in der aus einer alten eine neue Persönlichkeit entsteht. Je genauer Sie Ihr Verhalten, Ihr Denken und Ihre Gefühle in dieser Zeit erkennen und reflektieren, desto eher können Sie die Richtung dieser möglicherweise recht weitreichenden Veränderungen bestimmen. Vor dem Hintergrund dieser Überlegungen kehren wir zurück zu den gewöhnlichen, alltäglichen Aktivitäten zwischen Mutter und Kind.

Alle Ihre spontanen Entscheidungen während des Fütterns oder während eines Spiels sind letzten Endes Ausdruck ihrer eigenen Persönlichkeit. Welche Erfahrungen ertragen Sie gut oder schlecht? Welche mögen Sie lieber, welche suchen Sie gezielt, und welche wollen Sie für Ihr Baby? Empfinden Sie ein hohes Reizniveau als angenehm? Streben Sie danach? Ist es ein Teil Ihrer selbst, den Sie positiv bewerten? Oder bauen Sie Ihr Leben lieber um einen Ruhepunkt herum auf, von dem aus Sie dann nach außen gehen? Wer Sie sind, wer Sie gern wären, und wer Ihr Baby sein soll – all das spiegelt sich in der Art, wie Sie die Erfahrungen Ihres Babys in solchen einfachen, sich wiederholenden Aktivitäten lenken.

In solchen scheinbar sinnlosen Spielen paßt sich das Baby dem Erregungsspektrum an, das die Mutter toleriert. Hier geht es um etwas ganz Entscheidendes. In Ihrem Verhaltensstil im Umgang mit Ihrem Baby spiegelt sich unmittelbar, wieviel Vergnügen und Fröhlichkeit und wieviel Ruhe und Stille Sie im Zusammensein mit jemand anderem erwarten und tolerieren. Ihr Baby gibt Ihnen die Möglichkeit, Ihre alten Erwartungen zu verändern und ein Umfeld zu schaffen, das zu einer gesunden und glücklichen Entwicklung Ihres Babys beiträgt.

Ihr Verhaltensstil, mit dem Sie die Erfahrungen Ihres Babys steuern, zeigt sich auch dann wieder, wenn Sie regeln, wie es seine Umwelt erkundet, wenn es also anfängt, zu krabbeln und dann zu gehen. Wenig später zeigt sich Ihr Verhaltensstil darin, wie Sie ihm das Sprechen beibringen. Mit welchen Strategien führen Sie neue Wörter ein, tolerieren Sie Fehler, Verwechslungen und Frustrationen? Ihr Interaktionsstil zeigt sich auch dann wieder besonders deutlich, wenn es darum geht, Grenzen zu setzen (ein besonders wichtiges Thema für Eltern von Kleinkindern). Werden Sie streng, tolerant, nachsichtig oder flexibel sein? Und wie reagieren Sie später, wenn Ihr Kind Ihnen erzählt, was es in der Schule erlebt hat, auf seine Bemühungen? Werden Sie versuchen herauszufinden, was tatsächlich passiert ist, oder lassen Sie Ihr Kind seine eigene Version der Ereignisse erzählen? Tolerieren Sie Lücken in seiner Darstellung oder Widersprüche, und wenn nicht, wie räumen Sie sie aus? Interessieren Sie sich eher für die Fakten oder eher für die Darstellung?

In all diesen Einzelheiten des Lebens erhält das Baby grundlegende Lehren dazu, wie es ist, mit einem anderen Menschen zusammen zu sein, und dazu, was erwartet und toleriert wird oder erwünscht ist. Und diese Lektionen übernimmt es in seine zukünftigen Beziehungen.

Sie selbst haben während dieser Arbeit in der Werkstatt der Mutter-Kind-Interaktionen – während dieser Feuerprobe der Veränderung – die seltene Chance, neue Wege des Umgangs mit sich selbst und mit anderen Menschen zu erproben und zu überarbeiten.

Identifikation und liebevolle Zuwendung

Ein weiterer wichtiger Aspekt der Primärbeziehung ist Ihre Fähigkeit zur Identifikation mit Ihrem Baby. Das heißt, Sie sollten in der Lage sein, empathisch gewissermaßen in die Haut Ihres Babys zu schlüpfen und damit Ihre eigenen Gefühle so zu ändern, daß sie den bei Ihrem Baby wahrgenommenen Gefühlen entsprechen. Das Endergebnis dieses Prozesses ist, daß Sie (für den Augenblick jedenfalls) zu wissen meinen, wie es ist, Ihr Baby zu sein, und daß Sie mit dieser Erkenntnis Ihr Baby besser verstehen.

Wenn Sie einen solchen empathischen Austausch zulassen, stellen Sie eine besondere emotionale Beziehung zu Ihrem Baby her. Sie geben dieser kleinen Person etwas von sich selbst und umgekehrt und setzen damit ein Zeichen für den Beginn einer einzigartigen Beziehung. Hier sollte darauf hingewiesen werden, daß ein Baby von jeder beliebigen Person ausreichend betreut werden kann, daß aber neben den Eltern oder Großeltern oder anderen nahen Verwandten nur wenige Menschen emotional in der Lage sind, sich so vollständig mit einem Baby zu identifizieren, daß Liebe entsteht.

Wir haben Waisenhäuser in Ländern wie Rumänien besucht, wo die Kinder von ihrer Geburt an untergebracht sind und unter schlimmsten Bedingungen leben. Ihre Entwicklung ist verzögert, und sie haben im allgemeinen selbst dann noch Probleme, wenn sie adoptiert werden. Das Personal versorgt die Kinder rein äußerlich gut genug, doch die Tatsache, daß echte emotionale Bindungen fehlen, verhindert die Art von Identifikation, die die Babys bräuchten, um sich emotional entwickeln zu können.

Hin und wieder konnten wir in diesen Waisenhäusern ein oder zwei Babys beobachten, die sehr viel besser aussahen als die etwa zwanzig anderen auf derselben Station. Dies waren die Babys, die für ein Mitglied des Personals zum »Lieblingskind«

geworden waren. Die jeweilige Pflegerin trug das Baby mit sich herum und reagierte auf dieses Kind anders als auf die übrigen Kinder. Lieblingskinder bekommen eine ausreichende Dosis an Identifikation und liebevoller Zuwendung, so daß ihr Entwicklungsverlauf sehr viel günstiger ist. Die Identifikation und ihre Partnerin, die liebevolle Zuwendung, sind von entscheidender Bedeutung. Eine mäßige Dosis davon (»gerade gut genug«) hilft da schon viel.

Viele Beobachter von Babys und Müttern schreiben über die Fähigkeit von Müttern, sich unter normalen Bedingungen mit ihrem Baby zu identifizieren. Wir alle besitzen die Fähigkeit, uns mit anderen zu identifizieren, diese Fähigkeit scheint bei Müttern und ihren eigenen Kindern aber besonders ausgeprägt zu sein. Viele Mütter sagen, sie seien für die Babys anderer Mütter relativ unzugänglich und empfänden keine besondere Empathie, während sie zu ihrem eigenen Kind eine unmittelbare und intensive Beziehung aufbauen.

Nehmen wir die einfache Darstellung einer Verabredung zum Essen mit einer jungen Mutter:

> Bevor ich eigene Kinder hatte, ging ich einmal mit einer Freundin essen, die gerade ein Baby bekommen hatte. Normalerweise unterhielten wir uns immer etwa eine Stunde lang und sprangen dabei ohne Pause von einem Thema zum anderen. Doch diesmal war alles anders. Meine Freundin hatte das Baby in einer kleinen Babysitzschale neben unserem Tisch auf dem Boden stehen. Ich weiß noch, wie sehr es mich überraschte und auch ein wenig unangenehm berührte, daß sie ständig mit ihrem Baby zugange war.
>
> Während des Essens schaute meine Freundin dauernd zu ihrem Baby hinunter, sagte leise etwas zu ihm, strich ihm mit den Fingern über die Wange, zog Grimassen und reagierte auf jede noch so kleine Bewegung des Babys. Wir

konnten uns kaum unterhalten, und mir war schleierhaft, was sie an dem Baby eigentlich so interessant und fesselnd fand. Bis ich dann selbst ein Baby hatte, da war es mir plötzlich vollkommen klar.

Manche Mütter fragen sich, ob sie in der Lage sind, sich mit ihrem Baby zu identifizieren. Sie fragen sich, ob es ihnen gelingt, eine einzigartige Beziehung zu ihrem Baby aufzubauen. Vielleicht befürchten sie sogar, daß es ihrem Baby egal wäre, oder daß es gar nicht wahrnehmen würde, wenn anstelle seiner Mutter plötzlich jemand anderer da wäre. Oder es entsteht die Phantasie, daß das Baby bei der Geburt vertauscht wurde, und daß das Baby, das man bei sich zu Hause hat, gar nicht das eigene ist. Diese Mütter stellen die Beziehung zwischen sich und ihrem Baby in Frage, wissen aber nicht, was falsch läuft. In extremeren Fällen liegt tatsächlich ein Problem vor, das geklärt werden muß. Doch das sind Ausnahmen, und die meisten Mütter haben einfach nur vorübergehend solche Befürchtungen. Schließlich haben sie ein solches Aufgehen in einer anderen Person noch nie erlebt. Dies ist ein Teil des unerkundeten Gebiets, auf dem sie sich plötzlich befinden.

Wenn Sie sich gut und überdauernd mit Ihrem Baby identifizieren wollen, müssen Sie sich in Ihr Baby verlieben. Verliebt zu sein ist der Motor für das Interesse und die Fürsorge, die den Akt der Empathie antreiben. Verliebten fällt es leicht, sich in den anderen hinein zu versetzen, und beide sind bereit, ihre innere Erfahrungswelt mit dem anderen zu teilen. Genau das heißt »den anderen kennenlernen«. Es geht um die Frage, wie das emotionale Band in einer Beziehung geschmiedet wird. Sich in ein Baby zu verlieben ist sicher etwas anderes als eine Liebesbeziehung zwischen Erwachsenen, aber die Heftigkeit der Gefühle ist in beiden Fällen gleich.

Die Verantwortung für die liebevolle Nähe zu Ihrem Baby ist entscheidend für seine optimale Entwicklung. Sie fügt

Ihrem mütterlichen Denken und Fühlen eine weitere Dimension hinzu und leistet damit einen erheblichen Beitrag zur Herausbildung Ihrer neuen Identität. Natürlich vollzieht sich dieser Prozeß nicht in einem Vakuum. Wahrscheinlich werden Sie sich bei anderen Müttern Orientierung, Unterstützung und Bestätigung holen. Dies ist das Thema des sechsten Kapitels.

KAPITEL 6

Bestätigung suchen

Während Sie sich darum bemühen, das Überleben Ihres Babys sicherzustellen und eine enge emotionale Beziehung zu ihm aufzubauen, fangen Sie gleichzeitig an, sich nach außen zu orientieren, weil Sie das ungewöhnlich starke Bedürfnis verspüren, sich mit anderen Müttern auszutauschen, die Sie in Ihren Erfahrungen als Mutter bestätigen. Sie brauchen die psychologische und praktische Unterstützung, nach der Sie sich sehnen, um als junge Mutter weiterzukommen. Das dringende Bedürfnis nach dieser Bestätigung, die Sie von erfahrenen Müttern suchen und erhalten, erscheint zunächst ganz einfach. Doch wir werden sehen, daß es auf einen Weg der Selbsterkundung führt, der eine wesentliche Komponente in der Herausbildung Ihrer Identität als Mutter darstellt.

Die psychologische Unterstützung durch andere Mütter

Das Bedürfnis nach psychologischer Unterstützung entsteht unmittelbar nach der Geburt. Wir haben mit vielen Müttern Gespräche über ihren Krankenhausaufenthalt nach der Geburt des Babys geführt und sie gefragt, wie sie sich um Unterstützung bemühten und wie sie sie erhielten. Hier ist eine typische

Antwort, die zeigt, welche Art von psychologischer Unterstützung eine Frau in dieser Situation sucht:

> Meine Antwort ist für mich selbst irgendwie überraschend. Jeden Morgen etwa um Viertel nach sieben kam eine Putzfrau, um den Boden sauberzumachen und mein Zimmer aufzuräumen. Sie war etwa fünfzig Jahre alt und schon Großmutter. Zuerst kam sie immer zu mir ans Bett, begrüßte mich und sah mich und das Baby genau an. Dann sagte sie meist etwas wie »Ihr Baby sieht aber gut aus« oder »Sie kommen ja prima miteinander klar«. Irgend eine Bemerkung in dieser Art. Dann unterhielten wir uns vielleicht fünf Minuten lang. Sie erzählte mir von ihrem Enkelkind oder von ihren Erfahrungen mit ihren eigenen Kindern. Es ging also immer um das Verhältnis von Mutter und Kind. Danach tat sie ihre Arbeit. Nach einer Weile freute ich mich schon auf ihre morgendlichen Besuche. Sie bauten mich unglaublich auf. Die Visiten der Ärzte und die Begegnungen mit den Krankenschwestern waren natürlich wichtig und beruhigend, aber da ging es eher um medizinische oder praktische Dinge. Besonders wichtig war auch, daß mein Mann da war. Aber irgendwie war dieser Besuch der Putzfrau immer der Höhepunkt des Tages.

Diese Geschichte hat viele Variationen. Alle zeigen das Bedürfnis der jungen Mutter nach einer Form von Anerkennung, Ermutigung, Bestätigung und Unterstützung, vor allem durch eine andere Frau, die als Mutter schon mehr Erfahrungen gesammelt hat.

Schließlich ist die Mutterschaft eine Art Handwerk, und alle jungen Mütter brauchen in ihrer Lehrzeit eine Art Rollenmodell oder Vorbild – eine Art Meisterin –, die all das Neue schon einmal erlebt hat. Die Rolle dieses Vorbilds besteht nicht nur darin, Ratschläge zu geben und Informationen zu vermitteln. Es soll vielmehr ein psychologisches Umfeld schaffen, in dem Sie sich sicher und vertrauenswürdig fühlen können, und in dem Sie den Mut finden, Ihre Fähigkeiten als Mutter zu erkunden.

Dieses spezifische psychologische Umfeld wollen wir als »bestätigende Matrix« bezeichnen. Manche Kliniker sprechen auch von einem »haltgebenden Umfeld«, fast so, als würde die Mutter in einer stützenden Umarmung gehalten.

Im Zentrum der bestätigenden Matrix steht oft der Wunsch nach einer gütigen Mutterfigur oder einer idealisierten Großmutter, die die positive Rolle der Mutter ohne ihre unvermeidlichen negativen Anteile übernehmen kann. Dies ist natürlich eine Idealvorstellung, die sich selten verwirklichen läßt. Die Mutter der jungen Mutter lebt vielleicht allzu weit entfernt oder überhaupt nicht mehr, oder aber die Beziehung zu ihr ist allzu problematisch, und dennoch suchen die meisten jungen Mütter, wann immer möglich, nach Elementen dieser idealen Gestalt. Junge Mütter empfinden bewußt oder unbewußt die Notwendigkeit einer psychologischen Unterstützung, die sich in ihrem Bedürfnis äußert, Informationen auszutauschen und andere Mütter bei ihrem Tun zu beobachten. Überall, wo Mütter einander begegnen, ob im Park, in der Spielgruppe oder beim Kinderarzt, erfolgt ein Austausch von Informationen und Wahrnehmungen auf vielen Ebenen. Solche Interaktionen befriedigen das Bedürfnis nach Bestätigung (ich sorge richtig für mein Baby), nach Tips, die erfahrungsgemäß richtig sind (so verhindert man also, daß der Schnuller verloren geht) und nach dem Gefühl, daß man zum Kreis der Mütter dazugehört (ich bin auf diesem neuen Gebiet nicht allein).

Eine erfahrene Mutter erinnert sich lebhaft an den Besuch bei einer jungen Mutter und ihrem Baby.

> Mein Mann und ich besuchten einmal Freunde, deren Baby gerade eine Woche alt war. Unsere beiden Kinder sind schon älter, deshalb machte es Spaß, mal wieder ein

Neugeborenes zu sehen. Unsere Freunde sind ein wenig von ihrer eigenen Familie isoliert, weil sie weit auseinander leben, und Sarah, die junge Mutter, stürzte sich geradezu auf mich, als wir kaum zur Tür herein waren.

Während unseres einstündigen Besuches legte Sarah das Baby nie aus dem Arm, doch sie kam mit dem Kleinen immer wieder auf mich zu und stellte mir eine Frage. »Weißt du, was das ist, das Klebrige da in seinem Augenwinkel?« »Sieht er nicht aufgeweckt aus?« »Warum ist seine Haut denn hier so rot?« »Wie hast du deine Kinder gebadet? Ich weiß nicht, wie man das Ding in unserer Badewanne benutzt.« »Es ist gar nicht so leicht festzustellen, wann er müde ist, oder?«

Ich beruhigte sie immer wieder, weil ich daran dachte, wie hilflos ich mich mit meinem eigenen ersten Kind gefühlt hatte. Es fiel mir schwer mitanzusehen, wie verzweifelt sie auf meine Zustimmung und meinen Rat angewiesen war, und ich weiß nicht, wie sehr ich ihr tatsächlich helfen konnte. Sie war eine Frau, die eine Anwaltskanzlei praktisch am Laufen hielt, doch zu Hause mit ihrem Baby hatte sie keine Ahnung, wie sie sich verhalten sollte. Ihr Mann war ihr auch keine große Hilfe, denn er kannte sich noch weniger aus als sie.

Ihr Mann kann Ihnen eine ganz entscheidende emotionale Hilfe sein, doch er kann Ihnen keine bestätigende Matrix geben, denn er ist einfach nicht durch die Erfahrung legitimiert, über die eine Frau verfügt, die selbst schon in der Fürsorge für ein Baby erprobt ist. Wie weiter oben erwähnt, verschieben sich außerdem mit der Geburt des Babys das Interesse und die Aufmerksamkeit der meisten jungen Mütter von Männern auf Frauen, und psychologisch entsteht (bewußt oder unbewußt) eine größere Nähe zu ihrer Mutter als zu ihrem Vater. Diese Verschiebung hat sich bereits vollzogen, wenn Sie die Möglichkeiten einer neuen und funktionierenden bestätigenden Matrix erkunden.

Viele junge Mütter wenden sich bei ihrer Suche nach Unterstützung einem Menschen aus ihrer Vergangenheit zu – wobei sich da zunächst natürlich die Mutter anbietet –, doch es muß nicht unbedingt die eigene Mutter sein, die im Mittelpunkt der bestätigenden Matrix steht. Diese Position kann jeder einnehmen, der in den ersten Jahren Ihres Lebens eine primäre Bezugsperson für Sie war – ein Großvater, eine ältere Schwester, eine Tante, oder alle zusammen. Selbst Ihre Idealvorstellung einer Mutter kann dazu gehören. Eine Mutter staunte selbst darüber, daß sie ihr Rollenmodell nicht in ihrer eigenen Familie fand, sondern in einer Familie, die sie als kleines Mädchen kannte:

> Wenn ich an mich selbst zurückdenke, als ich drei oder vier Jahre alt war, fallen mir nur noch unsere Nachbarn, die Familie DeVoe, ein. Die DeVoes hatten sechs eigene Kinder, aber sie schienen eine glückliche Familie zu sein, und wir waren oft mit ihnen zusammen. Nach der Schule saß ich in Mrs. DeVoes Küche, und sie behandelte mich, als sei ich eines ihrer eigenen Kinder. Es gab immer etwas zu essen für mich, und sie hörte mir zu, wenn ich erzählte. Bei uns zu Hause schien sich keiner für das zu interessieren, was ich erlebt hatte. Meine Mutter war berufstätig und hatte keine Zeit, um viel auf mich zu achten.
>
> Ich weiß nicht, wie Mrs. DeVoe das alles geschafft hat. Sie hatte mit ihren eigenen Kindern genug zu tun, und trotzdem hatte sie immer Zeit, mich in den Arm zu nehmen, mir etwas zu essen zu geben und mir zuzuhören. So eine Mutter möchte ich auch gern sein.

Ihre ideale Bezugsperson kann Ihre Mutter, eine Freundin, eine Verwandte oder eine Mischung aus mehreren Personen sein.

Sie kann lebendig oder tot, anwesend oder abwesend sein, in jedem Fall aber wird sie für Ihre Vorstellungen im Hinblick auf Ihre eigene Mutterschaft eine entscheidende Rolle spielen.

Die Tragweite der bestätigenden Matrix

Obwohl sich in den gesellschaftlichen Rollen von Mann und Frau so vieles verändert hat, sind die Aufgaben der frühen Mutterschaft in einem überraschend großen Ausmaß Sache der Frauen geblieben. Diese Feststellung ist wichtig, wenn man versucht, die persönlichen, politischen und kulturellen Einflüsse zu entwirren, mit denen wir in unserem Alltag zu tun haben.

Tatsächlich fällt es jungen Müttern nicht schwer, sich eine bestätigende Matrix zu schaffen. Sie entwickelt sich sogar fast von allein. In einer Studie, die wir vor einigen Jahren in Boston durchführten, fragten wir junge Mütter, ob sie nach der Geburt ihres Babys Kontakt zu anderen Menschen hatten, ob jemand länger bei ihnen zu Besuch blieb, und mit wem sie telefonierten.

Überraschend war das hohe Ausmaß an alltäglichem Kontakt, das diese jungen Mütter mit erfahreneren Müttern hatten. An einem durchschnittlichen Tag hatte jede junge Mutter mehr als zehn unterschiedliche Kontakte, das heißt Besuche oder Anrufe, also nahezu einen in jeder Stunde des Tages.

Diese bestätigende Matrix verhindert, und das ist einer ihrer ganz großen Vorteile, daß die junge Mutter über weite Strecken allein bleibt. Lange wurde vermutet, daß Mütter, die sozial isoliert oder nicht in der Lage sind, sich eine unterstützende Matrix zu schaffen, eher Probleme mit ihrem Baby haben oder depressiv werden. Für die meisten jungen Mütter ist es aber eher schwierig, mit Besuchen und Telefonanrufen so zu jonglieren, daß sie sich trotzdem noch mit ihrem Baby beschäftigen und hin und wieder schlafen können. Wenn Sie für sich selbst nach dem richtigen Gleichgewicht suchen, sollten Sie allerdings nicht vergessen, daß die unterstützenden Kontakte mit anderen Frauen kein sozialer Luxus, sondern eine psychologische Notwendigkeit sind.

Manchmal ist Ihre eigene Mutter diejenige, die in der Anfangszeit am meisten mit Ihnen zusammen ist, ob sie bei Ihnen übernachtet, um Ihnen beim Füttern zu helfen, oder ob sie einfach vorbeikommt oder kocht oder Anrufe entgegennimmt. Wenn Sie das Glück haben, eine hilfsbereite Mutter um sich zu haben, kann sie zum Angelpunkt Ihrer bestätigenden Matrix werden.

Manche jungen Mütter finden allerdings, daß der Besuch ihrer eigenen Mutter auch seinen Preis hat. So sagte beispielsweise Lucy, eine junge Mutter:

> Na ja, meine Mutter wollte für eine Woche kommen. Etwa so lange kann ich es auch aushalten. Im Haushalt und mit dem Einkaufen hilft sie mir tatsächlich. Ich hoffe bloß, daß ich mit all dem Negativen auch zurechtkomme und im Umgang mit ihr nicht wieder in die alten Gleise gerate.

Doch trotz aller Zweifel und Risiken haben die meisten jungen Mütter in dieser Zeit eine sehr positive Beziehung zu ihrer Mutter. Manche haben sogar den Eindruck, daß die Beziehung zu ihrer Mutter in dieser Phase positiver, realistischer und reifer wird und insgesamt einen großen Schritt vorankommt.

Nach Ihrer eigenen Mutter wird Ihre Schwiegermutter am zweitwichtigsten sein, auch wenn die Harmonie dieser Beziehung sehr stark davon abhängt, welche Beziehung sie zu ihrem Sohn hat. Danach kommen dann Schwestern, Tanten und Großmütter aus der mütterlichen Seite der Familie, sofern sie selbst erfahrene Mütter sind, und danach erfahrene Mütter aus der väterlichen Seite der Familie. Interessanterweise setzt sich diese Matrix nicht nur aus Frauen, und zwar erfahrenen Frauen, sondern meist aus Frauen aus der mütterlichen Seite der Familie zusammen. In dieser ersten Phase der Mutterschaft scheint die junge Mutter vor allem die Nähe der eigenen Familie zu suchen.

Und was ist mit den Männern? Natürlich sprechen Sie am Telefon mit Ihrem Vater und Ihrem Schwiegervater, im allgemeinen geht der Kontakt aber nicht von den Vätern aus. Auch Ihre Freunde verhalten sich nach demselben allgemeinen Muster, wobei die Freundinnen tendenziell eine engere Beziehung als die Freunde aufrechterhalten. Unter den Freundinnen scheinen die erfahrenen Mütter eher zu der bestätigenden Matrix beizutragen. Tatsächlich haben zahlreiche Frauen eine ganze Reihe von überdauernden Freundschaften, die aus dieser Zeit in ihrem Leben datieren. Noch Jahre später sagen viele Frauen: »Das ist meine Freundin. Wir hatten unsere Babys zusammen.«

Freunde rufen auch an oder kommen vorbei, aber meistens erkundigen sie sich nach dem Befinden von Mutter und Kind und kommen dann wieder auf die Themen zu sprechen, die sie auch schon vor der Geburt hauptsächlich beschäftigt haben, beispielsweise zu der Frage, was im Büro gerade los ist. Die Rolle der Freunde scheint es zu sein, der jungen Mutter Nachrichten aus der Außenwelt zu bringen, während die privaten Einzelheiten des Zusammenlebens von Mutter und Kind der weiblichen Matrix vorbehalten bleiben.

Erinnerungen an die eigene Kindheit: Stille Kontemplation

Wie wir gesehen haben, denkt die zukünftige Mutter schon in der Schwangerschaft vermehrt über die mütterlichen Figuren ihrer eigenen Kindheit nach. Oft stellen Frauen geradezu überrascht fest, daß ihre eigenen Mütter ganz ähnliche Erfahrungen gemacht haben wie sie selbst. Vielleicht fällt ihnen das zum ersten Mal auf, so daß sie mehr über ihre Vergangenheit wissen wollen. Diese Wißbegierde bleibt, oft unbewußt, auch lange nach der Geburt des Babys noch wach, und zeigt sich beispielsweise in Träumen und Bruchstücken von Erinnerungen. Dann wieder ist diese Neugier durchaus bewußt, und Sie fragen Ihre Mutter direkt, wie sie mit Ihnen umging, als Sie noch ein Baby waren. Manche Mütter haben ein sehr feines Gefühl dafür, wie lebendig ihre Vergangenheit mit ihrer eigenen Mutter wieder geworden ist. Bei anderen verläuft diese Überarbeitung der Vergangenheit eher unbemerkt.

Warum eigentlich wird die Vergangenheit in dieser Weise lebendig? Zum Teil hat dies mit Ihrer Suche nach Rollenmodellen zu tun – weil Sie sich fragen, welche Gefühle Sie dem neuen Baby gegenüber entwickeln, und wie Sie mit ihm umgehen sollen. Wie bei anderen neuartigen Situationen in Ihrem Leben durchsuchen Sie auch jetzt automatisch Ihre vergangenen Erfahrungen daraufhin, ob Sie etwas finden, das sich bei der Bewältigung Ihrer neuen Aufgabe verwerten ließe.

Die grundsätzliche Vorstellung, daß wir die Vergangenheit heranziehen, um Anhaltspunkte für die Gegenwart zu haben, wird durch zahlreiche neue Erkenntnisse zur Funktion des Gedächtnisses gestützt. Traditionell nahm man an, daß das Gedächtnis eine Art persönliche Bibliothek sei, in der jede Erinnerung wie ein Buch registriert und in einem Regal aufbewahrt werde. Man vermutete, daß wir uns Erinnerungen etwa so ins Gedächtnis rufen, wie wir eine Kartei durchsuchen, und daß sich in dieser Erinnerungskartei jeweils die gesamte ursprüngliche Erfahrung wiederauffinden lasse.

Eine neuere Sichtweise geht davon aus, daß es nur sehr wenige vollständige und originalgetreue Erinnerungen gibt – keine Bücher, nicht einmal ganze Abschnitte. Erfahrungen werden vielmehr in Fragmenten von kleinen Gedächtnisspuren gespeichert, von denen eines allein weder besonders viel Sinn ergibt noch eine ganze erinnerte Erfahrung umfaßt, geschweige denn eine »originalgetreue« Erinnerung darstellt. Erinnerung besteht also aus einer Vielzahl von Spuren, die im Gehirn verstreut sind. Wer sich an etwas erinnert, wählt verschiedene Spuren aus und konstruiert daraus eine vollständige Erinnerung. Diese Konstruktion ist aber nie identisch mit der ursprünglichen Erfahrung. Vielmehr wählen wir immer dann, wenn wir uns an etwas erinnern, leicht unterschiedliche Gedächtnisspuren aus und setzen sie immer wieder leicht verändert zusammen. Daher sind zwei Erinnerungen an ein und dasselbe ursprüngliche Ereignis auch nie genau gleich.

Wovon hängt es nun ab, welche Gedächtnisspuren Sie auswählen und wie Sie sie zusammensetzen? In dem Augenblick, in dem Sie sich an etwas erinnern, sind Sie in einer bestimmten Situation, Sie befinden sich in einer bestimmten geistigen Verfassung und haben ganz bestimmte Gefühle. Dieser Kontext bestimmt darüber, welche Bedeutung Sie Ihrer Erinnerung geben und welche Einzelheiten Sie sich ins Gedächtnis rufen.

Angenommen, Sie stecken an einem heißen Tag auf der Straße zum Strand im Stau, und plötzlich fällt Ihnen ein Auto ein, das Ihre Familie hatte, als Sie noch klein waren. Sie erinnern sich, daß wenn das Auto in der Sonne gestanden hatte, die Sitze so heiß waren, daß man sie nicht berühren konnte. Vielleicht haben Sie jahrelang nicht einmal an dieses Auto gedacht. Der Augenblick, in dem Ihnen dieses Auto einfällt, wird als »gegenwärtiger Erinnerungskontext« bezeichnet und bestimmt nicht nur darüber, welche Fragmente Sie aus Ihren Gedächtnisspuren auswählen, sondern auch darüber, wie Sie sie zusammensetzen, um eine vollständige und sinnvolle Erinnerung zu erhalten.

Jedesmal, wenn Sie sich an etwas erinnern, wie beispielsweise an dieses ganz bestimmte Auto aus Ihrer Kindheit, ist Ihre Erinnerungserfahrung zwangsläufig einzigartig, weil die Umstände des Erinnerungskontextes nie ganz gleich sind. Wenn Sie sich das nächste Mal an das Auto erinnern, sitzen Sie vielleicht zu Hause vor dem Fernseher, und die Erinnerung wird durch einen Werbespot ausgelöst. Der Akt des Erinnerns erfolgt in der Gegenwart und nicht in der Vergangenheit. Wir erinnern uns, um besser zu verstehen, was in unserer Gegenwart geschieht. In diesem Sinne – so merkwürdig das auch klingen mag – nutzen wir die Vergangenheit, um uns an die Gegenwart zu erinnern.

Diese Sichtweise des Erinnerns läßt sich auch auf die junge Mutter anwenden. Mit Ihrem Baby zusammen befinden Sie sich in unablässig neuen »gegenwärtigen Erinnerungskontexten«. Das ist zum Beispiel dann der Fall, wenn Sie Ihr Baby im Arm haben und sein weiches Köpfchen an Ihrem Hals spüren, oder wenn Ihr Baby beim Wickeln zappelt, schreit und untröstlich ist. Jeder dieser Augenblicke, und davon gibt es an jedem Tag viele, ist für Sie ein neuer »gegenwärtiger Erinnerungskontext«, der Fragmente aus Ihrem Gedächtnis holt und sie zu etwas Sinnvollem zusammensetzt, das Ihnen Wege für Ihr gegenwärtiges Handeln aufzeigen kann.

Da Ihr Baby Ihr gegenwärtiger Erinnerungskontext ist, werden Sie zwangsläufig die Gedächtnisspuren durchsuchen, die für diese Situation relevant sind. Dabei ist es logisch, daß Sie diejenigen Gedächtnisspuren aus Ihrer mentalen Datei heraussuchen, die Ihre eigenen Erfahrungen mit Ihrer Mutter betreffen. Worauf könnten Sie sonst zurückgreifen, und was könnten Sie sonst als Anleitung nutzen?

Alle diese Überlegungen bringen uns zu einer der emotional am stärksten besetzten Fragen, die Sie sich stellen werden: Werden Sie so sein wie Ihre eigene Mutter?

»Werde ich so sein wie meine eigene Mutter?« – Bindungsmuster

Viele neuere Studien zeigen, daß das Bindungsmuster, das Sie zu Ihrem Baby entwickeln, weitgehend von dem Bindungsmuster zwischen Ihnen und Ihrer eigenen Mutter bestimmt ist. Dieses Bindungsmuster beschreibt, wie Mutter und Baby sich zueinander verhalten, und welche Gefühle sie zueinander entwickeln, wenn sie das Wechselspiel von Trennung und Wiederfinden aushandeln. Wenn das Baby etwa ein Jahr alt ist und anfängt, mobiler zu werden, zeigt sich bereits deutlich ein individuelles Bindungsmuster. Von jetzt an kann nicht nur die Mutter, sondern auch das Kind Trennung und Rückkehr initiieren.

Für ein Baby ist die Trennung von seiner primären Bezugsperson einer der traumatischsten und doch häufigen Aspekte des normalen Lebens. Besonders schwierig wird es, wenn das Baby unter Streß steht, wenn es an einem fremden Ort ist, wenn es müde, krank oder verletzt ist, und wenn die Trennung lange andauert. Am deutlichsten zeigen sich individuelle Bindungsmuster in einer Situation, in der Mutter und Kind sich nach einer Trennung wiedersehen. Ihr jeweiliges Verhalten ist von Kultur zu Kultur unterschiedlich.

Wenn sich in unserer Kultur Mutter und Kind nach einer Trennung wiedersehen, laufen sie in dem Moment aufeinander zu, in dem sie sich sehen. Babys strecken normalerweise die Arme nach ihrer Mutter aus und zeigen mit dieser Geste, daß sie von ihr hochgenommen werden wollen. Die Mutter nimmt das Kind entweder hoch, oder aber sie kniet nieder und umarmt es. Dann halten sich beide eine Weile fest. Diese Umarmung ist ein lebenswichtiges Verhalten. Eine Umarmung mit beiden Armen, in der Mutter und Kind sich Brust an Brust umschlungen halten, ist wahrscheinlich die einzige zutiefst beruhigende Geste, die Menschen und Menschenaffen gemeinsam haben. Viele Kinder kuscheln den Kopf an den Hals ihrer Mutter und intensivieren damit diese ganz besondere Umarmung.

Nachdem die Umarmung ihre Zauberkraft entfaltet hat, ist das Baby wieder bereit loszulassen und sich von der Mutter zu lösen. Die Mutter streichelt es vielleicht noch einmal oder tätschelt ihm den Rücken oder streicht ihm durchs Haar. An diesem Punkt hat das Kind psychologisch die Bindung an die Mutter erneuert (manche sagen auch, es hat wieder aufgetankt), und so kann es sich wieder von ihr trennen und weiterspielen. Dieses ganze Wiedervereinigungs-Szenario braucht nur ein paar Sekunden zu dauern, um die Verbindung zwischen den beiden Partnern wiederherzustellen und die Trennung zu überwinden. Ein solches Verhalten wird als »sicheres« Bindungsmuster bezeichnet.

In unserer Kultur gibt es zwei »unsichere« Bindungsmuster. Beim ersten scheinen Mutter und Kind einander beim Wiedersehen zu meiden, fast so, als gäbe es gar kein Wiedersehen und als sei niemand zurückgekommen, oder als habe es erst gar keine Trennung gegeben. Bei diesem Vermeidungsmuster scheint das Baby, wenn die Mutter zurückkehrt, gar nichts zu tun. Es gibt keine gegenseitige Annäherung und keine Umarmung. Es scheint fast, als leugne das Baby die Bedeutung des Ereignisses. Tatsächlich würden die meisten Mütter, deren Verhalten in dieses Bindungsmuster fällt, das Baby zurückweisen oder negativ reagieren, wenn das Baby demonstrativer auf sie zugehen würde. Das Baby hat das gelernt und erzeugt eigentlich, gerade indem es nichts tut, eine größere Nähe zu seiner Mutter. Obwohl solche Babys auf die Rückkehr ihrer Mutter nicht zu reagieren scheinen, ist ihnen dies vollkommen bewußt, und sie zeigen viele innere Anzeichen der Angst.

Das zweite »unsichere« Bindungsmuster ist das genaue Gegenteil. Das Baby scheint ambivalent; es zeigt einerseits Anzeichen dafür, daß es eine enge Bindung an die Mutter anstrebt, und weist andererseits deren Annäherungsversuche zurück. Im Ergebnis werden dadurch die Verhaltensweisen des Wiederfindens übertrieben. Sie sind intensiver und dauern länger. Die Mutter ist gezwungen, sich demonstrativer zu verhalten und mehr zu tun, ganz so, als verfolge das Kind eine Strategie, die die Mutter zwingt, mehr Bindungsverhalten zu zeigen.

Solche Bindungsmuster sind unter anderem deshalb so wichtig, weil sich aus ihnen recht genau ableiten läßt, wie sich das Baby später in seinem Leben psychologisch anpassen kann. Sie sind ziemlich präzise Indikatoren dafür, wie sich das Baby als Kleinkind im Umgang mit Gleichaltrigen und dann auch im Kindergarten und in der Schule im Umgang mit Lehrern und anderen Kindern verhält.

Wahrscheinlich gibt es neben dem Bindungsmuster zahlreiche andere Verhaltensmuster zwischen Mutter und Kind, die tendenziell von einer Generation an die nächste weitergegeben werden, doch zum Bindungsmuster liegen bisher die meisten psychologischen Untersuchungen vor. Als junge Mutter werden Sie tendenziell bei Ihrem eigenen Kind diejenigen Bindungsmuster wiederholen, die Sie selbst als Kind erlebt haben. Wir bezeichnen dies als »intergenerationalen Transfer« eines Verhaltensmusters.

Wir vermuten, und die Lebenserfahrung bestätigt das auch, daß viele Aspekte des Verhaltens bis zu einem gewissen Grad von einer Generation an die nächste weitergegeben werden, wie beispielsweise die Art, wie man seine Liebe zum Ausdruck bringt, wie man zeigt, daß man anderer Meinung ist, wie man streitet und seinen Zorn äußert, wie man Streitigkeiten beilegt, das Maß von Toleranz für unterschiedliche Verhaltensweisen, die Art, wie man seine Gefühle mitteilt oder verbirgt, wie man Neugier zeigt und die Welt erkundet, wie man auf Veränderungen reagiert, wie man neue Informationen und Vorstellungen aufnimmt und wie man sich loyal zeigt und sich ehrlich verhält.

Dieselben Einflüsse, die einen intergenerationalen Transfer von Verhaltensmustern bewirken, können auch dazu führen, daß solche Muster von der nächsten Generation abgelehnt werden. Oft heißt es, bestimmte Persönlichkeitsmerkmale würden eine Generation überspringen. Wenn die Großeltern streng waren, sind die Eltern vielleicht eher permissiv und die Kinder dann, wenn sie selbst Eltern werden, wieder strenger. Viele intergenerational weitergereichte Verhaltensweisen sind auch relativ stark an das Geschlecht gebunden, da Söhne eher wie ihre Väter und Töchter eher wie ihre Mütter erzogen werden.

Der intergenerationale Transfer gilt normalerweise als Erfahrungstatsache, die aber emotional sehr stark besetzt ist. Wenn es ganz spezifisch um die Frage geht, ob Mütter sich ihrem Baby gegenüber so verhalten, wie ihre Mütter sich ihnen gegenüber verhalten haben, deutet immer mehr darauf hin, daß intergenerationale Kräfte eine erhebliche Rolle spielen und die junge Mutter beim Aufbau ihrer Beziehung zu ihrem Baby erheblich beeinflussen.

Wie Mütter dem Schicksal ihrer eigenen Vergangenheit entgehen

Glücklicherweise sind Sie als junge Mutter nicht zwangsläufig dazu bestimmt, die alten Mutterschaftsmuster, die Sie selbst erlebt haben, zu wiederholen. Je besser Sie Ihre eigene Beziehung zu Ihrer Mutter verstehen und damit zurechtkommen, desto unwahrscheinlicher ist es, daß Sie diese Muster gedankenlos wiederholen. Dennoch bedarf es einer erheblichen Fähigkeit zur Selbstreflexion und Einsicht, wenn Sie zu einem reifen und objektiven Verständnis dieser Beziehung gelangen wollen.

Die Beziehung selbst braucht sich gar nicht so sehr zu verändern, vielmehr kommt es darauf an, daß Sie sie anders verstehen. Eine Frau, die in der Lage ist, die Geschichte der Beziehung zu ihrer Mutter offen und aus einem neuen Blickwinkel zu rekonstruieren, befreit sich dadurch weitgehend von ihrer Vergangenheit.

Carol ist ein gutes Beispiel für einen solchen Erkenntnisgewinn.

> Meine Mutter war die schlimmste Mutter auf der nördlichen Erdhalbkugel. Erstens hatte sie mich schon gar nicht gewollt. Sie vernachlässigte mich, und wenn sie sich ärgerte, schlug sie mich manchmal ins Gesicht. Dann war sie für mich lange Zeit überhaupt nicht zugänglich. Wenn sie nach Hause kam, schien sie gar nicht zu bemerken, daß ich auch da war. Wenn ich sie ansprach, wurde sie wütend.

Als kleines Mädchen erlebte Carol eindeutig eine verarmte Beziehung und entwickelte ein unsicheres Bindungsmuster im Verhältnis zu ihrer Mutter. Daher könnte man vermuten, daß sie einige dieser Muster im Umgang mit ihrem Baby wiederholen würde. Doch Carol fuhr fort:

> Das klingt alles ziemlich schrecklich, aber tatsächlich gab es auch gute Augenblicke. Ich glaube, in der Zeit, als ich noch klein war, hatte meine Mutter es ziemlich schwer. Ihre Ehe war schon brüchig, als sie schwanger wurde. Kurz vor meiner Geburt wurde mein Vater inhaftiert, und meine Mutter war ohne Familie und ganz allein. Ich weiß, daß sie völlig überfordert war und darauf entweder mit Rückzug oder mit Zorn und Wutausbrüchen reagierte. Dies waren dann die Augenblicke, wo sie mich schlug. Es gab aber auch ruhige Momente und glückliche Zeiten. Sie hatte eine wunderbare Stimme, manchmal sang sie mir etwas vor und tanzte mit mir. Darauf freute ich mich immer am meisten. Als ich etwa zwei Jahre alt war, kam mein Vater aus dem Gefängnis zurück, und es war die

> Hölle. Meine Mutter begann zu trinken und wurde immer depressiver und unzugänglicher. Manchmal versuchte sie es doch, dann gingen wir einen Nachmittag lang allein weg und amüsierten uns. Das kam höchst selten vor, aber sie bemühte sich immer wieder. Sie strengte sich immer wieder an, wenn sie dazu in der Lage war, aber sie war keine starke Persönlichkeit. Es fiel ihr schwer, mit ihren Problemen fertig zu werden. Das ist auch heute noch so. Ich war ein ziemlich lebhaftes Kind und brauchte viel Aufmerksamkeit, das Gefühl hatte ich jedenfalls. Wahrscheinlich wäre es für uns beide einfacher gewesen, wenn ich nicht so schwierig und lebhaft gewesen wäre. Aber ich konnte nicht aus meiner Haut, genau so wenig wie sie. Trotzdem taten wir beide auf unsere Weise unser Bestes.

Carol hat viel Energie in den Versuch gesteckt, zu verstehen, was geschehen ist und warum die Beziehung ihrer Mutter zu ihr so negativ war. Das Ergebnis ihres Nachdenkens ist ein abgerundetes, ziemlich ausgeglichenes Bild, das ihr ermöglicht, das intergenerationale Muster zu durchbrechen. Tatsächlich gelang es ihr, zu ihrer eigenen Tochter ein sicheres Bindungsmuster zu entwickeln.

So wie es Bindungsmuster zwischen Baby und Mutter gibt, so gibt es auch erwachsene Bindungsmuster zwischen Frauen und ihren eigenen Müttern. Diese Muster gleichen in vielerlei Weise den Bindungsmustern, die wir zwischen Mutter und Baby beschrieben haben. Manche Frauen leugnen oder unterschätzen die Bedeutung ihrer Vergangenheit und ihrer erwachsenen Beziehung zu ihrer eigenen Mutter. Sie denken selten darüber nach und halten sie für unwichtig dafür, wie sie mit ihren eigenen Kindern umgehen. Sie haben relativ wenig mit ihren Müttern zu tun und erwarten nicht, daß sie als Großmutter eine besonders wichtige Rolle spielen.

Dieses Verhaltensmuster gleicht dem »unsicheren«, vermeidenden Bindungsverhalten zwischen Mutter und Baby, das weiter oben im Zusammenhang mit den unterschiedlichen Stilen dargestellt wurde, wie die Mutterschaft erlebt wird. Beim vermeidenden Bindungsmuster betrachten Mütter ihre Erfahrungen mit ihrer eigenen Mutter relativ distanziert. Dieses erwachsene Bindungsmuster führt unter anderem zu dem Problem, daß wenn Sie eine große emotionale Distanz zu Ihren eigenen Erfahrungen als Kind schaffen, sie nicht in der Lage sind, so wie Carol darüber zu reflektieren. Daraus folgt dann, daß familiäre Bindungsmuster eher wiederholt werden.

Bei einem weiteren »unsicheren« Bindungsmuster zwischen erwachsenen Frauen und ihren Müttern sind beide so stark in das Leben der anderen verstrickt und verwickelt, daß nicht mehr klar ist, wer die Mutterrolle innehat und wer nicht. Bei diesem Bindungsmuster, das wir als »Nahaufnahme« bezeichnen, stellt sich unter anderem das Problem, daß es der Tochter schwerfällt, die so notwendige emotionale Distanz zu schaffen, aus der heraus sie die Beziehung klar erkennen könnte. Auch dieses Muster erschwert es, die Verhaltensmuster der Vergangenheit zu vermeiden.

Natürlich hängt es nicht nur von den Ereignissen in Ihrer Vergangenheit ab, was für eine Mutter Sie sein werden. Eine große Rolle spielt auch, wie sehr Sie sich darum bemühen, diese Vergangenheit zu verstehen. Oft kommt es nicht so sehr darauf an, ob das, was tatsächlich geschehen ist, gut oder schlecht war, sondern darauf, daß Sie Ihre Vergangenheit begreifen und sie zu einer kohärenten Autobiographie umformen.

Dreiecke, die sich verschieben

Wie wir gesehen haben, wird das Mutter-Vater-Kind-Dreieck Ihrer Kindheit, in dem Sie das Kind waren, mit der Geburt Ihres Babys verdrängt durch ein neues Dreieck, in dem Sie die Mutter sind. Mit Ihrer eigenen Mutterschaft entsteht ein drittes Dreieck, das eine Zeitlang im Zentrum Ihrer emotionalen Bühne steht. Gemeint ist das Dreieck Mutter-Kind-Großmutter. Was die alltäglichen Ereignisse und den Tagesrhythmus angeht, nimmt das Dreieck der neuen Familie (Mutter-Vater-Baby) am meisten Zeit, Aufmerksamkeit und Kraft in Anspruch. Dies ist das Dreieck, das auch die Außenwelt sieht und mit dem man Sie identifiziert. Daneben aber entsteht unter der Oberfläche auch das neue Dreieck Mutter-Baby-Großmutter mütterlicherseits. Junge Mütter sind oft überrascht, wie dominant dieses Dreieck in ihrer inneren psychischen Landschaft ist. Sie als junge Mutter müssen die Anforderungen dieses Dreiecks an Ihre Aufmerksamkeit und Ihre psychologischen Anstrengungen erfüllen, um sich einen Freiraum zu verschaffen und sich allen Ihren neuen Aufgaben widmen zu können. Von diesem Dreieck ist in unseren psychologischen Theorien nur selten die Rede.

Rein äußerlich und praktisch gesehen, ist in dieser Zeit neben dem Baby Ihr Mann die wichtigste Person. Doch unter Bedingungen, die »gut genug« sind, muß diese Beziehung nicht überdacht werden. Vielleicht sind größere Anpassungen erforderlich, doch im wesentlichen ist Ihre Beziehung zu Ihrem Partner geklärt und kann gewissermaßen als selbstverständlich gelten. Mit Ihrer eigenen Mutter ist das anders. Im Verhältnis zu ihr müssen Sie Ihre vergangene und Ihre gegenwärtige Beziehung neu bewerten, und das oft so tiefgreifend, wie Sie es bisher noch nie getan haben. Daher behaupten wir auch, daß das Dreieck Mutter-Baby-Großmutter zum heimlichen Werkraum für einen Großteil der psychologischen Energie einer jungen Mutter wird.

Wenn einige Wochen oder Monate Ihrer jungen Mutterschaft vergangen sind, werden Sie wahrscheinlich feststellen, daß Sie sich im Zentrum einer bestätigenden Matrix befinden, die sich aus Familienmitgliedern und alten und neuen Freundinnen zusammensetzt. Alle diese Frauen werden selbst Erfahrungen als Mutter haben, sie werden Ihnen helfen können, ein Resonanzboden für Sie sein, und Ihnen generell bestätigen können, daß Sie sich in Ihrer neuen Rolle gut zurechtfinden. Unter all den Menschen in Ihrer persönlichen Matrix ist Ihre Mutter diejenige, die Sie emotional am meisten beeinflußt. Deshalb erfordert diese Beziehung auch, unabhängig davon, ob sie gut oder schlecht ist, Ihre Zeit, Ihre Aufmerksamkeit und vielleicht vor allem Ihre Bereitschaft zur Reflexion.

KAPITEL 7

Eine Mutter erzählt

In diesem Kapitel berichtet eine Mutter, wie sich ihr Denken im ersten Lebensjahr ihres Kindes veränderte. Ihre Sorgen im Zusammenhang mit der Mutterschaft, gepaart mit ihrer ganz persönlichen Geschichte, ihren Hoffnungen und Befürchtungen, und die Einflüsse der Kultur, der sie angehört, verschmolzen zu einer neuen Identität. Mit großer Offenheit läßt sie uns an ihrer inneren Welt teilhaben, die unter der Oberfläche der alltäglichen Verrichtungen und Ereignisse im Zusammenhang mit der Fürsorge für ein Baby entsteht. Sie spricht sämtliche großen Aufgaben der Mutterschaft an, die wir weiter oben beschrieben haben: Das Überleben des Babys, die Liebe zu ihm und die Suche nach Bestätigung. Ihr Bericht ist besonders eindrucksvoll, weil sie völlig normal und eigentlich eine gute Mutter ist. Ihre Geschichte ist zwar einzigartig, aber auch ganz gewöhnlich.

Dieser ehrliche Bericht mag Ihnen helfen, sich mit Ihren eigenen Sorgen, Befürchtungen und Hoffnungen, die denen fast aller jungen Mütter unweigerlich gleichen, besser zu fühlen. Wenn Sie Ihre Überlegungen mit einer größeren inneren Ruhe angehen können, fällt es Ihnen auch leichter, unvoreingenommen über sie nachzudenken, sie anderen mitzuteilen und so besser mit ihnen umzugehen.

Als mein Sohn Nikolai nach achtzehn Stunden qualvoller Wehen und Rückenschmerzen geboren wurde, wobei sein Köpfchen bei jeder Kontraktion gegen mein Steißbein gestoßen war, sagte die Hebamme als erstes: »Sein Tonus gefällt mir nicht.« Die Ärztin tat, was sie konnte, sie hielt ihn verkehrt herum und klopfte ihm auf den Rücken, aber sie brachte ihn nicht zum Schreien. »Sie haben doch kein Pethidin bekommen, oder?« fragte sie, da sie erst zu den Preßwehen gekommen war. »Er wirkt wie ein Baby, das unter Pethidin steht.« Als wären wir nicht schon besorgt genug, hatte er auch noch eine riesige schwarzblaue Beule an einer Seite seines Köpfchens. Mein Mann Michael und ich befürchteten, daß sich unsere schlimmste Sorge bewahrheitet hatte – unser Kind hatte einen Hirnschaden.

Gott sei Dank waren unsere Befürchtungen unbegründet. Nachdem ich vergeblich versucht hatte, Nikolai anzulegen – »Sie können es ja mal versuchen«, hatte die Hebamme gesagt, »aber ich glaube nicht, daß es klappt« –, begleitete Michael unser schläfriges Baby zum Säuglingszimmer, wo es laut schreiend gegen das Bad protestierte und uns damit die Gewißheit gab, daß es in Ordnung war. Unser Kinderarzt machte, eigentlich eher zu unserer als zu seiner Beruhigung, eine Schädelsonographie. »Nur für den Fall, daß er mit drei sein Hemd nicht mehr über den Kopf kriegt«, sagte er. Oben in der Radiologie sahen wir durch die Fontanelle am Kopf unseres Babys sein wunderbares, vollkommen geformtes Gehirn.

»Der geht mal nach Harvard«, sagte der Assistent. Michael und ich seufzten erleichtert auf, aber insgeheim fühlte ich mich entsetzlich schuldig, weil ich das Gefühl hatte, mein Baby in jenen Millisekunden nach der Geburt, die mir wie Stunden erschienen waren, zurückgewiesen zu haben. Ich hatte mich von meinem Neugeborenen distanziert, um mich darauf vorzubereiten, daß es mir wieder genommen würde, ganz so, als könnte ich mich vor dieser schrecklichen Liebe schützen.

Nun rückt der Tag von Nikolais erstem Geburtstag näher, und ich weiß inzwischen, daß sowohl meine Befürchtung, er könne einen Hirnschaden haben, als auch die Art, wie ich mich in der Reaktion auf diese Befürchtung von ihm zurückgezogen hatte, ein vertrautes Muster in meinem Leben ist. In diesem Muster von Befürchtungen und Rückzug zeigt sich mein Gefühl, daß ich nicht in der Lage sein könnte, eine affektive Beziehung zu meinem Sohn aufzubauen, und daß ich ihn auf die eine oder andere Weise verlieren könnte.

Natürlich gab es dieses Muster nicht erst von Nikolais Geburt oder auch von seiner Empfängnis an. Kurze Zeit nach der Trennung meiner Eltern, ich war damals acht Jahre alt, gab mir meine Mutter ein Buch zum Thema Scheidung. Dieses Buch enthielt ein Kapitel mit der Überschrift »Das einäugige Monster«. Ich weiß noch, daß ich dieses Kapitel sofort aufschlug, weil ich dachte, daß wer immer dieses Buch geschrieben haben mochte, es jemand sein mußte, der begriff, daß ich seit der Scheidung meiner Eltern nachts Angst hatte, und der mir vielleicht etwas sagen konnte, das mich beruhigte und woran ich um Mitternacht denken konnte, wenn ich wieder einmal Angst hatte, daß die Eichhörnchen auf dem Dach in Wirklichkeit ein Mörder waren, der dem, was von meiner Familie übrig geblieben war, den Rest geben würde. Eigentlich wollten die Autoren aber sagen, daß ein Scheidungskind wie ein einäugiges Monster (sprich: mit einem Elternteil) ist, das Angst hat, auch dieses eine Auge noch zu verlieren und dann blind (sprich: allein) zu sein. In einem allgemeinen Sinne hatten die Autoren durchaus recht – aus der Scheidung meiner Eltern war ein Monster geboren, das die Form des Verlusts hatte. Ich hatte nicht nur meine Familie, so wie ich sie bis dahin kannte, verloren, sondern auch mein Gefühl, eine maßgebliche Rolle zu spielen und berechtigte Ansprüche zu haben, mein Gefühl, daß ich liebenswert war und lieben konnte.

So alltäglich und banal Scheidungen in den späten Sechzigern auch waren – für mich war die Scheidung meiner Eltern ein plötzlicher Tod – der Tod der Familie, der Tod des Glücks, der Tod der Liebe. »Mama und Papa lieben euch beide sehr«, sagte meine Mutter zu mir und meinem Bruder, »aber Papa liebt Mama nicht mehr.« Bei diesen Worten brachen wir beide in Tränen aus, denn wir wußten, welche Bedeutung die Liebe hatte, wir wußten, daß unser Haus darauf gebaut war, daß unser Leben davon abhing und daß wir ohne Liebe nicht überleben konnten.

In einem anderen Kapitel des Buches von dem einäugigen Monster wurde mir erklärt, daß die Scheidung meiner Eltern nicht meine Schuld war. Das hatte ich auch nie gedacht. Was immer die Liebe meiner Eltern getötet hatte, war rasch und leise und ohne Vorwarnung gekommen. Daraus lernte ich eine wichtige Lektion: Wenn es meine Eltern erwischen konnte, konnte es auch mich erwischen. Keiner war davor gefeit.

Sechsundzwanzig Jahre später ist diese Botschaft immer noch tief in mir verankert. Außerdem habe ich das Gefühl, daß weil mir das passiert ist, weil meine Familie in sich zusammenbrach, als ich acht war, ich irgendwie keine glückliche Familie verdiene und jetzt als Mutter dieses Geschenkes nicht würdig bin. Ich glaube nicht, daß ich mir die Schuld an der Scheidung meiner Eltern gab, aber wahrscheinlich hatte ich irgendwie das Gefühl, sie sei mein Verhängnis.

Als ich älter wurde, zeigte sich das Monster in der Angst, ich könnte keinen Mann finden, die sich in die Angst verwandelte, daß ich keine Kinder bekommen könnte, die sich in die Angst verwandelte, daß ich in den ersten drei Monaten eine Fehlgeburt haben könnte, die sich in die Angst verwandelte, daß mein Baby mit einer schrecklichen Krankheit geboren werden könnte. Irgendwie hatte ich das Gefühl, daß mir ein so vollkommenes Glück, von einem liebevollen Ehemann bis hin zu einem Baby, das sein warmes Köpfchen in die Kuhle an meinem Hals schmiegen würde, mir, einer Tochter der Scheidung und einem Kind des familiären Elends, sicher nie vergönnt sein würde.

Während meiner Schwangerschaft hatte ich nie die Vorstellung zugelassen, wie es wäre, mein Baby im Arm zu halten – auch da wieder reagierte ich, als könnte ich mich vor dem verheerenden Gefühl schützen, das mich überwältigen würde, wenn etwas schief gehen sollte. Ich konnte mir höchstens die Vorstellung zugestehen, wie es wäre, wenn ich ihm unterschiedliche Kopfbedeckungen aufsetzen würde: eine kleine Baseball-Mütze, ein marokkanisches Käppchen, ein kleines Mützchen mit drei Zipfeln, das mir meine Bürokolleginnen geschenkt hatten.

Ich kaufte auch nichts für das Baby. Im September sollte es kommen, aber als der August näherkam, hatten Michael und ich noch kein einziges Hemdchen besorgt. Die Geschenke, die man uns schickte, winzige weiße Mokassins mit einer Perlenverzierung, eine Rassel, eine Arche Noah voller kleiner Paare von Kühen, Zebras, Löwen und Alligatoren, versteckte ich auf einem Brett im Wäscheschrank, auf das ich kaum einen Blick zu werfen wagte.

Vielleicht lag es daran, daß ich mir die Vorstellung des Babys in meinem Arm nie zugestanden hatte, jedenfalls war ich völlig unvorbereitet auf die Liebe, die ich für Nikolai empfand. Als er auf meiner Brust lag, sein Köpfchen so klein auf meiner Schulter, überflutete mich die Liebe zu ihm wie eine Welle. Hand in Hand mit dieser wahnsinnigen Liebe überfiel mich eine Furcht, die mich mutlos machte. Ich erinnere mich an eine befreundete Schriftstellerin, die vierzehn Romane geschrieben hat, und die mir sagte, sie habe vor ihren Kindern kein einziges Wort geschrieben, weil sie vorher eigentlich keine Ahnung vom Leben gehabt habe. »Sie nehmen dich als Geisel«, sagte sie damals, und ich wußte nicht, was sie meinte, bis ich Nikolai auf meiner Brust fühlte, wie er so entschlossen atmete, so ernsthaft damit beschäftigt war zu schlafen, mit zuckenden Händchen, weil er, wie die Krankenschwester sagte, Angst davor hatte zu fallen.

Als ich aus dem Krankenhaus nach Hause kam, ging ich fast einen Monat lang nicht aus dem Haus. Ich schob es auf den Schlafmangel und auf die Tatsache, daß die Geburt so schwer gewesen war, aber der eigentliche Grund war wohl vor allem, daß ich mich so sehr über meine Liebe zu Nikolai freute, und daß ich die magische Seifenblase, die uns alle in der Wohnung umgab, nicht zerstören wollte. Zugleich war ich am Boden zerstört von dieser Liebe und von der Erkenntnis, daß ich von nun an nie wieder würde sicher sein können.

Ich bedrängte eine andere Freundin, mir zu sagen, wie es war, ein Baby zu haben, und sie antwortete, für sie sei es so ähnlich wie eine Operation am offenen Herzen. Herzpatienten haben oft am dritten Tag nach der Operation eine »Depression«, die man auf den Schlafmangel zurückführt. Wahrscheinlich ist die Hauptursache aber ihre Reaktion auf die »extrakorporale Zirkulation«, das heißt die Tatsache, daß ihr Blut außerhalb ihres Körpers zirkulierte. Manche Herzpatienten brauchen Monate, um sich von dieser Erfahrung zu erholen. Mütter erholen sich nie davon.

In diesen ersten Tagen voller Zärtlichkeit, in denen wir Nikolai nach Hause brachten, konnte ich es kaum aushalten, wenn meine Verwandten ihn im Arm hielten. Es war weniger die wenn auch irrationale Angst, daß sie ihn fallen lassen oder ihm sonst irgendwie schaden könnten, sondern vielmehr das Gefühl, daß *ich* ihn halten wollte und daß er bei *mir* sein sollte. Ich atmete erst dann wieder auf, wenn er wieder in meinen Armen war, wo er hingehörte.

Wenn ich unseren Hund anschaute, unsere liebe, folgsame Rosie, die bis zu Nikolais Geburt unser Baby gewesen war, sah ich nur noch einen Fleischfresser. Ich hatte die entsetzliche Angst, daß sie aus irgendeinem atavistischen Impuls heraus Nikolai aus seinem Körbchen stehlen, am Genick packen und auffressen könnte.

Als Freunde von uns unangekündigt mit ihrem Kleinkind vorbeikamen, mußte ich mich bemühen, höflich zu bleiben, denn das Kind, das ich zuvor als niedliches Baby wahrgenommen hatte, erschien mir nun als riesiges, plumpes Wesen, das mit Krankheitskeimen aus seiner Kindergruppe um sich warf. Wie kamen sie eigentlich dazu, dieses Kind in einen Raum mit meinem reinen, unbefleckten und verletzlichen Neugeborenen zu stecken? Als Michael und ich die ersten tastenden Schritte mit unserem Baby nach draußen taten, war ich schockiert über meine Reaktion, wenn Leute, die wir von unseren Spaziergängen mit dem Hund kannten, einen Blick in den Kinderwagen werfen wollten. »Bleiben Sie weg«, wollte ich da jedesmal sagen.

Plötzlich sah und hörte ich alles mit den Augen und Ohren einer Mutter. Schlechte Nachrichten, und erst recht die Nachrichten im Fernsehen, hielt ich nicht aus. Die Nachricht von einem Todesfall war gleichbedeutend mit dem unendlichen Schmerz einer Mutter, und ein Flugzeugabsturz hieß, daß dieser Schmerz unendlich vervielfältigt war. Ich hatte das Gefühl, in den geheimen Club der Mutterschaft mit all seinen Freuden und Schrecken eingetreten zu sein, aber zugleich fiel mir auf, daß niemand wirklich über die Schrecken sprach.

»Ich hatte nicht damit gerechnet, daß ich ihn so sehr lieben würde«, sagte ich in meinem Bedürfnis nach Gemeinsamkeit, als ich mit Nikolai, der etwas mehr als einen Monat alt war, zum ersten Mal wirklich ausging und mich mit anderen jungen Müttern traf. Wir besprachen in unserem Gesprächskreis, was uns am meisten überrascht hatte. »Ich hätte nicht geglaubt, daß ich irgend etwas mehr lieben könnte als meinen Hund«, fügte ich hinzu, weil ich das Ganze etwas auflockern wollte, doch das peinliche Schweigen, auf das meine Äußerung stieß, machte mich verlegen. Eigentlich hatte ich sagen wollen: »Habt ihr denn keine Angst? Fürchtet ihr euch nicht davor, daß eurem Baby etwas zustoßen könnte? Oder eurem Achtjährigen, oder eurem Teenager, oder eurem erwachsenen Sohn? Und wo wärt ihr dann? Wie schafft ihr es, sie aus den Augen zu lassen? Wie kann ich meinen Sohn bei einem Babysitter lassen, der sich einen Augenblick lang abwendet, und mein Sohn fällt währenddessen aus dem Fenster? Wie kann ich meinen Sohn in die Kinderkrippe bringen, wenn das Gebäude bei einem Anschlag explodieren kann? Wie kann ich ihn den Schulbus nehmen lassen, wenn der von einer vereisten Uferstraße rutschen oder auf einen rasenden Zug stoßen kann? Wie kann ich ihn samstagabends zu einer Party gehen lassen, wenn er zu einem betrunkenen Fahrer ins Auto steigen kann? Wie kann ich ihn in ein Flugzeug steigen lassen, das am Himmel in Brand geraten oder auf der Landebahn aufschlagen kann?«

Doch die Frauen in der Müttergruppe unterhielten sich eher über ihr Schlafdefizit, oder über die Schwierigkeit, sich mit einem Kinderwagen in der Stadt zu bewegen, oder über die Frage, ob sie wieder arbeiten gehen sollten.

Im nachhinein kam dann allerdings eine der Gesprächsleiterinnen auf mich zu und meinte, was ich gesagt hätte, habe sie tief berührt, und in Anne Tylers *Dinner im Heimweh-Restaurant* gebe es eine Frau, die versuche, dieses Gefühl der Angst und Verletzlichkeit zu verringern, indem sie ein zweites Kind bekomme, die dann aber natürlich feststelle, daß sich das Gefühl verdoppelt habe. Endlich bestätigte mir jemand, daß meine Gefühle normal waren. Sobald man Mutter ist, gibt es daraus kein Entrinnen mehr.

Pflichtschuldigst schrieb ich meinen Mann und mich für einen Kurs in Erster Hilfe am Kind ein, weil ich dachte, wenn ich wüßte, wie man ein Baby wiederbelebt, würde mich das zuversichtlicher machen. Aber es half nicht. An diesem Abend ließen wir Nikolai zum ersten Mal mit einem Babysitter allein. Das und die Vorstellung, daß er leblos und blau da liegen könnte, die Beinchen ausgebreitet wie die silbernen Kunststoffpuppen, die wir wiederzubeleben versuchten, war alles andere als beruhigend. Als die Krankenschwester uns von zwei Freundinnen erzählte, die ihre Babys »verloren« hatten, die eine, weil sie mit dem Finger im Hals ihres Babys herumgesucht hatte, als es etwas verschluckt hatte, und damit das Hindernis nur noch tiefer hineinschob (versuche nie, verschlucktes Essen mit dem Finger herauszuholen), die andere, weil ihr Baby sich mit einem Telefonkabel stranguliert hatte (laß dein Baby nie mit dem Telefon allein). Mir war speiübel.

Ich weiß, daß jede Mutter ihre Ängste hat, und daß jede Mutter anders damit umgeht. Eine meiner Freundinnen ruft den Kinderarzt häufiger an als den chinesischen Homeservice. Eine Frau in meiner Müttergruppe vergleicht zwanghaft, welche Fortschritte ihr Baby im Vergleich zu unseren Babys beim Umdrehen, Krabbeln, Gehen und Sprechen macht, weil sie das Gefühl hat, daß alles schon recht wird, solange ihr Baby mit den anderen mithalten kann. Eine andere Freundin achtet zwanghaft auf Sauberkeit, als könne sie ihr Baby vor den Unwägbarkeiten des Lebens schützen, indem sie es vor Krankheitskeimen bewahrt. Im Vergleich zu vielen meiner Freundinnen wirke ich ziemlich entspannt. Es hieß auch schon, ich sei »unproblematisch« und »locker« als Mutter.

Auf einem Spaziergang mit Nikolai und Michael fing ich an, meine Angst als lästig zu empfinden, weil sie mir die Zeit mit meiner Familie verdarb und mich daran hinderte, mich zu freuen. Als ein kleiner Junge von acht oder neun Jahren auf einem roten Fahrrad an uns vorbeifuhr, sagte Michael zu Nikolai in seinem Kinderwagen: »So machst du das auch mal, Kleiner«, und anstatt mir ebenso wie Michael vorzustellen, wie Nikolai mit acht Jahren auf seinem leuchtend roten Geburtstagsfahrrad die Blumenbeete im Riverside Park umrunden würde, stellte ich mir vor, wie erschüttert mein Mann sein würde, wenn das nicht eintreffen und sein Sohn dieses Alter gar nicht erreichen würde.

Ich weiß nicht, ob ich mich mehr als die Durchschnittsmutter davor fürchte, meinen Sohn zu verlieren, aber ich weiß, was mich diese Angst kostet und kann nur darüber spekulieren, wie sie sich auf Nikolai auswirkt. Wenn die Angst wieder einmal in mir hochsteigt, »überprüfe« ich, ob es widersinnigerweise die Angst ist, keine Beziehung zu Nikolai zu haben, oder die Angst, ihn beim Schreien nicht beruhigen oder ihm beim Krabbeln nicht helfen zu können, ob es die Angst vor Krankheiten, vor zufälligen Gewalttaten oder vor Naturkatastrophen ist. Eines haben meine unzähligen Ängste miteinander gemein: Sie beeinträchtigen mein Gefühl, eine enge emotionale Bindung zu meinem Baby zu haben. Sie reißen mich aus meiner kleinen Welt mit ihm heraus, so daß ich ihn nur noch verunsichert und angstvoll beobachte. Das nimmt mir nicht nur die Gegenwart mit meinem Sohn, sondern es nimmt auch ihm etwas – sein Recht nämlich auf einen freien, unverfälschten Blick auf die Zukunft.

Heute, am Tag vor Nikolais erstem Geburtstag, fühle ich mich nicht nur schuldig, wenn ich zurückdenke an jenen Morgen im Kreißsaal, an dem ich so zurückhaltend, so zwischen Himmel und Hölle gefangen war, als würde ich überlegen, ob ich ihn wirklich behalten wollte oder nicht. Ich fühle mich schuldig für all die vielen Male, wo ich mich von ihm zurückzog. Ich merke, daß das Zusammensein mit meinem Baby, das wirkliche Präsentsein etwas ist, daß ich aktiv betreiben muß. Es fällt mir nicht von allein zu, und in letzter Zeit ist es besonders schwierig. Er scheint zur Zeit besonders anspruchsvoll zu sein, krabbelt immer irgendwo hin, wo er nicht sein sollte, und muß in einer Weise unterhalten werden, an die ich nicht gewöhnt bin. Ich empfinde das als sehr anstrengend und gerate darüber mit Michael auf die Schiene »vorhin war ich dran, jetzt bist du dran«, wobei es mir in letzter Zeit immer darum geht, von Nikolai wegzukommen. Mein Fluchtbedürfnis entsteht wohl teilweise aus – meiner eigenen – Erwartung, daß ich vollkommen präsent sein, ihm ständig irgendwelche Anreize bieten und das auch genießen muß. Ich versuche immer, das auszugleichen, was ich als meine eigene Unzulänglichkeit empfinde. Meine Gegenwart allein genügt nicht: Ich muß eine Übermutter sein.

Als ich zwei Jahre alt und mein Bruder in der Vorschule war, fühlte meine Mutter sich isoliert und sicher auch gelangweilt. Sie wollte ihr Studium wiederaufnehmen und besuchte wieder die Universität. Eine meiner Tanten sagte mir, als mein Bruder und ich noch klein gewesen seien, habe meine Mutter immer lesend in einem Sessel gesessen, während wir zu ihren Füßen spielten und sie hin und wieder einen Blick auf uns warf. Als ich das damals hörte, und wahrscheinlich habe ich es genau so verstanden, wie es gemeint war, da klang es, als seien wir vernachlässigt worden. Inzwischen aber, als Mutter, die nach jeder Minute Zeit für sich allein lechzt, klingt es wie ein Rezept für geistige Gesundheit. Dennoch habe ich die Botschaft verinnerlicht, daß meine Mutter ständig mit etwas anderem beschäftigt war, und ich hatte immer schon die Sorge, ich könnte diesen Charakterzug von ihr geerbt haben, weil ich nicht aus dem Stoff meiner Tanten gemacht bin, die immer brav zu Hause geblieben sind, sondern eher meiner komplizierten und widersprüchlichen Mutter gleiche.

»Wenn Sie ihm einen Ball zurollen, rollt er ihn dann zurück?« fragte mich letzte Woche bei der Früherkennungsuntersuchung der Kinderarzt, und ich mußte sagen, daß ich ihm keinen Ball zurolle. Meine Kusine hat ihrem Baby beigebracht, zu klatschen und eine Eichel, die sie vom Rasen aufgehoben hat, nicht in den Mund zu stecken, sondern wegzuwerfen. Eine andere Kusine weiß genau, an welchen Stellen Nikolai kitzlig ist, und bringt ihn dazu, so zu lachen, wie ich es noch nie gehört und noch nie aus ihm herausgelockt habe. Meine Freundin sagt zu ihrer neun Monate alten Tochter: »Gib Mama ein Küßchen«, und ihr Baby gehorcht fröhlich, indem es sich nach vorn beugt und die Nase meiner Freundin in den Mund nimmt. Dieselbe Freundin gibt Nikolai ein Spielzeug und bewirkt damit, daß er augenblicklich aufhört zu schreien, während ich vergeblich seinen Sitz geschaukelt und ihn angefleht hatte: »Baby, Baby…« All das gibt mir das Gefühl, eine schlechte Mutter zu sein, wie wenn mir etwas fehlen würde, das bei anderen Frauen angeboren ist, ein geheimes Wissen darum, wie man mit einem Baby *zusammen* ist. Anstatt einfach einen Ball zu rollen, um ein Küßchen zu bitten oder meinem Baby das Klatschen beizubringen, quäle ich mich damit herum, daß es eine magische Formel der Mütterlichkeit geben muß, in die ich nicht eingeweiht bin.

Dabei vergesse ich, daß Nikolai und ich eben doch Spiele und Routinen und Rituale haben, daß wir durch das Haus tanzen, Verstecken und Kußmonster spielen und daß ich mir nur für ihn einen neuen Text zu einem bekannten Lied ausgedacht habe. Ich vergesse, daß wenn ich ihn schlafen bringe, wenn meine Hand sein Füßchen hält und er mir sanft über die Wange streichelt, ich ganz eng mit ihm zusammen bin.

Wenn ich heute merke, daß ich mich wieder zurückziehe, weil ich Angst habe, daß mir meine glückliche Familie irgendwie entrissen wird, denke ich an Nikolai, der so lebendig ist und so leichthin und großzügig Liebe schenken kann. Er verkörpert das Leben und die Beziehung zu anderen Menschen, und ich lerne von ihm. Wenn es irgend eine Formel gibt, die aus einer Frau eine gute Mutter macht, dann ist es die, daß man seinem Kind die Möglichkeit lassen soll, sich zu entfalten, und daß man es dabei begleiten soll.

Nikolai steht heute zum ersten Mal ohne fremde Hilfe. Als ich ihm zusehe und begeistert klatsche, bin ich erfüllt von jener Mischung aus Glück und Traurigkeit, die nur Mütter kennen. Nach fast einem Jahr Mutterschaft schwelge ich in dieser seltsamen Gefühlsmischung. Denn als ich klatsche und mir Tränen über die Wangen laufen, wird mir bewußt, daß dieses Klatschen und diese Tränen das Maß meiner Liebe sind.

KAPITEL 8

Das Tagebuch von Joey und seiner Mutter

Betrachten wir einmal die kleinen alltäglichen Ereignisse der Mutterschaft wie unter einem Mikroskop. Bis jetzt haben Mütter im nachhinein und in großen Zusammenhängen von ihren Erfahrungen berichtet. Hier nun werden wir die Erfahrung des Mutterseins so darstellen, wie sie von einem Augenblick zum anderen und in der Gegenwart erlebt wird. Tatsächlich deckt der Austausch zwischen Baby und Mutter, den ich im folgenden beschreibe, etwa drei Minuten von den fast neuntausend Stunden im ersten Lebensjahr eines Babys ab.

Mit der Darstellung dieser drei Minuten will ich zeigen, wie die momentanen subjektiven Erfahrungen von Mutter und Kind ineinandergreifen und sich gegenseitig beeinflussen. Diese gegenseitige Beeinflussung kommt in den kleinen alltäglichen Handlungselementen zum Tragen, aus denen sich unser soziales Leben zusammensetzt. Um das deutlich zu machen, schreibe ich eine Geschichte fort, die ich in meinem Buch *Tagebuch eines Babys* entwickelt habe, in dem ein Baby namens Joey ein imaginäres Tagebuch verfaßt. In gewissem Sinne ist das *Tagebuch eines Babys* ein Begleitbuch zu diesem hier, denn es beschreibt die innere Welt eines Babys, das von seiner Mutter betreut wird, so wie dieses Buch hier die innere Welt einer Mutter beschreibt, die ihr Baby betreut. Ich übernehme einige Ausschnitte aus dem zweiten Kapitel von *Tagebuch eines Babys*, in dem unter Punkt 5 dargestellt wird, wie Joey im Alter von viereinhalb Monaten von Angesicht zu Angesicht mit seiner Mutter spielt. Diesen Ausschnitten füge ich nun hinzu, wie seine Mutter dieselben Ereignisse erlebt, so daß das Ineinandergreifen der beiden Welten deutlich wird.

Zunächst aber muß ich erklären, wie ich eine Sprache für Joey fand, die es ihm ermöglicht, seine Geschichte im Zusammenwirken mit den Erfahrungen seiner Mutter zu erzählen. Stellen Sie sich vor, nichts von dem, was Sie sehen oder berühren oder hören, hat einen Namen. So ist es für Joey. Er erlebt Objekte und Ereignisse vor allem über die Gefühle, die sie in ihm auslösen. Er erlebt sie nicht als Objekte als solche, und er erlebt sie auch nicht über das, was sie tun oder wie sie bezeichnet werden. Seine ganze Erfahrung besteht aus seinem Einwirken auf sie und aus ihrer Wirkung auf ihn.

Forschungsergebnisse deuten darauf hin, daß wenn Joeys Eltern ihn »Liebes« nennen, er nicht weiß, daß dieses Wort sich auf ihn bezieht. Er erkennt diesen Laut wahrscheinlich nicht einmal als besonders verschieden von einer Berührung oder einem Licht. Doch er achtet genau darauf, wie dieser Laut zu ihm hinfließt. Er spürt, wie er sanft und ruhig zu ihm hingleitet und ihn streichelt, oder aber er spürt eine ungestüme und aufrüttelnde Reibung, die ihn wachsamer macht. So hat jede Erfahrung ihr eigenes, ganz besonderes Gefühl.

Joey vereint das Durcheinander der Ereignisse in seiner Umwelt in Einheiten, die von Gefühlen bestimmt sind. Diese Gefühle sind eine Mischung aus Affekten, Gedanken, Empfindungen und Wahrnehmungen. Für diese Mischung gebrauche ich den Begriff »denken-fühlen«; ich werde also sagen, daß Joey so und so denkt-fühlt. Was Joey erlebt, unterscheidet sich wahrscheinlich nicht allzu sehr von dem, was wir Erwachsene erleben, nur achten wir weniger auf diese elementaren Erfahrungseinheiten. Wir lassen uns sehr stark ablenken von den Wörtern und Bedeutungen, die wir an den Ereignissen festmachen, daher entsteht unser Existenzgefühl weniger aus der elementaren Ebene, aus der es für Joey erwächst. Am ehesten können wir Joeys Erleben nachempfinden, wenn wir Musik hören, abstrakte Kunst betrachten, beim Tanzen zusehen oder selbst tanzen oder andere ganz besondere Augenblicke der Erfahrung erleben.

Um Joey eine Stimme zu geben, mußte ich Begriffe aus der Welt der Klänge, der Bilder, des Wetters, des Raumes und der Bewegung entlehnen – kurz aus allem, das dazu beitragen kann, das Wesen seiner nonverbalen Erfahrung einzufangen.

Ich hoffe, diese mikroskopische Darstellung hilft Ihnen, über Ihr eigenes Muttersein nachzudenken und darüber, wie es zum Ausdruck bringt, wer Sie sind und wer Sie sein wollen.

Es ist halb zehn am Vormittag. Joey liegt auf dem Schoß seiner Mutter, den Kopf in ihre Hand geschmiegt, die ebenso wie ihre andere Hand auf ihren Knien liegt. Er sieht sie an, bereit zu spielen. Dies ist ihre übliche Zeit und ihre übliche Position, um von Angesicht zu Angesicht miteinander zu spielen. Joey ist Claires erstes Kind.

Unmittelbar davor hat Claire nach zwei Anrufen, einem von ihrer Schwester und einem bei ihrer Mutter, den Hörer des Telefons aufgelegt. Sie betrachtet Joey auf ihrem Schoß, sieht ihn aber nicht wirklich. Sie denkt immer noch über ihre Mutter und ihre Schwester nach. Ein oder zwei Anrufe genügen, um sie wieder in die Familienstreitigkeiten hineinzuziehen. Ihre Schwester Nicole ist jünger, hübsch, leichtsinnig und problematisch, risikobereit und oft in Schwierigkeiten, in die sie dann ihre Mutter hineinzieht, die wiederum besorgt, aufgeregt und völlig außer sich bei Claire anruft, um sich von ihr beraten und beruhigen zu lassen. Claire hat immer schon die Vermittlerin gespielt und die Wogen geglättet. Und genau das tut sie auch jetzt wieder.

Während sie Joey so hält, daß sie sich ansehen, sie ihn aber nicht wirklich wahrnimmt, überlegt sie:

Jedesmal machen sie das so. Ständig reißen sie mich aus meinem eigenen Leben heraus. Nicole sollte einfach mal damit aufhören oder wenigstens den Mund halten über das, was sie anstellt, und Mama sollte sie ignorieren oder nicht mehr überreagieren. Also gut, sie hat ihren Job hingeworfen, die Beziehung zu Jim (diesem Ekel) wieder aufgenommen und ihren Finger in die Autotür eingeklemmt. Aber das ist nicht für alle ein Weltuntergang. Dies ist der siebzehnte Akt im selben Stück. Warum merkt Mama das nicht, und warum lasse ich ihre aufgeregten Reaktionen an mich heran und mich mit hineinziehen, so daß ich diesen neuen Schlag für sie wieder abpuffern muß?

Langsam habe ich auch den Eindruck, daß sie mich ausnutzen. Die beiden sind so sehr damit beschäftigt, sich gegenseitig verrückt zu machen, daß sie mich dabei gar nicht mehr wahrnehmen. Ich bin in der ganzen Geschichte eigentlich kein Mensch, sondern eine Funktion – eine Vermittlerin, die alles wieder ausbügelt.

Bei diesen Überlegungen wird ihr Gesicht immer ausdrucksloser und trübsinniger. Sie sieht Joey an, starrt aber reglos durch ihn hindurch. Normalerweise hätte sie angefangen, mit ihm zu spielen, aber heute morgen ist es anders. Joey erforscht ihr Gesicht. Er denkt-fühlt:

Ich gehe in die Welt ihres Gesichts hinein. Ihr Gesicht und sein Ausdruck sind der Himmel, die Wolken und das Wasser. Ihre Lebendigkeit und ihre Stimmung sind die Luft und das Licht. Normalerweise ist da strahlendes Licht und spielerische Luft. Aber wenn ich heute in diese Welt hin-

eingehe, ist sie leer und gleichgültig. Weder die Kurven noch die runden Formen bewegen sich. Wo ist sie? Wo ist sie hingegangen? Ich fürchte mich. Ich spüre, wie diese Gleichgültigkeit in mich hineinkriecht. Ich suche nach einem lebendigen Punkt, an den ich mich retten kann.

Joey wirft einen raschen Blick auf das veränderte Gesicht seiner Mutter. Inzwischen kennt er ihren Gesichtsausdruck genau. Er kennt ihr charakteristisches Mienenspiel und weiß, was jetzt eigentlich passieren müßte. Daß sie auch nur einen Augenblick lang ausdruckslos bleibt, wenn sie sich von Angesicht zu Angesicht gegenüber sind und sie ihn anblickt, ist ungewöhnlich, auch wenn es hin und wieder vorkommt. Es beunruhigt Joey, daß ihr Gesicht so *leer und ausdruckslos* ist, daß es so reglos bleibt. Diese Ausdruckslosigkeit muß für Joey, für den ihr Gesicht, in das er eintaucht, die unmittelbare und ganze Welt alles Lebendigen ist, unheimlich sein. Er spürt, daß sie, daß *ihre Lebendigkeit* fehlt, und er fragt sich, wo sie geblieben ist.

Nach etwa drei Monaten, wenn Babys wissen, womit sie bei einem Kontakt mit ihrer Mutter von Angesicht zu Angesicht zu rechnen haben, sind sie beunruhigt, wenn die Reaktion ihrer Mutter weit vom Üblichen abweicht. Besonders verwirrt sind sie, wenn die Mutter plötzlich nicht mehr mit ihnen interagiert und ihr Gesicht ausdruckslos wird, oder wenn sie sie nicht dazu bewegen können, daß sie einen Gesichtsausdruck zeigt. In dem bekannten Experiment mit dem »leeren Gesicht« wird die Mutter aufgefordert, sich mitten in einer Interaktion nicht mehr zu bewegen und ihrem Baby einfach ausdruckslos ins Gesicht zu starren. Ab einem Alter von etwa zweieinhalb Monaten zeigen Babys eine sehr starke Reaktion auf ein solches leeres Gesicht. Sie schauen sich um. Ihr Lächeln erstirbt, und sie runzeln die Stirn. Sie unternehmen mehrere Versuche, die Mutter zu einer Reaktion zu bewegen, indem sie lächeln, gestikulieren und sie mit ihrer Stimme herausfordern. Wenn ihnen das nicht gelingt, wenden sie sich schließlich ab und wirken unglücklich und verwirrt.

Joeys Mutter hat ungewollt und vorübergehend ein solches »leeres Gesicht« gezeigt, indem sie sich in ihren eigenen Gedanken verlor. Das setzt Joey aus verschiedenen Gründen unter Streß. Wo er erwartet hatte, daß er in die magische Klang- und Lichtwelt eines lebendigen und zugewandten Gesichts würde eintauchen können (in *strahlendes Licht und spielerische Luft*), trifft er auf Leere und Gleichgültigkeit. Er reagiert nicht nur auf den Mangel an Reizen, sondern es kann auch sein, daß er sich mit seiner Mutter identifiziert. Vielleicht imitiert er sie sogar und folgt ihr in ihre Traurigkeit. Er kann ihren Zustand nicht genau erkennen und hat nur das vage und verwirrende Gefühl, daß sie geistig irgendwohin gewandert ist, wo sie unglücklich ist. Als er sich mit ihr identifiziert, spürt er, wie ihre *Gleichgültigkeit in ihn hineinkriecht.*

Dann sucht Joey in den Augen seiner Mutter, um sie zu finden. Er hat überall in ihrem Gesicht herumgeschaut, wie Babys das oft tun, aber nun sieht er ihr in die Augen, um ihre Seele zu finden.

Ich finde sie. Ihr ganzes Leben verdichtet sich in den sanftesten und härtesten Punkten auf der Welt, in ihren Augen.

Während Joey die Augen seiner Mutter absucht, ist sie immer noch weitgehend in der Welt gefangen, in die sie durch die Telefonanrufe hineingezogen wurde. Sie denkt:

So war es einfach immer schon. Selbst als wir noch klein waren, wußte Nicole ganz genau, wie sie am besten an Mama herankam – wie sie sie an sich binden konnte, so daß die beiden immer zusammen waren. (Warte einen Augenblick, Joey.)

Ich weiß immer noch nicht recht, was mit Nicoles Hand und der Autotür passiert ist, sie hat so schnell geredet. Wahrscheinlich ein geprellter Finger und überall Blut.

Wie damals, als wir noch Kinder waren. Mama war unterwegs, und wir schnitten in der Küche etwas mit einem großen Messer, und ich schnitt mich tief in die Hand. Nicole versuchte, die Blutung zu stillen und war dann auch über und über mit Blut beschmiert. Genau in dem Augenblick kam Mama nach Hause und sah uns. Sie nahm automatisch an, daß es Nicole war, die sich verletzt hatte und die sie brauchte, nicht ich. Ohne lange zu fragen, nahm sie Nicole auf den Arm und rannte aus dem Haus, um zum Krankenhaus zu fahren. Mich ließ sie allein zurück, ich blutete immer noch. Erst als sie an ihrem Wagen ankam, merkte sie, was tatsächlich geschehen war. Es war, als sei ich gar nicht da – ich werde nicht verletzt – ich fühle mich nicht verletzt. (Ich komme gleich, Joey, ich bin gleich da.)

Das deprimiert mich. Und wenn ich deprimiert bin, überwältigt mich das Gefühl, »nicht da« zu sein.

Während Claire diese Überlegungen anstellt, beobachtet Joey ihre Augen und denkt-fühlt:

Sie ziehen mich immer tiefer in eine ferne Welt hinein. Dieser Welt preisgegeben, werde ich von den Turbulenzen, die dort unten vorbeiziehen, und deren Ausläufer sich an der Oberfläche ihrer Augen kräuseln, hin- und hergeworfen. Und dort spüre ich die starken, aber unsichtbaren Ströme ihrer Lebendigkeit. Sie dringen aus diesen Tiefen nach oben und zerren an mir. Ich rufe sie. Ich will, daß sie auftauchen, ich will ihr Gesicht wieder sehen, lebendig.

Ein wechselseitiger Blick ist eine Welt in einer Welt. In Augen zu schauen, die zurückschauen, ist wie keine andere Erfahrung, die man mit einem anderen Menschen teilen kann. Man scheint das Fühlen und Denken des anderen spüren und nachvollziehen zu können. In diesem Augenblick schauen Claires Augen Joey nicht direkt an, doch sie spiegeln unscharf Claires Innenleben. Während dieser Erfahrung folgen Joeys Gefühle verschwommen und impressionistisch den Veränderungen in Claires subjektiver Landschaft. Diese Veränderungen sind die *vorbeiziehenden Turbulenzen, deren Ausläufer sich an der Oberfläche ihrer Augen kräuseln*, und die ihm das Gefühl geben, *hin- und hergeworfen* zu werden. Doch er braucht mehr, als im Spiegel ihrer Augen lesen zu können. Er braucht ihre Gegenwart, die *unsichtbaren Ströme, die an mir zerren.* Indem Joey seine Mutter so tief auslotet, ruft er sie wieder ins Leben zurück. Er *ruft nach den Strömen ihrer Lebendigkeit*, um mit ihnen in Kontakt zu treten. Was Joey am meisten für seine Mutter will, ist daß sie für ihn da ist, aber damit das eintreten kann, muß sich ihr inneres Leben ihm zuwenden. Erst dann wird sie *da sein.*

An diesem Punkt versucht Joey, die volle Aufmerksamkeit seiner Mutter zu erhalten und sie mit Leben zu erfüllen. Er öffnet seine Augen weit, zieht die Augenbrauen hoch, lächelt und kippt den Kopf nach hinten, mit einem lustigen und spielerischen Gesichtsausdruck. Babys in diesem Alter sind ausgesprochene Experten darin, Interaktionen in Gang zu setzen. Joeys Mutter sieht seine Bewegungen und seinen Gesichtsausdruck, die sie nun stärker in die Gegenwart hereinziehen. Sie denkt:

> Oh Joey. Ich habe dich allein gelassen, stimmt's? Ob ich wohl auch so war wie du? So lieb und geduldig? Habe ich auch immer wieder versucht, ihre Aufmerksamkeit zu gewinnen? DU BIST EIN GANZ LIEBER.

(und laut zu ihm)

Du bist eine richtige Ballonsonde, die mich hochzieht, mein kleiner Liebling. Ja, du bist mein Liebling. Stimmt's?

Während Claire überlegt und spricht, entspannt sie sich zu einem leichten Lächeln und beugt sich nach vorn zu Joey. So wird sie immer mehr in Joeys unmittelbare Welt hineingezogen. Viele Gedanken gehen ihr durch den Kopf, und laut und voller Zärtlichkeit und Wertschätzung sagt sie, »du bist ein ganz Lieber«. Joey beugt sich rasch vorwärts und gibt ihr Lächeln zurück. Sie lächeln gemeinsam, oder vielmehr sie tauschen mehrmals ein Lächeln aus, während Claire synchron mit jedem Lächeln sagt: »Mein kleiner Liebling. Ja, du bist mein Liebling. Stimmt's nicht?«

Als Claire das denkt, zu lächeln beginnt und sich zu Joey hinbeugt, sieht Joey wieder Leben in ihrem Gesicht, und er denkt-fühlt:

Ganz allmählich fließt wieder Leben in ihr Gesicht zurück. Meer und Himmel haben sich verwandelt. Nun schimmert die Oberfläche voller Licht. Neue Räume öffnen sich. Bögen entstehen und verschieben sich. Volumen und Flächen beginnen ihr langsameres Spiel. Ihr Gesicht wird zu einer leichten Brise, die zu mir herweht und mich berührt. Sie streichelt mich. Ich werde vor Freude immer aufgeregter. Meine Segel sind von ihr erfüllt. Das Spiel in mir beginnt.

Als Claire sich wirklich Joey zuwendet, erlebt er ihr Gesicht als ein verwandeltes Meer und einen verwandelten Himmel. Vor allem beobachtet er jeden einzelnen Gesichtszug, als immer wieder ein Lächeln über Claires Gesicht hereinbricht. Schließlich ist für Joey bisher noch jedes Merkmal auch eine Form im

Raum mit ihrer eigenen Architektur und Bewegung. Als sich die Choreographie von Claires Lächeln fortsetzt, löst sich die Anspannung ihrer Haut, und es zeigen sich Lachfalten: *Nun schimmert die Oberfläche voller Licht.* Ihre Wangen werden breiter, und ihr Mund öffnet sich: *Neue Räume öffnen sich.* Der Bogen ihrer Wange spannt sich höher, und ihre Mundwinkel heben sich: *Bögen entstehen und verschieben sich.* Und als die Architektur von Claires Gesicht sich verändert: *Volumen und Flächen beginnen ihr langsameres Spiel.*

Joey erlebt die ganze Verwandlung auch als eine Demonstration der Rückkehr von Claires Lebenskraft, die ihn unmittelbar beeinflußt. *Ihr Gesicht wird zu einer leichten Brise, die zu mir herweht und mich berührt. Sie streichelt mich.*

Als Claire nach Joey faßt, um ihn zu berühren, übt ihr Lächeln seine natürliche beschwörende Kraft aus und wird ansteckend. Claires Lächeln löst in Joey ein Lächeln aus und haucht ihm Lebendigkeit ein. Es läßt in ihm die Lebendigkeit widerhallen, die Claire empfindet und ihm zeigt. Joeys Freude wächst. Claires Lächeln entlockt sie ihm. Dann strömt sie ganz aus ihm selbst: *Ich werde vor Freude immer aufgeregter. Meine Segel sind von ihr erfüllt. Der Tanz in mir beginnt.* Nun reagiert Joey und identifiziert sich zugleich mit Claire.

> *Jetzt spielen wir Fangen-und-Jagen. Sie bläst auf das Wasser um mich herum. Es tanzt in ihrer Brise. Ich gleite darauf, werde schneller, freue mich. Als ich aus ihrem Windstoß herauskomme, segle ich allein durch ruhiges, stilles Gewässer. Ich bewege mich immer noch, werde aber ohne ihre Brise immer langsamer und rufe nach ihr. Sie reagiert und fängt mich wieder ein. Genau vor mir schickt sie eine frische Brise herab. Ich gleite in ihrem Wind und werde schneller. Ich rufe sie, damit sie mir wieder folgt und mich vorwärts führt. Wir ziehen einander in Sprüngen voran. Wir spielen Bockspringen in dem Hin und Her zwischen uns.*

Sobald eine Mutter und ein Baby dieses Alters erst einmal ein Lächeln ausgetauscht haben, ist bereits ein Prozeß in Gang gesetzt. Dabei geschieht Folgendes: Joeys Lächeln und das Lächeln seiner Mutter sind nicht ganz synchron. So muß es auch sein, denn ein Lächeln braucht eine Weile, um auf dem Gesicht zu entstehen, seinen Höhepunkt zu erreichen und wieder zu verblassen. Wenn Claires Lächeln sich seinem Höhepunkt nähert, löst es Joeys Lächeln aus. Wenn Joeys Lächeln sich seinem Höhepunkt nähert, belebt es Claires verblassendes Lächeln erneut. Wenn die beiden asynchron bleiben, beginnen und verlängern sie das Duett immer wieder, wie zwei Kinder, die eine ganze Zeitlang immer wieder von neuem in unaufhaltsames Gelächter ausbrechen. Dieses Hineintauchen und Herauskommen aus der Stimulation gibt Joey das Gefühl, er bewege sich innerhalb und außerhalb der örtlich begrenzten Brise, die Claire mit ihrem wiederholten Lächeln erzeugt. Claire ihrerseits muß dasselbe empfinden. Dies ist ihr *Fangen-und-Jagen*-Spiel. Da ihr Lächeln jeweils Ursache und Wirkung für das Lächelns des anderen ist, ziehen sie einander schließlich *in Sprüngen voran. Wir spielen Bockspringen in dem Hin und Her zwischen uns.*

Dann beginnt Claire ziemlich abrupt ein Spiel. Sie öffnet ihr Gesicht zu einem Ausdruck übertriebener Überraschung, beugt sich ganz nach vorn und berührt mit ihrer Nase Joeys Nase, dabei lächelt sie und macht gurgelnde Geräusche. Joey platzt vor Vergnügen, schließt aber seine Augen, als sich ihre Nasen berühren. Daraufhin lehnt seine Mutter sich wieder zurück, hält inne, um die Spannung zu erhöhen, und beugt sich dann rasch wieder nach vorn, so daß sich ihre Nasen berühren. Ihr Gesicht und ihre Stimme sind noch vergnügter, als sie ihn scheinbar bedroht. Diesmal reagiert Joey angespannter und aufgeregter. Sein Lächeln friert fest. Sein Gesichtsausdruck schwankt zwischen Vergnügen und Furcht.

Claire stürzt sich mit übertriebener Heftigkeit in die Gegenwart des Spiels, als wolle sie die Spinnweben der Anrufe und Erinnerungen abschütteln. Bei jeder Vorwärtsbewegung denkt sie vage so etwas wie »Ja, jetzt kommen wir«, und bei jeder Rückwärtsbewegung etwas wie »Oh, und jetzt sind wir hier.« Es ist, als habe sie sich endlich dazu befreit, mit Joey zusammen zu sein.

Claire scheint nicht bemerkt zu haben, daß Joey angespannt reagiert hat und kurz davor war, von ihrem letzten Nasenstüber überwältigt zu werden. Nach einer weiteren spannungsgeladenen Pause bewegt Claire sich also noch vergnügter auf seine Nase zu und ruft stürmisch »uuuUH!« Joeys Gesicht wird angespannt. Er schließt die Augen und wendet sich ab.

Nun bemerkt Claire, daß sie zu weit gegangen ist und hört ebenfalls auf.

Joey denkt-fühlt:

Plötzlich ändert ihr Wind seine Richtung. Die Welt ihres Gesichts bedeckt sich, Räume schließen sich, und sie nähert sich mir mit einer frischen, starken Brise. Sie fliegt auf ihrem eigenen, emporsteigenden Lied zu mir her und umhüllt mich. In mühelosem Vergnügen gleite ich in ihrer Umarmung voran. Sie wendet sich wieder von mir ab, und ihr Wind läßt einen Augenblick lang nach – aber nur lange genug, um wieder Kraft zu schöpfen. Der Wind bläst wieder in meine Richtung. Ich erwarte den Windstoß und werde aufgeregter. Der Windstoß trifft mich. Ich drehe mich heftig zur Seite, springe zugleich nach vorn, und werde wunderbar getragen auf einem Kamm der Freude. Dieser zweite Windstoß geht vorüber, und ihr Wind legt sich einen Augenblick lang. Ich bewege mich mit erregender Geschwindigkeit und bin ein wenig aus dem Gleichgewicht. In der Pause zwischen den Böen versuche ich, mein Gleichgewicht wiederzufinden. Doch die nächste Bö erfaßt mich mit rasch sich verändernden Räumen und

Klängen. Da kommt sie über mich. Ich versuche, ihrer Kraft gewachsen zu sein, mit ihr zu laufen, doch sie rüttelt mich durch und durch. Ich erbebe. Mein Körper kommt zur Ruhe. Ich zögere. Dann wende ich mich ab. Ich kehre ihrem Wind den Rücken zu und segle ganz allein in ruhigen Gewässern.

Dieser dritte Spielversuch war zu heftig und überstimulierend. Joey ist immer noch *vom zweiten Windstoß aus dem Gleichgewicht*. Das heißt, er hat sein Erregungsniveau noch nicht wieder unter Kontrolle. Als ihn dann der dritte Windstoß *erfaßt*, kann er mit dem Reiz nicht mehr umgehen. Er *rüttelt ihn durch und durch*, und Joey fängt an, sich dagegen zu wehren. Das Erregungsniveau, das er aushalten kann, ist überschritten, und Joey taumelt verängstigt und desorientiert und ist kurz davor, überwältigt zu werden. In diesem Augenblick wendet er sich ab und *segelt ganz allein in ruhigen Gewässern*.

Claire hört abrupt mit dem Spiel auf. Bestürzt stellt sie fest, daß es gerade in dem Augenblick aus dem Ruder lief, als sie sich richtig darauf einließ. Irgendwie entsetzt bemerkt sie auch, daß sie sich deshalb so entschlossen in das Spiel stürzen mußte, weil sie die Auswirkungen der Gespräche mit ihrer Schwester und ihrer Mutter aufheben oder ihnen etwas entgegensetzen mußte. Nun hat sie etwa das folgende Gefühl:

Mein Gott! Das habe ich nur für mich gemacht und nicht wirklich für Joey. Ich habe ihn gebraucht – vielleicht sogar benutzt – um mir zu helfen, deshalb ist mir auch entgangen, was da zwischen uns geschah. Genau das habe ich doch meiner Mutter und Nicole vorgeworfen.

Claire wartet jetzt ab.

Joey, der sie nicht mehr ansieht, beruhigt sich wieder. Er hat das Gefühl:

Dieser ruhige Ort besänftigt den Aufruhr in mir. Er legt sich und hört auf.

Joey tut das, was wir als Selbstregulierung bezeichnen. Er blendet seine Wahrnehmung aus und vermeidet damit die Stimulierung (durch seine Mutter), die ihn überwältigt. Er kann etwas sehr viel weniger Aufregendes oder einfach gar nichts anschauen. Dann nämlich sinkt sein Erregungsniveau auf ein erträgliches Maß, sein Puls verlangsamt sich, und er gelangt in eine Zone der geringeren Erregung, in der er wieder offen ist für Reize von außen.

Claire sieht das. Tatsächlich nämlich reagiert sie außerordentlich sensibel auf ihn, wenn sie nicht gerade in ihren Gedanken gefangen ist. Während Joey sich beruhigt, denkt sie:

Mein armer Kleiner. Da kommst du, um mich zu retten, und ich stoße dich zurück, weil ich immer noch nicht ganz für dich da war. Wenn ich das Gefühl habe, man »sieht« mich nicht, »sehe« ich dich offenbar auch nicht richtig. Ich überhöre, was du mir sagen willst. Aber jetzt bin ich hier. Ich weiß, wo du bist, Liebes. Ich kenne diesen Ort auch. Ich werde auf dich warten, so wie du auf mich gewartet hast.

Nach einer kleinen Weile bemerkt Claire zaghafte Anzeichen dafür, daß Joey wieder bereit ist, den Kontakt zu ihr aufzunehmen, wenn auch auf einem sehr niedrigen Reizniveau. Sie flüstert etwas. Er wendet seinen Kopf wieder ihrem Gesicht zu. Sie zeigt ein allmählich entstehendes, warmes und ein wenig trauriges Lächeln. Joey erlebt ihre Einladung so:

Nach einer Weile der Stille streift ein sanfter Wind an der Seite meines Kopfes entlang. Er erfrischt mich. Ich drehe mich um und sehe, wie er das Wasser unter einem ruhigeren Himmel kräuselt.

Claire und Joey nehmen wieder Kontakt zueinander auf, still vergnügt darüber, daß sie wieder zusammen sind. Claire denkt:

Okay jetzt, okay, wir haben es geschafft.

Diese Szene haben wir nicht deshalb so genau beobachtet, weil wir Sie beunruhigen wollen, so daß Sie sagen: »Mein Gott, es würde mich verrückt machen, wenn ich wüßte, daß jede Sekunde so vieles passiert. Ich würde mich für jede Kleinigkeit, fast schon für jeden Atemzug verantwortlich fühlen!« Das stimmt zwar, aber von niemandem wird verlangt, daß er auch nur versucht, sich all das bewußt zu machen. Denn dann wäre man völlig handlungsunfähig. All die täglichen kleinen Handlungen vollziehen sich weitgehend außerhalb des Bewußtseins, und da gehören sie auch hin. Sie sind Teil des intuitiven Umgangs mit einem Baby.

Was in den dargestellten Augenblicken geschah, war weder schlecht noch gut. Vielmehr war es einfach eine Interaktion, die für die beiden Menschen Claire und Joey und für die für sie typischen psychologischen Einflüsse in ihrem Alltag natürlich war.

Aus einem gewissen Blickwinkel könnte man auch sagen, daß Claire viele unsensible Fehler gemacht hat, aber so sehe ich es nicht. Sie tut, was sie kann, um eine möglichst gute Mutter und möglichst sie selbst zu sein, und da sie die einzige Claire auf der Welt ist, kann niemand eine bessere, authentischere Claire sein. Joey lernt gerade, wie er in der Gegenwart seiner Mutter – derjenigen Person, die ihm hauptsächlich beibringen wird, wie es ist, mit jemandem zusammen zu sein – sein, handeln und sich fühlen kann. Joey tut also auch sein Bestes.

Joeys Persönlichkeitsentwicklung wird von der einzigartigen Kombination geprägt sein, die sie beide darstellen. Betrachten wir einmal Claires Neigung, sich Sorgen zu machen, sich von der Vergangenheit einholen zu lassen und leicht depressiv zu sein. Wie wirkt sich das möglicherweise auf Joeys Entwicklung aus?

Er wird lernen, auf unterschiedliche Art mit seiner Mutter zusammen zu sein. Wie er das tut, ist faszinierend. Säuglingen gelingt es sehr gut, etwas Charakteristisches aufzuschnappen und das Wesentliche daran zu erfassen. Jedesmal, wenn sich etwas wiederholt, versuchen sie, diejenigen Elemente zu identifizieren, die auch beim letzten Mal schon vorhanden waren. Solche Elemente werden als »invariante Elemente« bezeichnet, weil sie sich nie unterscheiden und immer da sind.

Stellen wir uns beispielsweise vor, wie ein Baby eine feste Vorstellung vom Gesicht seiner Mutter entwickelt, das sich ständig verändert. Angenommen, das Baby wacht frühmorgens auf und schreit, weil es hungrig ist. Seine Mutter steht auf und kommt in sein Zimmer. Sie schaut verschlafen um sich, ihr Haar hängt herab, ihr Gesicht ist ausdruckslos. Dies ist das Gesicht Nummer eins. Dann verläßt die Mutter den Raum, um das Fläschchen des Babys zu holen, und auf dem Weg spritzt sie sich ein wenig Wasser ins Gesicht, steckt ihr Haar hoch, setzt die Brille auf und kehrt mit einem freundlicheren Gesicht zurück, um ihr Baby zu füttern. Dies ist das Gesicht Nummer zwei.

Später am Vormittag bereitet sie sich darauf vor, außer Haus zu gehen. Sie legt Lippenstift auf, kämmt sich anders und setzt einen Hut auf. Sie kommt in das Zimmer des Babys, um eine Weile mit ihm zu spielen, und lächelt dabei fast die ganze Zeit. Dies ist das Gesicht Nummer drei. Das Baby hat drei verschiedene Gesichter gesehen, glaubt aber nicht, daß es drei verschiedene Mütter hat. Vielmehr identifiziert es diejenigen Merkmale im Gesicht seiner Mutter, die sich nicht verändern, die invarianten Elemente, wie Form und Farbe ihrer Augen oder die Länge ihrer Nase im Verhältnis zu ihrer Stirn. Das Baby siebt gewissermaßen die veränderlichen Elemente aus: die Brille, die Frisur, den Lippenstift und den Gesichtsausdruck. Indem es die invarianten Elemente zusammenzieht, erzeugt es einen

Prototyp des Gesichts seiner Mutter, der zu seiner »offiziellen« Vorstellung von dem wird, wie seine Mutter aussieht.

Wenden wir nun denselben Prozeß der Bildung sinnlich wahrnehmbarer Prototypen auf etwas Interessanteres an, wie beispielsweise auf die typischen Interaktionen von Mutter und Baby, so gelangen wir zu Prototypen davon, wie es ist, »mit jemandem zusammen« zu sein. Bei diesen Prototypen sind die invarianten Elemente: Wie fühlt es sich an, mit diesem Menschen zusammen zu sein? Was geschieht, und was geschieht nicht? Welche Gesichtsausdrücke sind zu sehen, welche Geräusche zu hören? Welches sind, angesichts der charakteristischen Arten, in denen Claire und Joey zusammen sind, die verschiedenen Arten des Zusammenseins, mit denen Joey als vorhersagbaren Teilen seiner Welt rechnen kann?

Eine solche Art des Zusammenseins besteht für Joey darin, daß er die Interaktion »wiederbelebt«, seine Mutter bezaubert und erheitert. Tatsächlich kann Joey das schon ziemlich gut, und ein wichtiger Teil der Beziehung zu seiner Mutter ist seine Fähigkeit, sie wieder in den gegenwärtigen Augenblick hereinzuholen. Wir können vermuten, daß es ihm mit zunehmendem Alter noch leichter fallen wird, andere zu erheitern und sie davor zu bewahren, daß sie emotional absacken. Möglicherweise sucht er sich sogar Freundinnen und eine Frau aus, die diese Eigenschaft bei ihrem Partner brauchen.

Eine andere »Art des Zusammenseins« von Joey und seiner Mutter erfordert, daß er lernt, sich seine Anregungen anderswo zu holen, wenn seine Mutter gerade allzu sehr in Anspruch genommen ist, um ihm ein angemessenes Reizniveau zu bieten. Vielleicht entwickelt er eine lebhafte Neugier und lernt, seine Umgebung selbst zu erkunden, auch in Gegenwart seiner Mutter oder auf ihrem Schoß. Das Charakteristische an seiner Neugier und seinem Erkundungsdrang ist, daß sie sich mit seiner Mutter im Hintergrund entwickeln. Seine selbständigen Erkundungen sind zwar Alleingänge, doch er erlebt sie als

Erfahrung, bei der im Hintergrund jemand gegenwärtig ist. Deshalb wird er sich geistig wahrscheinlich auch dann nie allein fühlen, wenn er äußerlich allein ist.

Joey wird auch lernen müssen, seine übermäßigen Erregungszustände selbst zu regulieren. Das ist dann der Fall, wenn seine Mutter vorübergehend einmal unsensibel reagiert, oder wenn sie ihn in eine fesselnde Aktivität hineinzieht, um sich selbst zu vergessen. Joey wird es einmal leicht fallen, sich selbst zu beruhigen.

Schließlich wird Joey auch eine »Art des Zusammenseins« mit seiner Mutter kennenlernen, die einer leichten Depression, einer »Mikrodepression« gleicht. Wenn Claire sich in solchen Augenblicken ausblendet, langsamer reagiert und in ein wenig traurigen Gedanken verloren ist, wird Joey ihren inneren Zustand teilweise imitieren und widerspiegeln. Kummer wird ihm »vertraut« sein, und er wird tief in seinem Inneren eine mitfühlende Zärtlichkeit, oder man könnte auch sagen, ein »Herz für andere« entwickeln.

Ist all das wirklich schlecht? Keineswegs, in meiner Sicht jedenfalls nicht. Weil Claire so ist, wie sie ist, wird Joey wahrscheinlich einen gewissen Charme, Neugier, Selbständigkeit, die Fähigkeit zur Selbstregulierung und ein Herz für andere entwickeln.

Wäre Claire die meiste Zeit über gedankenverloren, depressiv oder unsensibel, würden wir nicht davon sprechen, daß Joey Charaktereigenschaften entwickelt, die sowohl Vor- als auch Nachteile haben. Dann müßten wir uns wegen ernsthafterer Probleme sorgen, die nicht mehr darunter fallen, daß man als Mutter »gut genug« ist.

Alle Mütter wollen bessere Mütter sein, auch wenn sie schon »gut genug« sind. Viele Kunstgriffe, Geheimnisse und Erkenntnisse können Ihnen dabei helfen. Die meisten Mütter nehmen gern solche nützlichen Mutterschafts-Tips auf, mit denen sie sich von außen her ändern können.

Sie können aber auch eine bessere Mutter werden, wenn Sie sich von innen her ändern. Das ist der Hauptzweck unserer mikroskopisch genauen Abfolge von Momentaufnahmen. Sie zeigen, wie durchgängig Ihr Verhalten als Mutter ein authentischer Ausdruck Ihrer eigenen Persönlichkeit ist, auch wenn Ihnen noch andere Ausdrucksmöglichkeiten zur Verfügung stehen. Diese Erkenntnis ist deshalb so wichtig, weil sie Ihr Interesse von den äußeren Informationen auf eine grundlegendere Durchdringung der Frage lenkt, wer Sie im Umgang mit Ihrem Kind sind, und wie Sie darin als die Person zum Ausdruck kommen, die die Persönlichkeit Ihres Kindes formt. So gesehen können Sie die Mutterschaftserfahrung leichter nutzen, um von innen her eine wirkliche Veränderung Ihres Selbst zu bewirken.

TEIL III

Eine Mutter paßt sich an

KAPITEL 9

Besondere Bedürfnisse: Frühgeburten und behinderte Babys

Im Zuge der Anpassung an ihre Mutterschaft überlegt eine Frau nicht nur, wer ihr Baby ist, sondern auch, zu wem sie mit ihrem Baby zusammen geworden ist, und wer sie in Zukunft sein will. Im Mittelpunkt dieses Kapitels stehen die besonderen Schwierigkeiten der Anpassung an die Mutterschaft, wenn ein Baby vorzeitig geboren wird oder besondere Bedürfnisse hat.

Es gibt inzwischen hervorragende Informationen zum Umgang mit behinderten Kindern, und verschiedene Vereine und Stiftungen unterstützen Familien, die mit einer so schwierigen Situation zurechtkommen müssen. Ich möchte die Problematik des Umgangs mit einem Kind, das ganz besondere Bedürfnisse hat, aus einem etwas anderen Blickwinkel betrachten – vor allem nämlich unter dem Aspekt, welche Hindernisse eine Frau zu überwinden hat, die versucht, ihre Identität als Mutter zu entwickeln, und die feststellt, daß ihr Kind entweder unter einer Entwicklungsverzögerung leidet oder aber schwer behindert ist. Von all den Hindernissen, die sich einer Frau entgegenstellen, kann die Erkenntnis, daß ihr Kind nicht ganz gesund ist, am niederschmetterndsten sein.

Das Ende der Zukunft

Erinnern Sie sich noch, wie wichtig die Phantasien einer zukünftigen Mutter sind – wie sie in der Landschaft ihrer Gedanken und Gefühle immer wieder ihre Zukunft überarbeitet, um sich an die dramatischen Veränderungen in ihrem Leben anzupassen? Über die gesamte Zeit Ihrer Schwangerschaft hinweg beschäftigen Sie sich mit dem Baby Ihrer Phantasie, mit Ihren Träumen davon, wie Sie als Mutter sein werden, und mit Ihren Vorstellungen dazu, wie Ihre zukünftige Familie sein wird. Es ist ganz entscheidend, daß Sie mit der Zukunft spielen, wenn Sie verschiedene Szenarien ausprobieren, die Sie in die Lage versetzen, das neue Leben, das Sie leben werden, zu akzeptieren.

Nur wenige Frauen überlegen nie, was wohl wäre, wenn mit ihrem Baby etwas nicht in Ordnung wäre. Wahrscheinlich haben auch Sie während Ihrer Schwangerschaft diesen Gedanken gehabt und sich gefragt, ob Sie wohl stark genug wären, um einem solchen Baby das geben zu können, was es braucht. Aber selbst wenn Sie sich während der Schwangerschaft die negativen Möglichkeiten ungeschminkt vor Augen geführt haben, und selbst wenn es realistische Hinweise darauf gab, daß Ihr Baby ein physisches Problem haben könnte, kann kaum jemand vorhersagen, was für ein Schock es ist, wenn dann wirklich ein behindertes Kind geboren wird. Alle Eltern in dieser Situation müssen in den Wochen und Monaten nach der Geburt ein gewaltiges Stück psychologischer Arbeit leisten.

Wer erfährt, welche Schwierigkeiten sein Kind haben wird, kann sich dieses Baby nicht mehr als Vorschüler, als Jugendlichen, als Erwachsenen, als Vater oder Mutter oder als jemanden vorstellen, der im Alter für einen sorgt. Man verliert in einem solchen Augenblick nicht nur sein ideales Baby, sondern auch, und das ist noch wichtiger, die Freiheit, sich die Zukunft des Babys und der Familie vorzustellen.

Eine Mutter sagte dazu: »Ich hatte mir immer vorgestellt, wie ich eines Tages mit meinen beiden Kindern an der Hand durchs Leben gehen würde. Nun klafft vor mir nur noch eine gähnende Leere. Ich weiß nicht, ob ich mein Leben mit einem Säugling verbringen werde, der niemals laufen können wird. Ich weiß nicht, was aus mir werden soll.«

Die Geburt eines erheblich entwicklungsverzögerten oder behinderten Babys ist ein Trauma, das die Zeit regelrecht anhält, und wenn die Zeit für Sie stillsteht, endet auch Ihre Fähigkeit, sich etwas anderes als die Gegenwart vorzustellen. Ihre Zukunft ist plötzlich nicht mehr vorhersagbar und emotional unvorstellbar. Zugleich ist Ihre Vergangenheit mit all den Hoffnungen und Phantasien Ihrer Schwangerschaft zerstört, und die Erinnerungen daran sind allzu schmerzlich. Die jungen Eltern sind in einer fortdauernden Gegenwart gefangen.

Ihre Vorstellungen zur Zukunft Ihres Kindes sind etwas anders als Fotografien – die ja nur eine dünne Scheibe der Zeit festhalten. Sie sind eher so etwas wie eine fortlaufende Zeitlinie voller Wünsche, Ängste und Phantasien in der Form kleiner Geschichten, die sich in die Zukunft hinein entfalten. Wenn Sie als Mutter gefangen sind in der Gegenwart, ohne vorstellbare Zukunft und mit einer ausgelöschten Vergangenheit, wird Ihnen die gesamte Bandbreite des Vorstellungsprozesses genommen. Sie können keine Geschichten über Ihr Baby und Ihre Mutterschaft entwickeln und sind damit aus der geistigen Werkstatt ausgeschlossen, in der Sie planen und kreativ sein könnten. All dies geschieht in Ihrem Innern, während Sie gleichzeitig nach außen hin darum kämpfen, eine Situation zu akzeptieren und zu organisieren, die all Ihre Liebe, Geduld und Flexibilität erfordert.

Das Umgehenkönnen mit einem behinderten oder entwicklungsverzögerten Kind folgt bei der Mutter einem vorhersagbaren Weg, auch wenn das keineswegs für die Einzelheiten gilt. Einige gemeinsame Merkmale sind bei diesen Müttern die Notwendigkeit, über die Behinderung hinauszusehen, Zweifel an ihren Fähigkeiten als Mutter, der Umgang mit der Schwierigkeit, ihr Baby zu lieben, sich mit ihm zu identifizieren und eine Bindung aufzubauen, und schließlich die grundlegende Notwendigkeit, die Beziehung zum Partner neu zu definieren. Am Anfang steht jedesmal die Tatsache, daß die Eltern von einer eventuellen Behinderung erfahren.

Die Entdeckung, daß das Baby ein Problem hat

Jedes behinderte Kind hat seine ganz eigene Geschichte. Und ebenso entdeckt jede Familie das Wesen und die Konsequenzen seiner Krankheit auf ganz eigene Weise. Oft werden die Qualen und die Ungewißheit dieses Prozesses als ebenso problematisch erlebt wie die Behinderung des Kindes selbst.

Die Familie erfährt von der Behinderung gewöhnlich in dem Augenblick, in dem das medizinische Personal sie darüber informiert oder oft genug die Information darüber hinauszuschieben versucht, daß es ein Problem gibt. Jeder kennt die üblichen Rituale im Zusammenhang mit einer Geburt, wo es dann heißt: »Herzlichen Glückwunsch, Herr und Frau Jones, Sie haben ein gesundes Mädchen!« Jede erhebliche Abweichung von dieser Formulierung löst ein Alarmsignal aus, das sich tief im Bewußtsein der Eltern verankert. Dieser erste Augenblick ist eine Schlüsselphase für die Eltern, die sich oft fühlen, als habe man eine Zeitbombe zwischen sie geworfen.

Manchmal läßt sich das Problem nicht gleich genau bestimmen, und das medizinische Personal sagt lediglich, das Baby sei ein »Risikokind«. Selbst wenn die Angestellten des Krankenhauses dabei sehr vorsichtig und sensibel zu Werke gehen, verhalten sie sich oft, als sei ihre Arbeit bereits getan, wenn die Familie erst einmal informiert ist, dabei lassen sie eigentlich eine behinderte Familie hinter sich zurück. Das Krankenhauspersonal kann zwar nicht mehr sagen, als es selber weiß oder einigermaßen plausibel vorhersagen kann, dennoch fühlt sich die Familie verständlicherweise isoliert und von zahllosen Fragen verwirrt.

In Wahrheit weiß in der Regel niemand, auch nicht die medizinischen Experten, wie und in welchem zeitlichen Rahmen sich die Situation entwickeln wird. Diese Ungewißheit ist der schwierigste Teil der elterlichen Erfahrung, sie erzeugt ein unerträgliches Gefühl der Beklemmung und der Lähmung, das daher rührt, daß die Eltern sich die Zukunft nicht mehr vorstellen können. Eltern freuen sich normalerweise auf jeden Meilenstein in der Entwicklung ihres Babys, wenn es beispielsweise sitzen oder laufen kann oder wenn es die ersten Wörter spricht, ganz so, als würden sie eine Prüfung vorwegnehmen. Erreicht das Baby diese Meilensteine nicht in dem dafür vorgesehenen Alter, so kann dies Wellen von Angst, Traurigkeit und Schuldgefühlen auslösen.

Die Ungewißheit solcher Situationen kann sich über Jahre hinziehen. Die Geschichte des Babys John veranschaulicht ein nur allzu vertrautes Szenario. Bei der Geburt schien John völlig normal zu sein. Als er zwei Monate alt war, begannen seine Eltern, deren erstes Baby er war, sich ernsthaft Sorgen wegen seines Augenlichts zu machen, weil er nicht anfing zu strahlen, wenn man ihm einen Gegenstand zeigte. Sie konsultierten ihren Kinderarzt, der ebenfalls der Meinung war, daß ein Augenarzt für Kinder hinzugezogen werden sollte. Einige Wochen später kam der Befund, daß das Baby unter einer teilweisen Sehschädigung litt, und der Arzt empfahl, eine Reihe von weiteren Untersuchungen durchzuführen.

Als John vier Monate alt war, sagte man seinen Eltern, er habe eine degenerative Augenerkrankung, für die es keine Heilung gebe, und er werde noch vor seinem ersten Geburtstag völlig und unweigerlich erblinden. Die Eltern waren am Boden zerstört und bemühten sich um die Diagnose eines zweiten Augenarztes. Dieser zweite Augenarzt stimmte im wesentlichen mit dem ersten überein, formulierte aber hinsichtlich der Diagnose und des Zeitpunkts der Erblindung zurückhaltender. Damit schöpften die Eltern neue Hoffnung, und sie wandten sich an weitere Ärzte. Erst als John acht Monate alt war, waren sich die Ärzte einig: John war völlig blind.

Nun könnte man meinen, diese Diagnose sei der Endpunkt einer langen Phase der Erkenntnis und der Ungewißheit gewesen, aber dem war nicht so. Johns Eltern gaben die Hoffnung nie auf, sie lasen begierig sämtliche Literatur, die sie zur Krankheit ihres Sohnes finden konnten. Als John dreizehn Monate alt war, lasen sie von einer neuen Behandlungsmethode, die in London ausprobiert wurde. Sie nahmen Kontakt zu den Ärzten auf und konsultierten sie, doch John schien ihnen für die Behandlung nicht geeignet.

Als John fast zwei Jahre alt war, lasen seine Eltern von einer neuen Operation, die in Madrid durchgeführt wurde. Also brachten sie ihn mit zweieinhalb Jahren nach Madrid, wo er gründlich untersucht wurde, aber auch diesmal wurde er nicht zur Operation freigegeben.

Bei meinem letzten Kontakt mit der Familie war John vier Jahre alt. Seine Eltern hatten weiter versucht, medizinische Hilfe für ihn zu bekommen, verloren aber langsam die Hoffnung. Ganz hatten sie aber noch nicht aufgegeben, und das hinderte sie daran, mit der Trauer um Johns Augenlicht abzuschließen. Zwar hatten sie angefangen, sich John als blinden jungen Mann vorzustellen, und damit einen wichtigen psychologischen Schritt dahin getan, daß sie seine Behinderung akzeptierten, doch sie konnten ihre Hoffnung auf eine Heilung immer noch nicht ganz aufgeben. Dies hinderte sie daran, die so dringend erforderlichen Strategien für Johns sonderpädagogische Förderung zu entwerfen, wie beispielsweise das Erlernen der Brailleschrift, denn eine Planung in Richtung einer sonderpädagogischen Förderung hätte für sie bedeutet, daß sie die Unumkehrbarkeit seiner Behinderung akzeptierten. Im Lauf der Monate verloren sie wertvolle Zeit für seine Entwicklung.

Das klingt vielleicht wie ein extremes Beispiel einer langen Phase der Ungewißheit, doch so ungewöhnlich ist dieses Beispiel gar nicht. Andere Umstände als die normalen zu akzeptieren, erfordert viel Zeit. Man muß durch Phasen der Verleugnung hindurch und immer wieder versuchen, die Distanz zwischen dem idealen Baby seiner Phantasie und dem echten, unvollkommenen Baby zu überwinden. Dies ist eine Gratwanderung in konstruktivem Realismus. Dieser Grat liegt zwischen dem Pessimismus einerseits, mit dem Risiko der Lähmung und der Verzweiflung, und der optimistischen Leugnung andererseits, die einen daran hindert, realistische therapeutische Maßnahmen in die Wege zu leiten und eher zu seinem inneren Frieden zu finden. Dieses Dilemma erleben bis zu einem gewissen Grad alle Eltern, wenn sie ihr wirkliches Baby mit dem Baby ihrer Hoffnungen und Träume vergleichen. Bei Eltern mit einem Baby, das unter irgend einer Form einer Krankheit leidet, ist dieses Dilemma vielfach verstärkt.

In unserer Kultur wächst die Anzahl der Frühgeburten, deshalb soll diese Problematik hier gesondert dargestellt werden. Bei einer Frühgeburt sind die Eltern mit all den Fragen konfrontiert, mit denen die Eltern eines jeden Kindes fertig werden müssen, zugleich aber haben sie auch einige der Probleme von Eltern behinderter Kinder.

Nells Geschichte zeigt das sehr anschaulich. Nell wurde eineinhalb Monate zu früh geboren. Die Ärzte wiesen ihre Eltern auf die Möglichkeit hin, daß sie unter einer gewissen Entwicklungsverzögerung leiden könnte, sagten aber zu Recht, es sei in den ersten Monaten schwierig, das genaue Ausmaß dieser verzögerten Entwicklung vorherzusagen. Die Eltern wurden mit ihren Sorgen alleingelassen.

Als Nell etwa drei Monate alt war, entstand in ihren Eltern der Verdacht, daß nicht alles so war, wie es sein sollte. Dieser Verdacht erhärtete sich, als sie andere Babys im selben Alter sahen. Als Nell vier Monate alt war, konsultierten ihre Eltern den Kinderarzt. Er bestätigte, daß Nells Entwicklung ein wenig verzögert war, riet den Eltern aber, noch ein paar Monate abzuwarten und zu sehen, was passierte, weil frühgeborene Babys in der Entwicklung häufig aufholten.

Als Nell sechs Monate alt war, schien die Entwicklungsverzögerung immer noch anzudauern, und Nells Eltern ließen ihre Tochter über mehrere Wochen hinweg neurologisch und entwicklungspsychologisch untersuchen. Als Nell fast acht Monate alt war, bestätigten die Ärzte, daß Nells Entwicklung leicht verzögert war, doch sie konnten keine spezifische Diagnose stellen. Sie sagten Nells Eltern, sie sollten mit ihr spielen und ihr ein anregendes Umfeld bieten, damit sie sich in ihrer Entwicklung der normalen Kurve schneller annäherte. Das taten Nells Eltern auch, und glücklicherweise bekamen sie auch professionelle Hilfe in Form von Krankengymnastik und sonderpädagogischer Förderung.

Diese neue Lebensweise in ihrem Haushalt veränderte die Beziehung zwischen Nell und ihren Eltern nahezu unmerklich, aber einschneidend. Nells Eltern waren nun nicht mehr nur Eltern, sondern auch Lehrer. Sie versuchten ständig, Nell ein anregendes Umfeld zu bieten, und dachten sich immer neue Möglichkeiten aus, um ihr Lernen zu fördern, zu unterstützen und weiterzuentwickeln. Es fiel ihnen immer schwerer, einfach mit ihr Spaß zu haben und sich spontan zu verhalten. Weiter oben wurde darauf hingewiesen, wie wichtig die Improvisation für die Entwicklung eines Babys ist, doch Sie können sich vorstellen, daß Nells Eltern fast nicht mehr improvisieren konnten, so sehr waren sie damit beschäftigt, Nell zu fördern und ihr alle nur möglichen Anregungen zu bieten.

Nells Eltern setzten diese Form der Förderung fort und warteten auf Ergebnisse. Sechs Monate später, als Nell vierzehn Monate alt war, ließen ihre Eltern sie wieder untersuchen. Ja, meinten die Ärzte, Nell habe in ihrer Entwicklung vielleicht ein wenig aufgeholt, aber sie bräuchten mehr Zeit, um beurteilen zu können, ob und wie rasch diese Besserung sich fortsetze. Wenn solche frühgeborenen Babys relativ rasch aufholen, brauchen sie dafür im allgemeinen etwa zwei Jahre. In langsameren Fällen kann es bis zu sechs Jahre dauern, und manche Kinder holen den Entwicklungsrückstand nie ganz auf.

Oft ist das Frühgeborene vier oder fünf Jahre alt oder auch schon in der Schule (und dies ist der endgültige Test), bevor die Eltern sich ein relativ gesichertes Bild seiner geistigen, schulischen und sozialen Zukunft machen können. So war es auch bei Nell. Als sie sechs Jahre alt und in der Schule gut integriert war, zeigte sich deutlich, daß sie ihre Entwicklungsverzögerung aufgeholt hatte. Sie war ein fröhliches, intelligentes, beliebtes kleines Mädchen. Ihre Geschichte ging gut aus, doch bevor Nells Eltern von den Fortschritten ihrer Tochter überzeugt waren, konnten sie sich eine Zukunft für Nell nicht wirklich vorstellen und einfach ihre Eltern werden. Dies ist die quälende Realität des Erkenntnisprozesses, der manchmal ein glückliches Ende nimmt, viel öfter aber endlos und ungewiß bleibt.

Eine Mutter, die diese lange und quälende Erfahrung der sich offenbarenden Behinderung ihres Kindes durchmacht, entwickelt auch eine ganz andere innere Landschaft als andere Mütter. Mütter von behinderten Kindern stehen vor all den Aufgaben, mit denen auch andere Mütter konfrontiert sind, nur ist ihre Erfahrung intensiver und mit einer größeren Ungewißheit verbunden. Es ist viel einfacher, die Herausforderungen zu beschreiben, vor denen diese Mütter stehen, als ihnen Lösungen vorzuschlagen. Dennoch habe ich versucht, beides anzusprechen und zunächst einmal die Herausforderungen zu beschreiben.

Über die Behinderung hinaussehen

Die meisten Mütter freuen sich ungeduldig darauf, herauszufinden, wer ihr Baby ist, wie es sich darstellt, welchen Charakter es hat und wie es an das Leben herangeht. Doch die Sorgen wegen einer Behinderung und die Frage, was und wieviel das Kind bewältigen kann, verhindern oft, daß man die wahre Persönlichkeit seines Babys entdeckt. Mit den Worten einer gestreßten Mutter: »Ich kann einfach nicht über ihre Behinderung hinaussehen! Ich kann sie selbst nicht sehen!«

Bedenken Sie, daß eine Ihrer wichtigsten Rollen als Eltern die ist, daß Sie möglichst klar erkennen, wer Ihr Kind ist. Was sind seine positiven Eigenschaften, seine Begabungen, seine Vorlieben, seine natürlichen Neigungen und Abneigungen? Wenn es Ihnen gelingt, sie zu erkennen, helfen Sie im Idealfall Ihrem Kind, einen Weg zu gehen, der möglichst weitgehend seinem inneren Plan entspricht. Wenn nun eine Behinderung diesen Erkundungsprozeß blockiert, tun Eltern sich schwer damit, Hinweise auf den Weg zu finden, der für ihr Kind der richtige ist. In gewisser Weise verliert ihr Kind in ihren Augen einen Teil seiner Individualität.

Die Identifikation mit Ihrem Baby

Sie betrachten Ihren Sohn oder Ihre Tochter unweigerlich als eine Verlängerung Ihrer selbst, als jemanden, mit dem Sie sich identifizieren können. Außerdem wird der Prozeß der Identifikation als befriedigend erlebt. Als Mutter werden Sie durch Ihre Empathie in das Erleben Ihres Babys miteinbezogen. Eine Behinderung kann das verhindern, vor allem, wenn Sie von der Behinderung Ihres Babys erfahren, bevor Sie Gelegenheit hatten, eine Bindung zu ihm zu entwickeln. In solchen Fällen kann Ihre erste Reaktion auf Ihr eigenes Baby als eine Verlängerung Ihrer selbst eine radikale Ablehnung sein. Wie eine Mutter einmal zu mir sagte: »Ich wünschte, er würde wieder gehen. Das ist nicht mein Baby.«

Nicht alle Mütter haben solche Schwierigkeiten, aber es gibt sicherlich Frauen, die es kaum aushalten können, mit einem Baby in Verbindung gebracht zu werden, das nicht normal ist. Manchmal sind die Verletzungen ihres Selbstbilds in Verbindung mit der Traurigkeit wegen ihres Babys einfach zu groß. Oft schon haben sich Mütter so traurig geäußert wie die folgende: »Ich vermeide es, durch den Park zu gehen, wenn dort auch andere Mütter sind. Ich halte einfach die Bemerkungen darüber, wie er seinen Kopf hält oder wie still er im Kinderwagen liegt, nicht aus, auch dann nicht, wenn sie höflich sind.«

Eine andere Mutter sagte bekümmert und voller Selbstvorwürfe: »Meine Tochter ist wie ein schmutziger Clown. Ich schäme mich, mit ihr aus dem Haus zu gehen.«

Trotz dieser Hindernisse für die Identifikation entwickeln die meisten Mütter behinderter Kinder eine Bindung an ihr Baby, auch wenn ihre Identifikation sich ein wenig von der anderer Mütter unterscheidet. Sie sind gezwungen, die Welt mit den Augen ihres Babys zu sehen, in seine Haut zu schlüpfen, und sich dem Lebensrhythmus anzupassen, der ihnen durch die Behinderung aufgezwungen wird. Das bezieht andere Anteile der Mutter in den Identifikationsprozeß mit ein, als wenn das Baby völlig normal wäre. Wie ein Paar erklärte: »Am Anfang, als sie gerade ins Sommercamp abgereist war, fühlten wir uns entsetzlich allein! Es braucht eine Weile, bis man sich in die Haut eines Normalen zurückversetzen kann. Ganz so, als lebten wir selbst ebenfalls mit der Behinderung.«

Das Selbstbild der Mutter

Mit der Geburt eines gesunden Babys erleben sich die meisten Mütter als kompetente menschliche Wesen, das heißt, als Frauen, die in der Lage sind, zum Fortbestand der Spezies beizutragen, indem sie ein vollkommenes Baby zur Welt bringen. Die Mutter eines behinderten Babys erlebt eine Kränkung, die genau ins Zentrum dieser Aufgabe trifft. Sie und der Vater empfinden im allgemeinen einen Schmerz und Schuldgefühle, die ihre Erfahrungen als Eltern in der unmittelbaren Zukunft und oft noch viel länger beeinflussen. Oft suchen sie zwanghaft nach einem Grund für die Behinderung. Eine Mutter sagte: »Ich fragte mich immer wieder, was ich getan oder nicht getan hatte, daß so etwas geschehen konnte. Irgendwie mußte doch irgendwo oder bei irgend jemandem die Verantwortung dafür liegen.« Eine ebenso bekümmerte Mutter erinnerte sich: »Ich fühlte mich von Gott verstoßen. Wie konnte ein solches Baby aus mir heraus kommen? Bin ich denn ein schlechter Mensch?«

Hindernisse für die Bindung

Wenn ein Baby zu früh geboren wird, bleibt es oft Wochen oder Monate in einem Brutkasten auf der Intensivstation. In dieser Zeit können Sie keine wichtige Rolle und manchmal nicht einmal eine Nebenrolle dabei übernehmen, daß Ihr Baby gesund bleibt und gedeiht. Maschinen, Ärzte und Krankenschwestern übernehmen diese Rolle für Sie. Selbst die Besuche bei Ihrem Kind können zeitlich eingeschränkt sein, so daß Ihre Möglichkeiten, es kennenzulernen, begrenzt sind. Wahrscheinlich haben Sie das Gefühl, Sie seien für Ihr Baby weniger wichtig als die Krankenschwestern, und vor allem fühlen Sie sich weniger kompetent. Kurzum, all das verhindert, daß Sie eine Bindung an Ihr Baby entwickeln können.

Weiter oben habe ich beschrieben, welche Bindungsmuster zwischen Mutter und Kind entstehen und wie die Beziehung zwischen Ihnen und Ihrem Baby sich wahrscheinlich an der Beziehung zwischen Ihnen und Ihrer eigenen Mutter orientiert, wenn Sie nichts tun, um das zu ändern. Hier nun möchte ich ein wenig eingehender über diese Bindung sprechen, die in den letzten Jahrzehnten ein immer wichtigerer Forschungsgegenstand wurde.

Der Begriff der Bindung bezeichnet die Entwicklung einer ganz besonderen Beziehung zwischen zwei Menschen. Diese Verbindung zwischen Mutter und Kind ist zunächst physischer Natur und hält die Mutter in der Nähe des Babys und das Baby, wenn es mobiler wird, in der Nähe der Mutter, zumindest aber sorgt sie dafür, daß das Baby nach seinen Vorstößen in die Welt wieder zu seiner Mutter zurück will. Diese Bindung gewährleistet die Sicherheit des Babys vor den Gefahren der Außenwelt.

Zugleich ist diese Bindung aber auch psychologisch und erzeugt ein Gefühl der Sicherheit, wenn Baby und Mutter zusammen sind. Das intensivste Gefühl der Sicherheit, wie in einem sicheren Hafen, entsteht dann, wenn die Mutter das Kind so im Arm hält, daß es an ihrer Brust lehnt. Ein Baby, das so gehalten wird, blickt der Welt furchtlos entgegen.

Wichtig ist der Hinweis, daß die Bindung zweigleisig ist. Die Bindung der Mutter an ihr Baby entsteht schneller und entwickelt sich gewöhnlich schon in den ersten Lebenswochen des Kindes. Es ist faszinierend zu beobachten, wie die Bindung einer Mutter sich herausbildet. Unter normalen Umständen wird das Baby gleich nach der Geburt gesäubert und dann von der Krankenschwester oder dem Arzt zu seiner Mutter zurückgebracht und in das Bettchen neben dem Bett der Mutter gelegt. In diesem Augenblick beginnt das, was ich nur als einen langsamen Tanz der Mutter mit ihrem Kind bezeichnen kann.

Dieser Tanz beginnt, wenn die junge Mutter zum ersten Mal mit ihren Fingerspitzen sanft und fast zaghaft die Füße oder die Hände ihres Babys berührt. Zu diesem Zeitpunkt ist das Baby für die Mutter noch ein vertrauter Fremder. Wenn das Baby die Berührung durch seine Mutter akzeptiert, streicht sie langsam über sein Bein oder seinen Arm. Dabei streichelt sie es schon sicherer, mit allen ihren Fingern und nicht mehr nur mit den Fingerspitzen. Sie bewegt ihre Hand von den äußeren Gliedmaßen zum Mittelpunkt des Babys hin und berührt seinen Bauch und seine Brust. Dort öffnet sich ihre Hand, und sie streichelt das Baby mit ihrer ganzen Handfläche. Sie verweilt einen Augenblick lang, um dann ihre Hand zu seinem Köpfchen hin zu bewegen und es in ihrer Handfläche zu bergen. Vielleicht berührt sie auch mit der anderen Hand oder mit den Lippen leicht sein Gesicht.

Dieser Ablauf, der von Mutter zu Mutter verschieden ist, ist ihre Art, mit diesem vertrauten fremden Wesen vertrauter und weniger fremd zu werden. Damit macht sie dieses Baby zu ihrem Baby. Sie formt das Band ihrer Bindung.

Viele Frühgeburten liegen in einem geschlossenen Brutkasten, in dem sie nur durch die Seitenfenster und nur mit Handschuhen berührt werden können. Es ist unvermeidlich, daß Schläuche zu ihrem Körper hin und von ihm weg führen, daß oft viele Maschinen neben dem Bettchen stehen, und daß man das Geräusch der künstlichen Beatmung hört. Unter diesen Umständen kann die Mutter nicht das tun, was zur Entstehung einer Bindung erforderlich ist. Außerdem befürchten viele Eltern, sie könnten diesem zerbrechlichen Wesen schaden. Sie sind hin- und hergerissen zwischen Anziehung, Angst, manchmal auch Abscheu, und grundsätzlich auch Ohnmacht. Diese Situation kann über Wochen hinweg andauern, in denen die Mutter eine unendliche Leere empfindet.

Seit einiger Zeit werden Schritte unternommen, um Müttern bei der Überwindung dieses spezifischen Bindungsproblems zu helfen. In vielen neonatologischen Stationen wird die »Känguruh-Methode« angewandt, bei der das Baby, während es intensivmedizinisch versorgt wird, auf der Brust der Mutter liegen kann, so daß es trotz der Schläuche und Maschinen Haut- und Körperkontakt hat. Auf diese Weise können Vater und Mutter den Bindungsprozeß fortsetzen. Ein durchaus beabsichtigter positiver Nebeneffekt ist die Tatsache, daß diese Methode auch unter medizinischen Gesichtspunkten für die Babys von Vorteil ist, da sie schneller zunehmen, als wenn sie isoliert sind. Außerdem erwirbt die Mutter ein wenig das Gefühl, selbst kompetent zu sein, auch wenn sich dieses Gefühl erst dann verfestigt, wenn sie ihr Baby eine Zeitlang zu Hause betreut hat.

Hindernisse für die Liebe

Die Realität der Klinikumgebung und der Gesundheitszustand des Babys können auch für die Liebe zwischen Mutter und Kind, die nicht identisch ist mit ihrer wechselseitigen Bindung, hinderlich sein. Eine der Hauptaufgaben der mütterlichen Wahrnehmungswelt besteht ja in der Organisation von Erfahrungen, in denen die Mutter sich als kompetent erlebt und durch die sie das Gefühl entwickelt, ihr Baby uneingeschränkt lieben zu können und von ihm geliebt zu werden. Auch das kann gefährdet sein. Viele Mütter sind unsicher, ob sie ein so unvollkommenes Baby lieben können, das sie in ein solches Chaos gestürzt hat. Viele fragen sich sogar, ob sie wirklich wollen, daß es überlebt.

Eine Mutter eines zu früh geborenen Babys hatte in den sechs Wochen, die ihr Sohn im Krankenhaus verbrachte, kaum Kontakt mit ihm. Sie berichtete, wie sie allein zum Krankenhaus fuhr, um ihr Baby abzuholen, das sie zu diesem Zeitpunkt noch kaum kannte oder auch nur wirklich wollte. Sie legte das

Baby in den Kindersitz im Fond des Wagens, schnallte es aber nicht richtig an.

Als sie auf den Highway auffuhr, scherte vor ihr ein Wagen aus, und sie mußte plötzlich scharf bremsen. Das Baby wurde durcheinandergeschüttelt, und erschreckt stellte sie fest, daß es aus seinem Sitz gefallen und unter den Vordersitz gerutscht war. Sie fuhr sofort seitwärts an den Straßenrand und lief nach hinten, um ihr Baby aufzuheben. Als sie es in den Arm nahm, spürte sie zum ersten Mal, daß dies ihr Baby war und daß sie für es sorgen würde. Genau in diesem Augenblick fing sie an, es lieben zu lernen.

Wie bereits erwähnt, hat die Mutter eines Frühgeborenen keine Gelegenheit, sich in den letzten Wochen der Schwangerschaft auf die Begegnung mit ihrem wirklichen Baby vorzubereiten. Das wirkliche Baby kommt schon dann zur Welt, wenn die Mutter noch intensiv mit dem Baby ihrer Träume und Wünsche beschäftigt ist. Auch das kann sie daran hindern, ihr Baby von vornherein zu lieben, ebenso wie ein gewisser Verlust des Selbstwertgefühls, weil sie es nicht geschafft hat, die Schwangerschaft zu ihrem vorgesehenen Ende zu bringen, ganz zu schweigen von dem Streß, der durch die plötzliche und frühe Geburt entsteht. Alle diese Umstände verhindern gemeinsam, daß die Mutter ihr neugeborenes Kind vorbehaltlos und unbeschwert lieben kann. Doch in den meisten Fällen gewinnt das mütterliche Fühlen und Denken bald die Oberhand und überlagert die Hindernisse, die sich ihrer Liebe entgegenstellen.

Neugestaltung der Ehe

In manchen Fällen betrachtet die Mutter eines behinderten Kindes die Behinderung als ihr ganz persönliches Versagen, mit dem ihr Mann nichts zu tun hat. Sie sagt sich vielleicht, es liege schließlich an ihr, ein gesundes Baby in sich heranwachsen zu lassen und zu gebären. Besonders verantwortlich fühlt sie sich oft, wenn die Behinderung auf einen Vorfall während der Geburt zurückzuführen ist. Da sie sich ohnehin schon verantwortlich fühlt und sich vorstellt, wie niedergeschmettert ihr Mann sein wird, wenn er von dem Problem erfährt, versucht sie vielleicht, ihn vor der Realität der Situation zu bewahren. Eine Mutter erinnerte sich, daß sie, als es an der Zeit war, ihr Baby mit nach Hause zu nehmen, allein zum Krankenhaus fahren wollte, um ihren Mann vor der beklemmenden Erfahrung zu schützen.

Eltern versuchen einander in vielerlei Weise zu schützen, solange das Baby im Krankenhaus ist und noch lange Zeit danach. Nicht selten übernimmt bei einem behinderten Kind häufiger als üblich vor allem ein Elternteil, in der Regel die Mutter, die grundlegende Versorgung. Denkbar sind viele Szenarien, doch in den meisten Fällen verändert sich das Familienleben auf Dauer.

So kann es beispielsweise passieren, daß der Vater eines behinderten Jungen durch die Behinderung eine so tiefe narzistische Kränkung erfährt, daß es ihm schwerfällt, Zeit mit seinem Jungen zu verbringen. In einem solchen Fall beschützt die Mutter sämtliche Familienmitglieder, indem sie neben ihrer eigenen Rolle noch einen Großteil der Rolle des Vaters übernimmt. Umgekehrt kann es sein, daß der Vater sich besonders stark mit seinem Sohn identifiziert und bei seiner Betreuung viel mehr Aufgaben übernimmt, als er es unter völlig normalen Umständen getan hätte. So wird er vielleicht zu einem besseren Vater, als er es jemals geworden wäre, wenn sein Sohn nicht behindert gewesen wäre. Jedenfalls entwickeln sich die Rollen und Allianzen in Familien mit einem behinderten Kind oft anders, als sie es nach einer normalen Geburt getan hätten.

Schuldzuweisung an den Partner

Allzu häufig kommt es vor, daß ein Partner dafür verantwortlich gemacht wird, daß das Baby ein Problem hat. Dieses Gefühl kann eine realistische Grundlage haben, wenn beispielsweise eine Seite der Familie ein spezifisches Gen in sich trägt oder wenn von einem äußeren Merkmal oder einem Verhaltensmerkmal bekannt ist, daß es in der Herkunftsfamilie übertragen wird.

Schuldzuweisungen können aber nur dann greifen, wenn sie auf fruchtbaren Boden fallen – wenn beispielsweise einer der Partner dem anderen ohnehin schon mißtraut oder ein bestimmtes Merkmal an ihm ablehnt. In einem solchen Fall kann das fragliche Merkmal zu einer Verwerfung in der Ehe führen, in die das behinderte Kind hineingerät. Die Schuldzuweisung wird dann zur Fortsetzung oder Steigerung eines Problems, das schon vor der Geburt des Babys existierte.

Gefahr für die Ehe

Die Geburt eines behinderten Kindes kann die Integrität einer jeden Ehe, selbst einer stabilen Beziehung, gefährden. Eine Mutter erklärte: »Wir wagen es nicht mehr, miteinander zu schlafen. Es macht einfach keinen Spaß mehr, wenn wir daran denken, daß alle unsere Schwierigkeiten letztlich davon kommen. Da drängen sich schlimme Erinnerungen und Assoziationen auf, und dann funktioniert gar nichts mehr.«

Andere Eltern sind plötzlich isoliert, weil das Netzwerk ihrer Bekannten und Freunde sich auflöst oder weitmaschiger wird. Ein Kind, das nicht so ist wie andere Kinder, hat dann auch Eltern, die nicht so sind wie andere Eltern. Die Eltern haben niemanden, mit dem sie ihre Erfahrungen und Schwierigkeiten austauschen könnten, und befürchten oft, sie könnten die anderen langweilen, oder die anderen könnten sich gar nicht vorstellen, wie ihr Alltag aussieht. So wächst ihre soziale Isolation und bestärkt sie in dem Gefühl, versagt zu haben: »Wir hatten keine Unterstützung bei einem Problem, das uns völlig überforderte. Wir waren auf uns selbst zurückgeworfen, das war alles, was wir hatten. Da waren wir nun, allein, zusammen, allein, allein, allein, und es gab keinen Ausweg.«

Diese Eltern verlieren nicht nur ihre Sexualität und ihre sozialen Kontakte, sondern auch viele andere Stützen, die normalerweise einer Ehe Halt geben. Sie sind plötzlich gezwungen, viel mehr Zeit und Mühe für die Versorgung ihres Kindes und oft eine Menge Geld für Ausgaben aufzuwenden, mit denen sie nie gerechnet hätten. Auch ihre Verwandten distanzieren sich oft, so daß es noch schwieriger wird, jemanden zu finden, der die Eltern einmal bei der Versorgung des Babys ablöst, so daß sie abends ausgehen oder ein paar Stunden Pause haben können. Schon ein kurzer Urlaub ohne Kind erfordert umfangreiche strategische Planungen, die bei anderen Familien nicht erforderlich sind.

Die Hindernisse überwinden

Viele Paare, die mit den Problemen eines behinderten Kindes in der Familie konfrontiert sind, halten plötzlich in einer Weise zusammen, die sie nie für möglich gehalten hätten, und wachsen zu einer starken, liebevollen und intakten Familie heran, die viel stabiler ist, als wenn ihr Kind vollkommen normal gewesen wäre. Viele andere aber stehen vor einigen oder vor all den Hindernissen, die ich hier beschrieben habe, und sie wären sich einig, daß die Hindernisse vielfältig und schwierig, wenn nicht sogar unüberwindlich sind.

Diesen Herausforderungen können Sie vielleicht am ehesten begegnen, wenn Sie sich mit dem auseinandersetzen, was Sie erleben, und wenn Sie eine Möglichkeit finden, diese Erfahrungen mit anderen zu teilen. Das gilt für alle Mütter und Väter, besonders wichtig aber ist es, wenn das Baby ein Problem hat. Oft kann man seine Erfahrungen am besten mit anderen Eltern austauschen, die sich in einer ähnlichen Situation befinden, oder mit Fachleuten, die mit diesen ganz besonderen Umständen vertraut sind. Die eigenen Erfahrungen zu erkunden, über sie zu sprechen und sich mit anderen auszutauschen, ist eine grundlegende Voraussetzung dafür, daß man seine Phantasien, seine Ängste und seine unerfüllten Hoffnungen erkennt und seinen Erfahrungen eine Form verleiht. Hat man sie erst einmal in Worte gefaßt, ist es leichter, sie zu analysieren und den nächsten Schritt im Leben zu tun. Der gegenseitige Austausch durchbricht auch die wirkliche oder vermeintliche Isolation, die viele Eltern empfinden.

Ich bin inzwischen überzeugt davon, daß die große Mehrheit der Mütter mit einem behinderten oder vorzeitig geborenen Kind in den Wochen und Monaten nach der Geburt ein Trauma erleben. Diese Mütter sollte man mit ihren Problemen nicht allein lassen – und dabei denke ich nicht primär an psychiatrische Hilfe. Eine Mutter in einer solchen Situation ist kein psychiatrischer Fall, sondern eine ganz normale Person in einer extremen Streßsituation.

Meines Erachtens braucht die Mutter vor allem eine professionelle Begleitung durch eine Person, mit der sie ein Bündnis schließen kann und die ihre Erfahrungen versteht. Die Mutter muß in Bereichen – mögen sie auch noch so klein sein –, in denen sie sich wirklich als Mutter fühlen kann, auch als solche bestätigt werden. Die Begleitperson sollte ihr helfen, den Kontakt zu ihrem Baby herzustellen und es besser kennenzulernen, indem sie ihr zeigt, was das Baby tun, sehen und hören *kann*, und nicht nur, was es nicht kann. Schließlich sollte diese Person auch in der Lage sein, die vielen unweigerlich unterschiedlichen Meinungen und Pläne von seiten des

Kinderarztes, des Neurologen, des Augenarztes, der Krankenschwestern, der Krankengymnasten, der Sonderpädagogen und anderer aus dem großen Team der Fachleute, die sich mit dem Baby beschäftigen, zu einem Ganzen zu verbinden. Die vielen Expertenmeinungen können die Welt der Mutter in lauter Fragmente zersplittern, wenn sie niemanden hat, der beauftragt ist, diese Meinungen zu koordinieren und mit ihr zu besprechen.

Ich möchte eine andere Möglichkeit erwähnen, die der Mutter hilft, alle diese Hindernisse zu überwinden: Sie kann ein zweites Baby bekommen. Die Einwände gegen diese Überlegung sind mir bekannt, doch ich meine, daß sie ernsthaft in Erwägung gezogen werden sollte. Man kann natürlich der Auffassung sein, daß es wichtig ist, vor einer weiteren Schwangerschaft die Phase der Trauer abzuschließen, die mit der Geburt eines behinderten Kindes einhergeht. Diese Trauerphase kann aber jahrelang andauern und Ihnen die Zeit rauben, in der Sie eine weitere Schwangerschaft in Angriff nehmen könnten. Anders als vielleicht vermutet, kann die Geburt oder die Adoption eines zweiten Kindes oft die überdauernde Gegenwart aufbrechen, von der wir weiter oben gesprochen haben.

Ein zweites Baby hilft der Mutter, sich wieder als kompetent zu erleben. Diese Wiederherstellung ermöglicht Eltern oft, den Fluß der Zeit wieder in Gang zu setzen und für ihre Familie und sich selbst wieder eine Zukunft zu erkennen. Es geht nicht darum, das behinderte Baby durch ein neues zu ersetzen, vielmehr soll das zweite Baby für das erste und für die Familie eine Hilfe sein. Ein zweites Baby hat auch die unschätzbar wertvolle Funktion, die Probleme des ersten zu relativieren, so daß das erste nicht ständig und unproduktiv den forschenden Blicken der Eltern ausgesetzt ist. Die Eltern können anfangen, ihr behindertes Kind eher als individuelles menschliches Wesen wahrzunehmen.

Die Probleme in einer solchen Situation können enorm sein. Doch Eltern, denen es gelingt, ihre Erfahrungen zu erkunden, sie mit anderen zu teilen und sich in der anfänglichen Zeit der Krise und der Anpassung psychologisch beraten zu lassen, sind eher in der Lage, die Situation zu klären und den Schmerz hinter sich zu lassen. Eine solche Klärung erlaubt ihnen, mit den Gegebenheiten fertigzuwerden und schließlich wieder im Fluß der Zeit mitzuschwimmen. Sie können lernen, sich weiterzuentwickeln und ihr Baby in einer Weise zu lieben, die sie sich am Beginn ihrer Reise wahrscheinlich nicht hätten vorstellen können.

KAPITEL 10

Ihr Beruf – wann geht es weiter?

Bedenken Sie, daß Ihr mütterliches Denken und Fühlen nicht immer im Mittelpunkt für Sie stehen wird. Ganz allmählich wird es in den Hintergrund gedrängt werden, wo es unangetastet erhalten bleibt und so oft wie nötig wieder hervorgeholt werden kann. Wenn nun je nach Ihrer persönlichen Situation diese Art der seelischen Organisation einige Monate oder Jahre nach der Geburt des Babys in den Hintergrund rückt, muß es lernen, harmonisch mit Ihren anderen Identitäten zusammenzuleben.

Genau darum geht es in der Phase der Anpassung an die Mutterschaft: Sie müssen Ihre vielen Identitäten in ein Gleichgewicht mit Ihrem Leben als Mutter bringen. Zu diesen anderen Identitäten gehören vielleicht Ihre Rolle in der erweiterten Familie, Ihre Rolle als Ehefrau, oder Ihre Stellung in der Gemeinde; doch am schwierigsten ist es vielleicht, die Kluft zwischen Ihren Rollen als Mutter und als berufstätige Frau harmonisch zu überbrücken. Die Lösungen, die eine Frau für den unvermeidlichen Konflikt zwischen ihren beruflichen Aufgaben und ihrer Verantwortung dem Baby gegenüber findet, entscheiden darüber, wie erfolgreich sie die neue Identität als Mutter in ihr Leben integrieren kann.

Heutzutage gibt es kaum mehr eine Mutter, die der Frage der Rückkehr in den Beruf nicht beklommen, deprimiert, schuldbewußt, verwirrt oder mit zutiefst ambivalenten Gefühlen entgegen sieht. Sollte eine junge Mutter arbeiten gehen? Wenn ja, wann sollte sie an ihren Arbeitsplatz zurückkehren? Wie wichtig ist es, daß man die ersten Jahre zu Hause bei seinem Baby bleibt? Wenn Ihr Kind größer ist, wünschten Sie dann im Rückblick, sie hätten alles anders gemacht? Auf diese Fragen gibt es keine eindeutigen Antworten und sicherlich auch keine perfekten und überdauernden Lösungen. Es gibt nur relativ gute oder relativ schlechte Kompromisse. Außerdem sollten Sie sich darauf einrichten, daß jedesmal, wenn Sie eine Lösung gefunden haben, diese Lösung auch bald wieder hinfällig ist, weil irgend etwas Unerwartetes geschieht, oder weil Sie unerwartet doch anders empfinden.

Politische und ökonomische Realitäten

Die Frage der Rückkehr einer Mutter an ihren Arbeitsplatz läßt sich nicht diskutieren, ohne daß man den politischen und ökonomischen Hintergrund unserer Kultur miteinbezieht. Die hochproblematischen Entscheidungen, vor denen Sie stehen, mögen Ihnen als Dilemma erscheinen, in dem nur Sie und Ihre Familie stecken. In Wirklichkeit aber sind diese Entscheidungen häufig von den politischen Prioritäten der Gesellschaft bestimmt. Die Zwangslage, in der Sie sich befinden, entsteht wohl nicht einfach durch die »Mutterschaft«, sondern durch die Mutterschaft in dem kulturellen und politischen Umfeld, in dem Sie leben, am Beginn des einundzwanzigsten Jahrhunderts. In den Vereinigten Staaten ist es nicht selten, daß eine erwerbstätige Frau entweder gar keinen oder aber kärgliche drei oder vier Wochen Mutterschaftsurlaub erhält. Manche Arbeitgeber gewähren auch einen längeren Mutterschaftsurlaub, der dann aber oft von der persönlichen Freizeit der Mutter, von ihren Krankheitstagen oder ihrem Jahresurlaub abgezogen wird, oder aber sie erhält in den Monaten, in denen sie zu Hause bleibt, kein Gehalt. Zusätzlicher Druck entsteht dadurch, daß ihr Arbeitsplatz vielleicht abgeschafft worden ist, wenn sie zurückkehrt, oder es stellt sich heraus, daß die subtile Strafe für ihren Mutterschaftsurlaub darin besteht, daß sich ihre Arbeit weiterentwickelt hat und von anderen Angestellten übernommen wurde.

In den meisten europäischen Ländern erhalten Frauen automatisch einen drei- bis sechsmonatigen Mutterschaftsurlaub und einen Monat zusätzlich, wenn sie stillen. In Schweden werden sie automatisch zwölf Monate freigestellt und erhalten in dieser Zeit 85 Prozent ihres Gehalts (bis vor kurzem waren es noch 100 Prozent). Noch erstaunlicher ist, daß die junge Mutter diese zwölf Monate über einen Zeitraum von sieben Jahren so verteilen kann, wie sie will. Sie kann sich das ganze erste Jahr frei nehmen, oder aber in den beiden ersten Jahren jeweils ein halbes Jahr, oder aber in vier Jahren jeweils drei Monate usw. Die schwedische Regierung hat vor kurzem eine Gesetzesänderung veranlaßt, um Vätern einen Anreiz dafür zu geben, daß sie in der jungen Familie eine größere Rolle spielen. Der Vater muß nun einen der zwölf Monate für sich in Anspruch nehmen, weil sonst für das Paar der Anspruch auf den zwölften Monat verfällt.

Ebenso interessant ist die Tatsache, daß gemäß der schwedischen Gesetzgebung die Frau bei der Rückkehr an ihren Arbeitsplatz eindeutig berechtigt ist, auf derselben Dienstaltersstufe oder Qualifikationsebene wieder einzusteigen, auf der sie vor ihrer Mutterschaft beschäftigt war. Unter diesen Umständen beurteilen schwedische Mütter und Väter die Notwendigkeit, zumindest am Anfang bei dem Baby zu Hause zu bleiben, und die Machbarkeit eines Erziehungsurlaubs ganz anders als amerikanische Eltern. Kurzum, in Amerika sind vor allem die herrschende Politik und Arbeitskultur für die Angst und Ungewißheit verantwortlich, die manche Mütter durchmachen müssen.

Meines Erachtens werden Mütter in Amerika in eine unmögliche und falsche Situation gezwungen. Die Gesellschaft will die Familie stärken, zumindest wenn man ihren Lippenbekenntnissen glaubt, zugleich aber erschwert sie es den Eltern, Arbeit und Familie in ein Gleichgewicht zu bringen. Das führt dazu, daß sich die Eltern in unzähligen Familien hin- und hergerissen fühlen und daß sie den Eindruck haben, die Zeit, die sie mit ihren Kindern verbringen können, sei unnatürlich kurz und unzulänglich. Die ganze Frage des Zeitpunkts der Rückkehr an den Arbeitsplatz steht in einem Zusammenhang, der gegen die Mutter arbeitet, noch bevor sie ihr Baby überhaupt zur Welt gebracht hat.

Mütter wissen heutzutage nur allzu gut, wie schwierig es ist, Arbeit und Familie unter einen Hut zu bringen, nur übersehen sie oft, daß die Kompromisse, mit denen sie leben müssen, wirklich nicht ihr Fehler sind, sondern die Folge von sozialen Gegebenheiten. Zu der Schwierigkeit, das Kind zu versorgen, Fahrten zu organisieren und Urlaub zu bekommen, wenn es wegen der Familie erforderlich ist, tragen viele Frauen die zusätzliche Last ihrer Schuldgefühle, weil sie nicht sicher sind, die richtigen Entscheidungen getroffen zu haben. Für viele Mütter, die aufgrund der finanziellen Lage ihrer Familie gezwungen sind, an ihren Arbeitsplatz zurückzukehren, solange ihr Baby noch ziemlich klein ist, ist dies eine beständige Quelle der Angst und der Anspannung. Nur eine veränderte Einstellung in unserer Kultur, gefolgt von einer Veränderung der politischen Entscheidungen, würde diese Spannung abbauen. Es ist eine Schande, daß unser politisches und wirtschaftliches System die optimale Entwicklung von Kindern und ihren Familien nicht unterstützt.

Obwohl die aktive Beteiligung des Vaters an der Betreuung und Erziehung des Kindes der Mutter mehr Wahlmöglichkeiten läßt, löst sie nur teilweise die grundlegenden Probleme und bringt oft sogar neue Schwierigkeiten mit sich. Entscheidet sich der Vater dafür, daß vor allem er die Betreuung des Kindes übernimmt, wird er genau die Probleme haben, von denen sonst die Mütter heimgesucht werden. Die gemeinsame Übernahme der Verantwortung für das Kind ist für einige Eltern ein praktikabler Kompromiß, aber selten eine wirklich befriedigende Lösung.

Die heikle Frage, ob eine Mutter ganz bei ihrem Baby zu Hause bleiben sollte, muß individuell entschieden werden. Es scheint einen Konsens darüber zu geben, daß wenn der Mutter wirklich viel daran liegt, an ihren Arbeitsplatz zurückzukehren, es wahrscheinlich für alle, auch für das Baby, besser ist, wenn sie das auch tut, vorausgesetzt, es ist für eine angemessene Alternative bei der Betreuung des Babys gesorgt. Die meisten Frauen allerdings wollen zwar irgendwann in den Beruf zurück, aber nicht so früh, wie sie es aufgrund der gegenwärtigen Politik gezwungenermaßen tun.

Aufgrund meiner eigenen Erfahrungen und der vieler anderer Fachleute auf dem Gebiet der Entwicklungspsychologie bin ich der Auffassung, daß der optimale Zeitpunkt für die Rückkehr in den Beruf dann gekommen ist, wenn das Baby zwei Jahre alt wird. Zu diesem Zeitpunkt haben die meisten Kinder eine Bindung an ihre Mutter entwickelt und haben gelernt, auf diese Beziehung zu vertrauen. Sie haben schon eine ganze Reihe von Trennungen erlebt und gelernt, wie sie sie aushalten können. Außerdem sorgt die Natur oft für eine Zwei-Jahres-Spanne zwischen zwei Kindern, weil das Stillen den Eisprung zu hemmen scheint. Wenn die Mutter, wie in vielen Gesellschaften üblich, etwa ein Jahr lang stillt, wird das zweite Kind geboren, wenn das ältere etwa zwei Jahre alt ist, laufen kann und zulassen kann, daß die Mutter ihre Aufmerksamkeit auf jemand anderen richtet. Ein solcher zeitlicher Rahmen wäre optimal, läßt sich aber aufgrund der finanziellen Situation vieler Familien oft nur schwer oder gar nicht einhalten.

Mütter befassen sich mit der Frage der Rückkehr an den Arbeitsplatz, sobald sie schwanger werden und überlegen, wie wohl ihre Zukunft aussehen könnte. Sie sind sich schon früh ihrer eingeschränkten Möglichkeiten bewußt und entwerfen deshalb auch gleich andere Szenarien, wie beispielsweise die Möglichkeit, zu Hause zu bleiben oder das Baby bei einem Familienmitglied zu lassen oder an ihrem Wohnort eine Tagesbetreuung zu finden. In der Regel können nur wenige Frauen wirklich vorhersagen, wie stark ihre Gefühle sein werden, wenn das Baby erst einmal geboren ist, oder sich vorstellen, wie schwierig es sein kann, Entscheidungen zu verwirklichen, die während ihrer Schwangerschaft durchaus machbar erschienen.

Im folgenden sind die Gedanken von drei Müttern dargestellt, die Sie schon früher in diesem Buch kennengelernt haben, und die sich im siebten Monat ihrer Schwangerschaft überlegen, wie sie ihre Berufstätigkeit organisieren, wenn das Baby geboren ist. Margaret, eine Architektin, ist besonders ambivalent. Sie hat einerseits das starke Bedürfnis, mit dem Baby zu Hause zu sein, und fühlt sich andererseits gedrängt, im Beruf zu bleiben.

> Als ich zur Vorlage des Jahresberichts in den Konferenzraum kam, gelang es allen meinen Partnern, entspannt auszusehen, aber ich wußte, daß eine bestimmte Frage wie ein Damoklesschwert über meinem Kopf hing. Wir haben einen riesigen Vertrag in Aussicht, und sie wollen wissen, ob ich sie wegen des Babys im Stich lasse.
>
> Niemand kann sagen, daß sich irgendwann seit dem Tag meiner Einstellung meine persönlichen Angelegenheiten auch nur einmal auf meine Arbeit ausgewirkt hätten. Ich habe meinen Partnern immer gesagt, wenn ich mal ein

Baby bekäme, würde ich bis zum Tag der Geburt ins Büro kommen und bald danach meine Arbeit wiederaufnehmen. Jim versteht mich voll und ganz. Ich habe beschlossen, eine Frau einzustellen, die das Baby den ganzen Tag über betreut. Diese Entscheidung steht fest – jedenfalls dachte ich das bis vor kurzem. Jetzt bin ich mir nicht mehr so sicher. Ich habe mir nämlich überlegt, wie es wäre, mit einem Baby zu Hause zu sein. Und manchmal fühlt sich das richtig gut an. Ich versuche, mir Kompromisse vorzustellen. Kürzlich abends habe ich mir vorgestellt, wie es wäre, wenn ich an meinem Zeichentisch sitzen würde, und das Baby läge auf einer Decke zu meinen Füßen. Was meine Partner wohl von einem Baby im Büro halten würden? Unvorstellbar, daß ich zu einem Kundengespräch mit dem Baby auf den Hüften erscheine. Vielleicht sind sie ja auch damit einverstanden, daß ich ein paar Tage pro Woche zu Hause arbeite, oder daß ich kürzer arbeite? Das ist nicht sehr wahrscheinlich. Sie mögen mich zwar und sagen, sie würden Rücksicht auf mein Privatleben nehmen, aber dann würden sie mich doch innerhalb einer Minute ersetzen.

Deshalb also hatte ich im Konferenzraum Bauchweh. Außer mir selbst war eigentlich alles so wie sonst. Sie schoben eine Platte mit Gebäck über den Tisch, tranken Kaffee und unterhielten sich wie Leute, die eine gemeinsame Aufgabe verbindet. Schließlich war ich an der Reihe, und alle wandten sich mir zu.

»Und, Margaret, können wir bei dem Projekt mit dir rechnen?«

»Ja«, antwortete ich, »kein Problem. Ich bin hundertprozentig dabei. Ich werde alles tun, damit Ihr mit mir rechnen könnt.«

Log ich? Ja und nein. Ich war verärgert, weil ich lügen mußte, und verwirrt, weil ich mir selber nicht im klaren war, und wütend, weil die Wahl, die ich hatte, eigentlich gar keine war. Irgend etwas stimmte nicht damit. Ich sah meine Zukunft nicht besonders deutlich vor mir.

Andere Mütter wissen schon, daß sie möglichst rasch in den Beruf zurück wollen oder müssen und akzeptieren diese Vorstellung irgendwann. Aber auch das hat seinen psychologischen Preis. Diana, eine Finanzanalystin, wußte schon vor ihrer Schwangerschaft, daß sie ihre Karriere auch mit einem Baby weiterverfolgen würde. Ihre größte Sorge ist, ob sie als Mutter überhaupt etwas taugt.

Meiner Sekretärin erzähle ich schon gar nicht mehr, welche Pläne ich mit dem Baby habe, denn sie sieht mich immer an, als sei ich eine Außerirdische. Sie hat noch nie von einer jungen Mutter gehört, die eine Kinderkrankenschwester einstellt. Na ja, dann bin ich eben die erste. Ich habe mich schon erkundigt, und man schickt mir eine Frau, die in den ersten drei Monaten von morgens acht bis zum Abendessen im Haus ist. Vor allem hat sie eine Ausbildung als Säuglingskrankenschwester. Das erleichtert mich ungemein. Ich weiß, daß ich hart klinge. Dabei bin ich nur ehrlich.

Ich rechne damit, daß ich nach einem Monat, wenn zu Hause alles geregelt ist, wieder ins Büro kann. Carl wird mir eine große Hilfe sein, denn er ist Freiberufler und kann da sein. Wahrscheinlich ist es für alle Seiten gut, wenn ich wieder arbeiten gehe.

Carl fragt sich, ob ich nicht insgeheim Mitglied eines Königshauses bin. Mir wäre es ganz recht, wenn mein Baby von einem Kindermädchen betreut würde und wenn es mir nur dann gebracht würde, wenn es frisch gebadet und gefüttert ist und nicht schreit. Ich will natürlich auch nicht, daß das Baby das Kindermädchen mehr liebt als mich, und ich will in seinem Leben eine wichtige Rolle spielen. Vielleicht stoße ich da auf Seiten, die ich gar nicht an mir erwartet hätte und die mich plötzlich faszinieren. Aber ich glaube, ich bin eine bessere Mutter, wenn das Kind älter ist und mit mir reden kann. Dann werde ich mir Urlaub nehmen.

Das alles gibt mir das Gefühl, ich sei irgendwie unnormal, als müßte ich eigentlich jemand sein, der ich nicht bin, und als sei irgend etwas mit mir nicht in Ordnung.

Emily, die dritte Mutter, hatte bereits ihren Traumberuf im Theater aufgegeben und einen eher sicheren Job angenommen, als sie feststellte, daß sie schwanger war. Emily tendiert dazu, bei ihrem Baby zu Hause zu bleiben und auf ihren Beruf zu verzichten. In gewisser Weise ist sie sogar erleichtert, daß sie eine Weile aus ihrem Beruf aussteigen kann, obwohl auch sie für diese Entscheidung einen psychologischen Preis zu zahlen hat.

Die Frauen in meinem Büro sind richtige Freundinnen. Jede hat einen Ratschlag oder ein Geschenk für das Baby oder eine Geschichte zu erzählen. Nancy sagt, daß ich nach dem Baby jederzeit und mit jeder beliebigen Arbeitszeit wieder einsteigen kann. Komisch ist nur, daß ich überhaupt nicht weiß, ob ich wiederkommen will, es sei denn, für Besuche mit dem Baby.

Wenn es nach mir ginge, hätte ich das Baby immer bei mir. Ich stelle mir vor, wie ich es im Einkaufswagen in den Kindersitz setze, wie ich mit dem Kinderwagen in die Stadt fahre, oder wie ich einen Tragesack umgebunden habe, aus dem kleine Arme und Beine herausbaumeln. So will ich es haben. Ich werde mich von meinem Beruf für eine Weile verabschieden.

Ein Baby löst für mich auch das andere Problem. Viele Leute erinnern sich an meine Romanze mit dem Stadttheater. Ich weiß, daß ich gut war, aber ich war nicht bereit, mich so einzubringen, wie es eine passionierte Schauspielerin tun muß. Trotzdem werde ich immer wieder darauf angesprochen. Außerdem hat es mir selbst keine Ruhe gelassen (das tut es wahrscheinlich heute noch nicht), irgendwie habe ich wohl nicht genug Mut oder Ehrgeiz oder so. Aber wenn man ein Baby hat, kann man nicht mehr als Schauspielerin arbeiten. So lösen sich die Dinge von selbst, denke ich ... oder hoffe ich, und das erscheint mir auch ganz natürlich, als sei dieser Weg für mich vorgezeichnet gewesen. Na ja, mal sehen.

Drei verschiedene Frauen, drei verschiedene Geschichten, und drei verschiedene Lösungen für das Dilemma Mutterschaft/ Beruf. Keine der drei Lösungen ist besser oder schlechter als die anderen. Alle sind gleichermaßen aufrichtige und realistische Widerspiegelungen der jeweiligen Frau, die zeigen, wie diese Frau sich mit dem Problem auseinandersetzt und zugleich ihren subjektiv wahrgenommenen Bedürfnissen und Fähigkeiten treu bleibt. Sie müssen vor allem herausfinden, was Sie selbst am ehesten befriedigt und erfüllt, und dann versuchen, diese Situation auch zu verwirklichen. Wehren Sie sich dagegen, daß andere Ihnen sagen, was Sie tun oder empfinden sollten. Wenn Sie sich selbst kennen und wissen, womit Sie leben können, werden Sie für Ihre ganz spezielle Situation die besten Kompromisse finden. Langfristig werden die für Sie besten Lösungen höchstwahrscheinlich auch für das Baby am besten sein.

Die schmerzliche Entscheidung

Wenn eine junge Mutter – in der Regel aus finanziellen Gründen – wieder in den Beruf zurückkehren muß, bevor sie es wirklich will, erlebt sie oft ein tiefes Verlustgefühl. Da ihr diese Entscheidung von außen aufgezwungen wurde, fühlt sie sich vielleicht emotional verletzt oder leidet unter einer länger anhaltenden Wochenbettdepression. Schlimmer noch ist, daß sie, wenn sie nach nur drei Wochen oder drei Monaten Mutterschaft in den Beruf zurückkehren muß, schon lange vorher anfängt zu trauern. Das hindert sie auch dann schon, sich ihrem Baby uneingeschränkt zuzuwenden, wenn sie noch im Mutterschaftsurlaub und zu Hause ist. Sie kann gar nicht umhin, an den Schmerz zu denken, der sie erwartet.

Mütter, die finanziell in der Lage sind, in ihrem Beruf eine Weile auszusetzen und länger zu Hause zu bleiben, haben andere Probleme. Sie haben oft das Gefühl, aus der Gesellschaft herausgefallen zu sein, ihre Ausbildung zu vergeuden und ihre beruflichen Chancen zu verpassen. Sie müssen gegen das Gefühl ankämpfen, daß sie in den Augen mancher Kollegen, Freunde und sogar Familienmitglieder weniger wert sind. Es ist oft sehr schwer, mit den Ansprüchen des Neugeborenen fertigzuwerden und zugleich den Einschätzungen der Umwelt die Stirn zu bieten, vor allem, wenn die junge Mutter von vornherein gemischte Gefühle wegen ihrer eigenen Entscheidung hat. Viele Frauen haben hart gearbeitet, um eine bestimmte berufliche Position zu erreichen, und selbst wenn sie sich noch so eindeutig dafür entscheiden, zu Hause zu bleiben, bleibt doch ein leichter Zweifel oder die Sehnsucht nach der Rückkehr in den Beruf.

Wir als Gesellschaft machen ganz offensichtlich etwas falsch, wenn eine Mutter, egal, wie sie sich entscheidet, in einen solchen emotionalen Zwiespalt gestürzt wird. Finanziell belohnen wir die Mütter, die in den Beruf zurückkehren. Um das zu unterstützen, stellen wir ganze Bataillone von Betreuungspersonal bereit. Nun können wir uns aber nicht leisten, diesem Betreuungspersonal allzu viel zu bezahlen, denn dann müßten die Mütter ihr ganzes Gehalt hingeben, und es würde sich nicht mehr lohnen, arbeiten zu gehen. Umgekehrt erwarten wir dennoch, daß die Kinderbetreuung perfekt ist, aber wiederum nicht so perfekt, daß die Bindung zwischen Mutter und Kind beeinträchtigt wäre. Und so ist die Situation letztlich für alle Beteiligten unmöglich.

Heute blicken viele Mütter in der ehemaligen DDR voller Bedauern auf ihre ersten Jahre der Mutterschaft zurück. Im ehemals kommunistischen Teil Deutschlands kehrten die meisten Mütter bald nach der Geburt ihres Kindes an ihren Arbeitsplatz zurück – diese Trennung wurde von der herrschenden Kultur positiv sanktioniert. Nach der Wiedervereinigung lernten diese Frauen das flexiblere westdeutsche System kennen, in dem ein sechsmonatiger Mutterschaftsurlaub die Regel ist. Heute nun erkennen diese Frauen in einer schmerzlichen Neubewertung voller Zorn und Verzweiflung, was ihnen in dem ehemaligen ostdeutschen System entgangen ist.

Es zeugt von der Findigkeit der meisten Frauen und von der Entschlossenheit, die ihnen aus der Liebe zu ihrem Kind erwächst, daß die meisten von ihnen schließlich nach vielem Jonglieren und vielen Sorgen und mit der Unterstützung ihres Mannes und ihrer Familie doch noch einen praktikablen Kompromiß in der Frage finden, ob und wie lange sie mit ihrem Baby zu Hause bleiben wollen. Es gelingt ihnen, ihr Kind vielleicht nicht so großzuziehen, wie sie es erhofft haben, aber doch eine Lösung zu finden, die gut genug ist. Sie meistern diese Aufgabe ohne oder mit wenig Anerkennung durch die Gesellschaft und oft um einen hohen Preis für sie selbst.

Junge Mütter müssen erkennen, daß sie in einer historischen Veränderung der Verhaltensweisen und Wertvorstellungen gefangen sind und daß der Zwiespalt, in dem sie stecken, ein umfassenderes Problem der Gesellschaft insgesamt widerspiegelt. In der Regel ist es nicht so, daß sie versagen oder unzulänglich sind, sondern sie tun ihr Bestes, um ihre unterschiedlichen Identitäten gegen alle Widrigkeiten in Einklang zu bringen.

Die Anpassung der mütterlichen Organisation der Wahrnehmung an die Realitäten der Rückkehr in den Beruf ist in der dritten Phase der Geburt einer Mutter eine ihrer Hauptaufgaben. Alle notwendigen Kompromisse werden Ihr mütterliches Denken und Fühlen ebenso beeinflussen wie andere Teile Ihrer Identität. Um Kompromisse werden Sie nicht herumkommen, aber schließen Sie kluge Kompromisse, die die Bedürfnisse Ihres Babys, Ihre finanzielle Situation, Ihre Zukunft als eigene Persönlichkeit, aber auch Ihr Selbstverständnis als Mutter jetzt und in Ihrem weiteren Leben möglichst weitgehend integrieren.

KAPITEL 11

Ehemänner und Väter

Im Mittelpunkt dieses Buches standen bisher die Geburt der Mutter und das psychologische Gebiet, das sie von den Monaten ihrer Schwangerschaft, über die Realität des Babys in ihren Armen bis hin zu den Monaten nach der Geburt abdeckt. Im allgemeinen aber wird sie auf dieser Reise an jedem Ort von einem Mann begleitet, der sein eigenes Gebiet auf der Reise zur Vaterschaft erweitert. Obwohl der Vater in diesem Schauspiel eine ebenso wichtige Figur ist, habe ich mich bisher fast ausschließlich mit den Erfahrungen der Mutter befaßt. Hier nun möchte ich auch den Vater mit einbeziehen, vor allem unter dem Aspekt, wie Sie beide von der Geburt Ihres Babys an ihre Ehe neu gestalten müssen.

Jede junge Mutter muß einen Weg finden, wie sie ihre Identität als Mutter in ihre Ehe integrieren kann. Es erscheint plausibel, daß während Sie als Mutter zu einer neuen Identität finden, Ihr Mann ebenfalls eine neue Identität entwickelt – das »väterliche Denken und Fühlen«. In unserer Zeit und Kultur ist die seelische Organisation des väterlichen Denkens und Fühlens noch weitgehend Terra incognita. Selbst eine versuchsweise Annäherung ist allein schon deshalb schwierig, weil junge Eltern heutzutage in einer Welt leben, in der sich die kulturellen und ökonomischen Realitäten rasch und selten in vorhersehbarer Weise verändern. Die meisten jungen Eltern bewegen sich irgendwo zwischen der traditionellen Vergangenheit und einer unbestimmten Zukunft. Ich will hier eine Art Zustandsbericht unserer gegenwärtigen Gesellschaft geben, so daß Ihnen als Mutter einige der Faktoren deutlich werden, mit denen Ihr Mann fertig werden muß, damit es Ihnen leichter fällt, Ihre Ehe in der Weise neu zu gestalten, daß Sie beide zufrieden sein können.

Kulturelle Überzeugungen

Paare wachsen automatisch in bestimmte Vater- und Mutterrollen hinein und weisen einander schließlich bestimmte Aufgaben in der Familie zu. Bewußt oder unbewußt legen sie fest, wer normalerweise das Baby badet, wer sich um die Wäsche kümmert, wer mit dem Baby zum Kinderarzt fährt und wer nachts aufsteht, um das Baby zu füttern. Sie verteilen untereinander nicht nur, wer was macht, sondern bewerten die einzelnen Aufgaben auch unterschiedlich, je nachdem, wie ihr Lebensstil aussieht.

Wir bezeichnen diese Verteilung von Rollen und Aufgaben als »elterliche kulturelle Überzeugungen«. Diese Überzeugungen können sich verschieben und verändern, aber sie fallen fast immer in eine der beiden allgemeinen Kategorien traditionell oder gleichberechtigt. Diese Kategorien überschneiden sich in vielen Punkten, dennoch werde ich sie im Hinblick auf eine klarere Definition voneinander unterscheiden.

Die traditionelle Verteilung der Rollen und Aufgaben

Bei einer traditionellen Verteilung setzt der Vater voraus, daß die Mutter die volle Verantwortung für die Betreuung des Babys übernimmt. Er teilt sich zwar manchmal die Arbeit mit ihr, aber in seiner Vorstellung hilft er nur seiner Frau und nimmt ihr einen Teil der Belastung ab, ohne sie in eigener Verantwortung zu übernehmen. Er sieht seine Rolle vor allem darin, daß er eine Art unterstützendes Netzwerk für seine Frau zur Verfügung stellt, mit dem er sie emotional, sachlich, praktisch und finanziell unterstützt, und eine Pufferzone gegen die Außenwelt schafft, die ihr erlaubt, in die Betreuung des Babys hineinzuwachsen.

Bei einer solchen Aufgabenbeschreibung erlebt der Vater nicht den unmittelbaren Druck der Verantwortung für das Überleben des Babys, zumindest nicht so, wie die Mutter ihn empfindet. Dafür erkennt er schlagartig, daß er die neue Familie über Wasser halten muß. Die Wucht dieser Realität zwingt ihn, seine Verpflichtungen neu zu überdenken. Arbeit und finanzielle Sicherheit gewinnen einen ganz anderen Stellenwert. Viele junge Väter interessieren sich plötzlich für die äußere Sicherheit ihrer Umgebung, bis hin zu der Überlegung, ob sie im richtigen Viertel wohnen, und zu dem Bemühen, ein sicheres Umfeld für ihre Familie zu schaffen.

Wenn sich das Selbstbild Ihres Mannes in dieser Weise verschiebt, betrachtet er Fragen der Lebensversicherung, der Krankenversicherung und der Arbeitsplatzsicherheit vielleicht ganz anders als je zuvor. Bei einem Paar mit traditioneller Rollenverteilung wendet der Vater sich der Außenwelt zu, um ihr die Stirn zu bieten, während seine Frau sich ganz im Gegensatz zu ihm nach innen und dem Baby zuwendet und sich von der Außenwelt löst.

Es gibt einige gute Gründe dafür, daß dieses traditionelle Modell in so vielen Kulturen der uns bekannten Geschichte vorherrschend war. Zu den offensichtlicheren zählt die engere körperliche Beziehung zwischen Mutter und Kind, die damit beginnt, daß das Kind im Leib der Mutter entsteht, und die sich fortsetzt, wenn die Mutter ihr Kind stillt, sobald es geboren ist. Aus biologischer Sicht ist die Tatsache interessant, daß sich dieses Rollenmodell auch bei den Menschenaffen nachweisen läßt. Bei den Pavianen beispielsweise bilden die Mutter, die älteren Nachkommen und die anderen Weibchen einen inneren Kreis, in dem sie das Junge betreuen. Das Männchen sitzt derweil in einer gewissen Distanz von diesem inneren Kreis, es läßt seinen Blick über die Savanne schweifen und hält Ausschau nach Gefahren und nach potentieller Nahrung, es orientiert sich nach außen und »deutet« die Umgebung.

Niemand weiß, ob Beispiele aus der Tierwelt auch für Menschen gelten, oder ob biologische Faktoren ursächlich sind für traditionelle Verhaltensmuster. (Wir haben auch schon von Männern gehört, die bei der Nachricht, daß sie Vater wurden, durchs Zimmer rannten, ihre Muskeln anspannten, sich auf die Brust schlugen, von einem Stuhl zum anderen sprangen und vor lauter Aufregung laut schrien!) Doch welche biologischen Faktoren auch immer eine Rolle spielen mögen, sie werden von den einflußreichen kulturellen Modellen überlagert, die seit Jahrhunderten Geltung haben.

Die traditionelle Rollenverteilung hat ihre eigene Problematik. Ebenso wenig, wie Sie wahrscheinlich wirklich verstehen, wie Ihr Mann sich an einem so dramatischen Einschnitt in Ihrem Leben der Außenwelt zuwendet, wird er ganz begreifen, warum Sie sich so uneingeschränkt dem Baby zuwenden. Viele junge Väter beobachten diese Verwandlung ihrer Frau mit einer Mischung aus Verwirrung, Eifersucht, Überraschung und einem leichten Gefühl der Unzulänglichkeit, die sie daran hindert, in diese reiche und rätselhafte Erfahrungswelt mit einzutreten.

Das alles soll nicht heißen, daß der traditionelle Vater sich nicht für sein Baby interessiert, oder daß er nicht mit ihm spielt oder es betreut. Vielleicht übernimmt er das alles mit großem Vergnügen, doch in seiner Vorstellung bleibt seine vorrangige Aufgabe der Schutz und die Unterstützung der neuen Familie angesichts der wirklichen und der symbolischen Gefahren der Außenwelt. Eine Mutter erzählte einmal amüsiert von den ersten Hinweisen darauf, daß sich das Denken und Fühlen ihres Mannes verändert hatte.

> Als mein Mann am zweiten Morgen nach der Geburt unseres Babys ins Krankenhaus kam, um uns zu besuchen, hatte er einen merkwürdigen Ausdruck im Gesicht. Er wirkte ein wenig verlegen, aber zugleich auch stolz auf sich selbst. Er beugte sich zu mir her und sagte: »Du errätst nie, was ich gestern abend vor dem Zubettgehen gemacht habe. Ich bin durch den Hof gegangen und habe in alle vier Ecken gepinkelt, wie ein Hund oder ein Wolf, der sein Revier markiert. Der Himmel weiß, warum ich das getan habe.« Ich fand das komisch, war aber auch irgendwie froh darüber, selbst wenn es seltsam oder ein bißchen primitiv war.

Bei den meisten traditionellen Paaren bleibt die Mutter mit dem Baby tagsüber zu Hause, und der Vater kommt abends von der Arbeit zurück. In diesem Fall kann man beobachten, daß der Vater mit seinem Baby ganz anders spielt, als die Mutter es fast den ganzen Tag über getan hat. Der Vater spielt viel wilder mit dem Baby, wirft es in die Luft und macht dabei laute Geräusche. Er knufft und kitzelt es heftig und scheint ein Fachmann für hochgradige taktile und kinästethische Stimulierung zu sein. Die meisten Babys mögen das und freuen sich darauf. Sobald der Papa zur Tür herein kommt, erkennt man an der Körperspannung und am Gesicht des Babys schon die Zeichen freudiger Erwartung.

Die Mutter, die ja als Hauptbetreuungsperson fast den ganzen Tag mit dem Baby zusammen ist, ist in diesem Fall auch Fachfrau, aber in einer viel feiner regulierten Art, die auf einem sehr viel geringeren Erregungsniveau des Babys greift und bei der viel mehr verbale und sanfte taktile Stimulierung zum Einsatz kommt. Solche Mütter müssen vor dem Schlafengehen oft ihrem Mann sagen, er solle jetzt ruhiger mit dem Baby spielen, weil es sonst zu aufgeregt ist, um einschlafen zu können. Die meisten wissenschaftlichen Beobachter von Babys sind der Auffassung, daß beide Spielmuster für das Baby wichtig sind, weil sie ihm unterschiedliche Erfahrungen vermitteln und ihm unterschiedliche Dinge beibringen.

Überraschenderweise sind diese unterschiedlichen Spielmuster nicht geschlechtsgebunden oder angeboren. Wenn der Mann als Hauptbetreuungsperson mit dem Baby zu Hause bleibt, und die Frau aus dem Haus geht, eine Vollzeitbeschäftigung ausübt und erst abends wieder nach Hause kommt, kehren sich die Verhaltensmuster um. Dann nämlich zeigt der Vater die feiner abgestimmten, stärker modulierten Stimulierungsmuster, und die Mutter wirft das Baby in die Luft und tobt mit ihm, wenn sie nach Hause kommt.

Ein weiteres Charakteristikum des traditionelleren Vaters ist es, daß sein Repertoire von routinemäßigen Spielen kleiner ist als das seiner Frau. Außerdem ist seine Aufmerksamkeitsspanne oder Toleranz für das Zusammensein mit dem Baby geringer. Nachdem er seine typischen routinemäßigen Spiele mit dem Baby durchgespielt hat und sein begrenztes Repertoire erschöpft ist, beendet er im allgemeinen das Spiel und gibt das Baby an seine Frau zurück. Dann setzt er sich, um sich zu entspannen und Zeitung zu lesen oder fernzusehen (auch hier wieder, um »über die Savanne zu blicken«). Er wendet sich wieder der Außenwelt zu, mit der er vertrauter ist.

Umgekehrt sind die meisten Mütter viel geschickter bei Interaktionen, die ohne Hilfsmittel aus der Außenwelt möglich sind. Sie können über lange Zeitspannen hinweg nur mit ihrer Mimik und ihrer Stimme mit dem Baby interagieren oder sich in improvisierten Spielen verlieren. Väter brauchen eher ein Hilfsmittel oder ein Spielzeug, und ihr Spiel ist strukturierter und hat einen klaren Anfang und ein klares Ende.

Wenn Sie in einer eher traditionellen Beziehung leben, sollten Sie erkennen, daß die eingeschränkte Toleranz Ihres Mannes im Zusammensein mit dem Baby und bei seiner Betreuung normalerweise nichts mit einer bewußten persönlichen Entscheidung und auch nichts mit passiver Aggression (»Schau mal, ich kann das nicht – mach du es lieber«) zu tun haben. Denken Sie nicht, daß Ihr Mann sich ändern könnte, wenn er sich nur mehr Mühe gäbe. Tatsächlich nämlich entspricht diese eingeschränkte Toleranz einem tiefen Gefühl, das den Vätern selbst nicht erklärlich ist. Nachdem sie eine Weile mit dem Baby gespielt haben, haben sie einfach genug und wollen wieder woanders sein. Wenn sie dann noch bei dem Baby bleiben müssen, reagieren sie leicht gereizt. Wir wissen, daß auch Mütter ungeduldig werden. Der Unterschied liegt darin, daß beim traditionellen Verhaltensmuster der Vater die Aufgabe an seine Frau weitergibt, egal, wie nervös sie schon ist.

Zahllose Ehestreitigkeiten drehen sich um diesen Punkt. Oberflächlich betrachtet geht es darum, zwischen Mutter und Vater die Zuständigkeiten für die einzelnen Aufgaben bei der Betreuung des Babys auszuhandeln, doch auf einer tieferen Ebene geht es um die Frage, ob beide Partner ihre traditionelle Rolle wirklich akzeptiert haben. Die Toleranzschwelle eines Vaters ändert sich dann am ehesten, wenn er sein Überzeugungssystem von Grund auf ändert. Die Sozialisation, die Jungen und Männer drängt, sich vor allem in der Außenwelt zu engagieren, und Mädchen und Frauen dazu bringt, sich eher der Innenwelt (und dazu zählt auch die Betreuung eines Babys) zuzuwenden, ist subtil und allgegenwärtig.

Da der traditionelle Vater mit der tagtäglichen Betreuung des Babys weniger zu tun hat und sich selbst als zweitrangigen Betreuer sieht, dauert es oft eine Weile, bis sich seine Identität als Sohn eines Vaters verschiebt zur Identität des Vaters eines Sohnes oder einer Tochter. Oft ist diese Veränderung erst dann abgeschlossen, wenn das Kind schon etwa zwei Jahre alt ist. Dann nämlich entwickeln die meisten traditionellen Väter eine neue Art der Beziehung zu ihrem Kind, die enger und zugewandter ist. Aber auch dann noch versteht sich der traditionelle Vater weniger als Betreuungsperson und eher als Lehrer oder als jemand, der mit seinem Kind zusammen Spaß hat. In gewissem Sinne sieht sich der traditionelle Vater als derjenige, der das Kind in die weite Welt einführt, in der er selbst sich sachkundiger und wohler fühlt.

Diese aus dem neunzehnten Jahrhundert stammende Sicht der Familienstruktur in der Mittelschicht und der dazugehörigen Elternrollen hat sich in der psychodynamischen Theorie lange gehalten. In dieser Sicht hat der Vater die Aufgabe, das Kind etwa vom Beginn seines dritten Lebensjahres an aus dem engen Kreis der Mutter-Kind-Beziehung herauszuholen, und es mit den Realitäten der Gesellschaft, der Kultur und der Welt im allgemeinen vertraut zu machen. Der psychodynamischen Konzeption zufolge lebt das Kind bis zu seinem dritten Lebensjahr in einer Dyade (Zweierbeziehung) mit seiner Mutter, in die der Vater dann eindringt, um sie in eine Triade (Dreierbeziehung) zu verwandeln. Diese Auffassung ist inzwischen allerdings nicht mehr unumstritten.

In vielen Fällen leben heutzutage selbst Babys von traditionellen Paaren von vornherein nicht nur in einer Dyade mit ihrer Mutter, sondern auch in einer Dyade mit ihrem Vater, und dann in einer Triade mit ihrer Mutter und ihrem Vater. Bei vielen alltäglichen Aktivitäten sind heutzutage alle drei beteiligt. Selbst wenn ein Elternteil nur zuschaut, ist er doch im Raum anwesend, so daß eine Triade entsteht. Für Ihr Baby macht es einen Unterschied, ob es in Gegenwart Ihres Mannes mit Ihnen zusammen ist, oder ob es wirklich mit Ihnen allein ist, und umgekehrt. Das Leben mit dem Vater zusammen fängt nicht mehr im dritten Lebensjahr an, sondern in der Regel schon bei der Geburt, und bereichert die Erfahrungen des Babys.

In unserer heutigen Kultur gibt es Männer, die Veränderungen der Elternrollen zwar intellektuell akzeptieren, sich aber immer noch so verhalten, als falle das Großziehen von Kindern allein in die Zuständigkeit der Mutter. Zu der Unterstützung, die solche Väter bieten, gehört nicht dazu, daß sie ein Teil der bestätigenden Matrix der Mutter werden. Solche Väter ermutigen, bestätigen oder beraten nicht von einer Position innerhalb des magischen Zirkels der Eingeweihten aus, sondern sie unterstützen die Mutter psychologisch, indem sie ihr einfach ihre Liebe und ihr Staunen zeigen. Sie bewundern ihre Frau vielleicht wie einen talentierten Musiker, ohne jedoch an ihren Leistungen teilzuhaben. Auch das kann eine durchaus vertretbare und wertvolle Form der Unterstützung sein.

Probleme entstehen dann, wenn zwischen Mann und Frau kein Konsens über das Wesen ihrer Ehe und ihrer unterschiedlichen Rollen besteht. Nimmt der Mann an, sie führten eine traditionelle Ehe, die Frau aber nicht, so endet das oft damit, daß die Frau ständig von ihrem Mann verlangt, er solle mehr tun und mehr Verantwortung übernehmen. Tut er das nicht oder kann er es nicht, so verärgert und enttäuscht er sie oft nicht nur als Vater, sondern auch als Ehemann und als Mann, was natürlich überdauernde Folgen für die Ehe hat.

Wie schon weiter oben erwähnt, ist der Zeitpunkt, an dem die junge Mutter anfängt, ihren Ehemann unter dem Gesichtspunkt seiner Eignung als Vater zu beurteilen, eine entscheidende Phase der Ehe, die oft den gesamten weiteren Verlauf der Beziehung bestimmt. Leider ist gerade dies oft die Zeit der Desillusionierung.

Betrachten wir die Klage einer Mutter, die man in allzu vielen Beziehungen hören kann:

> Tom scheint nicht zu begreifen, daß auch er eine Tochter hat. Schließlich ist sie nicht nur mein Baby. Er ist der Vater, aber er scheint das nicht zu kapieren. Er hat sie nie lange im Arm, er wickelt sie nicht, er erwartet, daß ich mich ständig um sie kümmere, und dann fragt er mich,

warum die Wohnung so unordentlich ist, wenn er nach Hause kommt.

Seit letzter Woche schläft er auf der Couch, weil er sagt, er bekomme nicht genug Schlaf, wenn sie nachts immer aufwacht. Und was ist mit mir? Ich finde es schade, daß er im Wohnzimmer schläft, aber das hier ist ein Baby, Himmel noch mal, und wir sind beide seine Eltern.

Ich glaube nicht mehr, daß es ihm nur um seinen Schlaf geht. Er blendet sich aus unserem Leben aus, aus ihrem und aus meinem.

Dieses Paar bewegt sich in einer zentralen Frage immer weiter auseinander. Beide werden einiges tun müssen, um die Distanz wieder zu verringern und sie nicht auf andere wichtige Aspekte ihrer Ehe zu übertragen.

Eine andere Mutter beschrieb ihre Situation folgendermaßen:

Ich hätte nie gedacht, daß es durch das Baby so viele Spannungen zwischen mir und meinem Mann geben würde. Er fühlt sich überhaupt nicht wohl mit der ganzen Sache, und das macht mir Angst.

Er will, daß ich das Baby schreien lasse, anstatt es hochzunehmen. Er befürchtet, wir könnten es zu sehr verwöhnen. Er meint, wir könnten jetzt wieder ausgehen und uns einen Babysitter nehmen. Wir streiten über alles und jedes. Er nimmt sich die Freiheit zu argumentieren und zu kritisieren, aber er hat keine Ahnung davon, was es heißt, für ein Baby zu sorgen. Dabei ist es schon schwer genug, Mutter zu sein, ohne ständig gegen ihn ankämpfen zu müssen.

Wenn es sein muß, nehme ich das Baby und ziehe für eine Weile zu meinen Eltern.

Auch hier finden sich die Anfänge eines Verhaltensmusters – das Weglaufen vor kritischen Situationen in der Ehe. Solche Konflikte können das Familienleben für immer prägen. Das Gefüge einer Ehe ist gefährdet, wenn eine Mutter an den Punkt kommt, an dem sie sagt: »Ich sagte mir schließlich, daß ich das Baby dann eben allein großziehen muß, daß es mein Baby ist, daß es von jetzt an heißt, wir beide gegen ihn.«

Eine solche Bemerkung voller Bitterkeit und Vorahnungen ist das Zeichen einer tiefen Kluft zwischen Mutter und Vater. Dieser Konflikt kann zu einer emotionalen Verstrickung zwischen Mutter und Tochter und umgekehrt zu einer distanzierteren und schwierigeren Beziehung zwischen Tochter und Vater führen. Wenn Jahre später Vater und Tochter versuchen, eine engere Beziehung zueinander aufzubauen, empfindet die Mutter das vielleicht als Verrat, und die Tochter hat mit Schuldgefühlen zu kämpfen. Die Zwistigkeiten der Eltern im Hinblick auf ihre elterlichen Rollen werfen unzweifelhaft einen langen Schatten auf die Beziehungen in dieser Familie.

Die traditionelle Ehe mag so manchem als archaisch erscheinen, dennoch hat sie eindeutig ihre Vorzüge. Wenn Mutter und Vater so unterschiedliche und doch komplementäre Rollen spielen, erlebt das Baby ein breiteres Spektrum des Zusammenlebens mit unterschiedlichen und doch vertrauten Menschen. Manche Mütter haben vielleicht das Gefühl, der Beitrag des Vaters als Teilzeitspielgefährte oder Clown sei für das Baby ziemlich wertlos und eigentlich nur für den Ehemann bequem. Damit unterschätzen sie aber den Wert und die Bedeutung der väterlichen Rolle, die in Wirklichkeit einen entscheidenden Teil zu der Mischung beiträgt. Das traditionelle Rollenmuster ermöglicht der Frau zudem, eine Zeitlang ohne Unterbrechungen in ein nach innen orientiertes Reich der Mütterlichkeit einzutauchen.

Die gleichberechtigte Verteilung der Rollen und Aufgaben

Immer mehr Frauen und Männer wollen die Gleichberechtigung. Das nach Gleichberechtigung strebende Paar ist der Auffassung, daß sowohl die Betreuung des Babys als auch die meisten anderen Bereiche des Familienlebens gleichberechtigt geteilt werden sollten. In einigen Kulturen und sozio-ökonomischen Gruppen scheint dies die Entwicklung der Zukunft zu sein.

Der Glaube an die gleichberechtigte Partnerschaft erwächst aus drei grundlegenden Tendenzen: (1) der ökonomischen Realität, die erfordert, daß beide Eltern ganztags arbeiten, um eine Familie ernähren zu können, (2) dem Gleichheitsgrundsatz, der von der Frauenbewegung durchgefochten wurde, und (3) der Schwächung der Großfamilie, die den Vater zwingt, dort einzuspringen, wo früher Eltern und Schwiegereltern oder Geschwister zur Verfügung standen.

Meiner Erfahrung nach ist der wirklich emanzipierte Vater immer noch eher ein Ideal als Wirklichkeit, obwohl viele traditionelle Väter sich in diese Richtung bewegen. Es gibt zwar inzwischen schon Väter, die für ihr Kind die wichtigste Betreuungsperson sind, aber ihre Zahl ist immer noch gering. Die meisten emanzipierten Väter werden offensichtlich zunächst dazu gezwungen oder überredet, eine größere Rolle bei der Betreuung ihrer Kinder zu übernehmen, und stellen dann fest, daß diese Rolle überraschend befriedigend ist. Oft haben sie an ihrer Rolle als Vater mehr Spaß, als sie jemals erwartet hätten, fühlen sich überraschend wohl damit und werden dann zu echten Konvertiten.

Natürlich hat auch diese Form der gemeinsamen Elternschaft ihre Herausforderungen und Schwierigkeiten. Alle Aufgaben und die Betreuung des Babys zu teilen ist leichter gesagt als getan, denn vieles läßt sich eben nicht genau in der Mitte teilen. Selbst wenn beide Elternteile jeweils die Hälfte der Zeit zuständig sind, heißt das nicht, daß sie auch die Verantwortungen praktisch oder psychologisch exakt teilen können. Häufig endet das dann damit, daß einer der Partner anfängt, Buch zu führen, weil er den Eindruck hat, der andere übernehme seinen Anteil der Arbeitsbelastung nicht wirklich. So kann die Arena der Kindererziehung zu einem Schlachtfeld werden.

Ein Paar unter meinen Bekannten ging so weit, sich ein System auszudenken, in dem sämtliche Arbeiten mit Punkten bewertet wurden, so daß beide am Ende der Woche gleich viel getan hatten. Sie schrieben nicht nur für jeden Tag auf, wer Staub gesaugt, das Essen gekocht und das Geschirr gespült hatte, sondern es gab auch Extrapunkte für den, der die meisten Töpfe und Pfannen gescheuert hatte. Schwierig wurde es bei dem Vergleich, wer sich qualitativ am meisten mit dem Baby beschäftigt hatte. Die Mutter beschrieb die Situation folgendermaßen:

> Mit dem Baby zusammen zu sein, stellt er sich so vor, daß er es in den Schaukelstuhl legt, während er fernsieht, oder daß er den Schaukelstuhl in die Garage stellt, so daß er an einem seiner Projekte arbeiten kann. Das nenne ich nicht mit dem Baby zusammen sein, aber er zählt es mit.

Umgekehrt kann ein Elternteil eifersüchtig reagieren, wenn er das Gefühl hat, der andere komme mit dem Baby besser zurecht oder habe mehr Spaß mit ihm. Eine Mutter erklärte dazu:

> Vor kurzem habe ich einen Job an vier Abenden pro Woche angenommen, um ein bißchen mehr Geld hereinzuholen. An diesen Abenden nimmt mein Mann das Baby. Eigentlich müßte ich dankbar dafür sein, daß er so liebevoll mit ihr umgeht, aber er hat sie dann immer in dieser ruhigen Zeit vor dem Einschlafen, und sie scheint sich bei

ihm richtig wohl zu fühlen. Wenn ich abends nach Hause komme, schläft sie oft in seinen Armen, und er schläft manchmal auch. Da ist etwas zwischen ihnen, das mir das Gefühl gibt, ich sei ausgeschlossen.

Wenn Eltern anfangen, um das Baby zu konkurrieren, kommen alle Aspekte der Macht, der Dominanz und des Wettbewerbs hinzu, die normalerweise in der Sexualität oder im Beruf ausgespielt werden. Sobald solche Gefühle in die Sphäre der Betreuung des Babys eindringen, leiden die Beziehungen aller drei Beteiligten.

Ein geringer Anteil an Frauen wünscht sich schließlich, sie hätten von vornherein gar keine gleichberechtigte Rollenverteilung angestrebt; ihnen wäre es am liebsten, ihr Mann würde sich eher heraushalten und sie ihrer Erfahrung als Mutter allein überlassen. Die Männer fühlen sich in einer solchen Situation natürlich betrogen und zurückgestoßen. Da haben sie sich bemüht, ihr Leben auf ihre neue Vaterschaft hin einzurichten, und nun wird ihnen nicht einmal das Recht zugestanden, von dieser Entscheidung auch zu profitieren.

Ehemänner in gleichberechtigten Ehen können nicht alle Bedürfnisse ihrer Frauen befriedigen, und das wiederum schmälert ihre eigene Befriedigung. Ein Mann kann beispielsweise nicht zur bestätigenden Matrix seiner Frau gehören, die sich ja charakteristischerweise aus erfahrenen Frauen aus der Familie und aus Freundinnen zusammensetzt, die der jungen Mutter Rat und Hilfe geben können. Lebt ein Paar weit entfernt von seiner Familie und alten Freunden, so erwartet die junge Mutter oft, daß der junge Vater Teil der bestätigenden Matrix ist, obwohl er mit dieser Rolle verständlicherweise nicht besonders gut klar kommt. Er kann zwar viel praktische und äußere Unterstützung geben und sich auch solidarisch zeigen, aber er ist einfach nicht in einer Position, aus der heraus er seine Frau als kluger Ratgeber bestätigen, beraten oder ermutigen könnte, und genau das braucht die junge Mutter oft. Tatsächlich weiß er oft genau so wenig wie seine Frau, warum das Baby weint, wie man es schaffen könnte, das Baby früher zum Schlafen zu bringen, oder wie man das Füttern vereinfachen könnte. Er versucht zwar zu helfen, aber wenn ihm das auch nicht gelingt, haben schließlich beide das Gefühl zu versagen – so daß der Beziehung irgendwie ihr innerer Zusammenhalt fehlt. Tragischerweise empfindet sich das Paar dann selbst als Versager, obwohl es doch durch die Umstände in diese unlösbare Situation geraten ist.

Aber auch wenn es dem Ehemann teilweise gelingt, die Rolle eines bestätigenden Vertrauten zu übernehmen, können neue Komplikationen entstehen. In dem Prozeß, in dem der Mann die Rolle des Unterstützers übernimmt, wird er in gewisser Weise mütterlicher, und das wiederum läßt sich nur schwer mit seinen anderen Aufgaben als Vater, Ehemann und Versorger der Familie vereinbaren. Das sind für einen einzelnen nicht nur viele Rollen, sondern sie sind auch in gewisser Weise widersprüchlich. In unserer Gesellschaft ist es schwierig, zugleich Ehemann und mütterlich zu sein, oder zwischen beiden Rollen hin- und herzuwechseln. Die Beziehung zwischen Mann und Frau verändert sich, wenn der Mann mütterlicher wird, und es kann eine ganze Weile dauern, bis sie wieder so ist wie zuvor, wenn sie überhaupt jemals wieder so wird.

Funktioniert hingegen die gleichberechtigte Rollenverteilung, so können beide Eltern ein starkes Gefühl der Solidarität entwickeln. Sie haben das Vergnügen, etwas gemeinsam zu bewerkstelligen, mit ihrem Baby richtig umzugehen und zugleich ihre Beziehung zu vertiefen.

Für die Mutter, die in ihren Beruf zurück will, hat die gleichberechtigte Rollenverteilung ihre Vorzüge. Eine Frau in dieser Situation weiß, daß sie sich auf ihren Mann verlassen kann, wenn es darum geht, zu gegebener Zeit die Verantwortung zu teilen, und das nimmt einiges von dem Druck in den ersten

Monaten nach der Geburt des Babys. Wenn die Mutter weiß, daß ihr Mann die Hausarbeit anteilig übernimmt, kann sie für sich selbst eine zukünftige Identität als Mutter und als berufstätige Frau entwickeln. Sie spürt, daß ihr Mann diesen wesentlichen Anteil ihres gemeinsamen Lebens – das Großziehen der Kinder – wirklich respektiert. Viele Frauen in dieser Situation empfinden für ihren Mann eine tiefe Dankbarkeit und Freundschaft, Gefühle, die sie in ihrer Ehe neu zusammenschweißen.

Terra incognita

Wir wissen bisher noch nicht genug über diese Veränderungen der elterlichen Rollen, um alle ihre Konsequenzen beurteilen zu können. Eines aber ist klar: Diese Muster verändern sich so rasch, daß junge Paare kaum damit Schritt halten können, und sie zwingen ihnen Arrangements auf, die sie nie wollten, und von denen sie nie dachten, daß sie einmal damit fertig werden müßten. Unsere gesellschaftlichen Ideale und Theorien stimmen nicht mit der politischen Realität überein. Diese Realität zwingt junge Väter und Mütter Dilemmas auf, für die es keine Lösungen, sondern höchstens Kompromisse geben kann. Die meisten Paare können für die Betreuung ihres Kindes nur immer neue Kompromisse aneinanderreihen, die selten lange durchzuhalten sind und immer wieder verändert werden müssen.

Selbst die Forschung auf diesem Gebiet gelangt zu keinen klaren Erkenntnissen. Neuere Studien deuten darauf hin, daß die Identität des Vaters – traditionell oder gleichberechtigt – kaum einen Unterschied für seine Beziehung zu dem Baby macht. Einige Untersuchungen kommen zu dem Ergebnis, daß gleichberechtigte Väter mit ihren Säuglingen nicht viel anders spielen als traditionelle Väter, auch wenn sie mehr Zeit für verschiedene Aufgaben bei der Betreuung ihrer Kinder aufwenden. Das Bindungsmuster zwischen Baby und Vater scheint in beiden Fällen gleich zu sein.

Dennoch ergeben sich für die beiden unterschiedlichen Vaterschaftsstile zwei deutliche Unterschiede. Gleichberechtigte Väter haben durchgängig das Gefühl, sie seien durch ihre Erfahrungen bei der Betreuung des Babys bessere Väter geworden, als es sonst der Fall gewesen wäre. Und zweitens scheinen Frauen in gleichberechtigten Beziehungen mit ihrer Mutterrolle in dieser Gesellschaft zufriedener zu sein.

Die väterliche Wahrnehmungswelt durchläuft eine rasche und zuweilen stürmische Entwicklung, bewegt sich über Versuch und Irrtum in eine ungewisse Zukunft und wird von Kräften, die jenseits der Einflußmöglichkeiten des einzelnen liegen, bald hierhin, bald dorthin getrieben. Aber so schwierig es auch ist, in unserer heutigen Welt Vater oder Mutter zu werden, würden doch nur wenige meinen, es lohne all die Mühe nicht.

Eine abschließende Bemerkung

Sie müssen nicht nur Ihr mütterliches Denken und Fühlen in Ihren Beruf und Ihre Ehe integrieren, sondern auch viele andere Identitäten mit Ihrer neuen Mutterschaft vereinbaren: Ihren Platz in Ihrer Herkunftsfamilie, Ihre Freundschaften, Ihre Hobbys, und Ihre Rolle in der Gemeinde und in der Gesellschaft insgesamt. Alle diese Anpassungen Ihrer Identität bestimmen die Anpassungsphase der Mutterschaft. Sie werden viele Jahre lang damit beschäftigt sein, im gesamten Spektrum Ihres Lebens einen Raum für diese neue Identität zu schaffen, in dem Sie sich als Mutter wohl fühlen und durch diese Erfahrung Ihr Leben als Frau und Mensch bereichern können.

Ich bin nun am Ende meiner Beschreibung angelangt, in der ich den Prozeß darstelle, in dem eine Frau zur Mutter wird; dieser Prozeß selbst aber hat kein Ende. Er bleibt immer ein Teil Ihrer selbst und wird immer wieder weiterentwickelt, wenn Ihre Kinder älter werden, aus dem Haus gehen, heiraten und eigene Kinder haben.

Wenn Frauen mit Kindern gefragt werden, was im Rückblick auf ihr Leben ihr größter Stolz ist, dann antwortet eine große Mehrheit selbst derjenigen Frauen, die eine befriedigende und außergewöhnliche Karriere gemacht haben: »Meine Kinder, Mutter für meine Kinder zu sein.« Die Geburt Ihrer Mutterschaft führt unweigerlich dazu, daß auch Sie eines Tages diese Frage genau so beantworten.

DANK

Wir danken vor allem den vielen Müttern, die uns mit all dem, was sie Tag für Tag tun, zahlreiche Anregungen gegeben, auf vieles hingewiesen, uns so vieles gezeigt haben, was uns nicht wirklich bewußt war, und die uns einfach vieles beigebracht haben. Ebenso dankbar bin ich (D. S.) meiner Koautorin Nadia sowie Alison, die alles, was ich geschrieben habe, der entscheidenden Prüfung durch ihre Erfahrungen als Mutter unterzogen.

Gail Winston, unsere Verlegerin, war ermutigend, kritisch, geduldig und ungeduldig, alles zur rechten Zeit und in der rechten Dosis. Ihre Hilfe war unschätzbar wertvoll.

Ein Teil der Forschungsarbeiten sowie die Entstehung dieses Buches wurden finanziell unterstützt durch die Familie Steven Ross.

PIPER

Daniel N. Stern
Tagebuch eines Babys

Was ein Kind sieht, spürt, fühlt und denkt. Aus dem Amerikanischen von Gabriele Erb. 172 Seiten. Serie Piper 1843

Mit dem sprichwörtlich ersten Schrei des Kindes beginnt für viele frischgebackene Eltern eine Phase, in der sie sich neugierig (und manchmal auch verzweifelt) fragen: Was geht in meinem Kind vor? Was sieht, spürt, erlebt es? Was kann es wahrnehmen? Drückt es jetzt Schmerz aus? Für diese Eltern hat Daniel N. Stern, ein international anerkannter Kinderpsychologe, ein einzigartiges Buch geschrieben. Es skizziert die Entwicklung des Babys Joey von der sechsten Woche bis zum vierten Lebensjahr.

Jedes Kapitel präsentiert einen alltäglichen Moment: Zunächst wird die Szene, die Ausgangssituation beschrieben, dann folgt Joeys Tagebuch, die Darstellung aus der kindlichen Perspektive, erst danach Sterns gründlich analysierender, aber leicht verständlicher und spannender Kommentar. Das Buch ist ein »Sesam öffne dich«, es hilft den Eltern die (oft) verschlossene kindliche Wirklichkeit zu entziffern, und ermutigt sie zu intensivem Austausch mit ihrem Kind.

Dr. Peter J. D'Adamo
mit Catherine Whitney
4 Blutgruppen – 4 Strategien für ein gesundes Leben

Überarbeitete Ausgabe mit neuem Rezeptteil. Aus dem Amerikanischen von Michael Benthack, Maren Klostermann, Lexa Katrin von Nostitz und Erica Mertens-Feldbausch. 415 Seiten mit 7 Abbildungen und 84 Tabellen. Geb.

Sie wissen, daß es vier Blutgruppen gibt: 0, A, B, und AB. Aber wissen Sie auch, daß Ihre Blutgruppe für die Gesundheit entscheidend ist? Dies ist die Botschaft dieses Buches. Warum bleiben manche Menschen ihr Leben lang schlank und fit, während andere zeitlebens gegen Krankheiten und Übergewicht ankämpfen? Warum brauchen manche Menschen die regelmäßige sportliche Betätigung, andere nicht? Warum sind Diäten so unterschiedlich erfolgreich?
In langjährigen Studien und in der medizinischen Praxis hat Dr. D'Adamo, Arzt und einer der bedeutendsten Naturheilkundler der USA, für solche und andere Fragen die Antwort gefunden: Zwischen der Blutgruppe, der Anfälligkeit für Krankheiten, der Vitalität, der psychischen Befindlichkeit, der Ernährung und der körperlichen Aktivität gibt es eindeutige Zusammenhänge. Darüber klärt dieses Buch auf. Zudem bietet es für jede Blutgruppe eine eigene Gesundheitsstrategie.